国家自然科学基金"城乡统筹背景下农民工创业政策绩效评价及其优化研究——以江西省为例"(71363002)资助

城乡统筹背景下农民工创业政策绩效评价研究
——以江西省为例

侯俊华　著

立信会计出版社
LIXIN ACCOUNTING PUBLISHING HOUSE

图书在版编目(CIP)数据

城乡统筹背景下农民工创业政策绩效评价研究:以江西省为例/侯俊华著. —上海:立信会计出版社,2017.11

ISBN 978-7-5429-5621-7

Ⅰ.①城… Ⅱ.①侯… Ⅲ.①民工-创业-就业政策-研究-中国 Ⅳ.①F249.214 ②D669.2

中国版本图书馆 CIP 数据核字(2017)第 274422 号

责任编辑　王斯龙
封面设计　南房间

城乡统筹背景下农民工创业政策绩效评价研究——以江西省为例

出版发行	立信会计出版社
地　　址	上海市中山西路 2230 号　　邮政编码　200235
电　　话	(021)64411389　　传　真　(021)64411325
网　　址	www.lixinaph.com　　电子邮箱　lxaph@sh163.net
网上书店	www.shlx.net　　电　话　(021)64411071
经　　销	各地新华书店
印　　刷	江苏凤凰数码印务有限公司
开　　本	787 毫米×1092 毫米　1/16
印　　张	12
字　　数	255 千字
版　　次	2017 年 11 月第 1 版
印　　次	2017 年 11 月第 1 次
书　　号	ISBN 978-7-5429-5621-7/F
定　　价	39.00 元

如有印订差错,请与本社联系调换

前　言

在金融危机和产业转移的双重背景下，大量农民工返乡创业，他们不仅带回了市场观念、技术和经验，同时也实现了发达地区与落后乡村的联系与对接，并成为推动农村经济发展和城乡统筹发展的真正动力。党中央、国务院自2004年以来连续十四年发出有关三农问题的"一号文件"，其中2009年中央"一号文件"提出从贷款发放、税费减免、工商登记、信息咨询等方面积极支持农民工返乡创业，加大金融机构信贷支持力度，政府贴息项目要按规定给予财政贴息；2015年11月30日国家发展改革委等十部门发文《关于结合新型城镇化开展支持农民工等人员返乡创业试点工作的通知》（发改就业〔2015〕2811号），通知要求统筹城乡、融合发展，指出："鼓励开发乡村、乡土、乡韵潜在价值，鼓励返乡人员共创农民合作社、家庭农场、林场等新型农业经营主体，发展设施农业、规模种养业、农产品加工流通业、休闲农业、林下经济和乡村旅游，促进农村地区第一、第二、第三产业融合发展，为农民工等人员返乡创业提供更多机会和选择，促进城乡统筹发展。"农民工创业已经成为实现城乡统筹发展的一个重要切入点，在城乡统筹发展过程中发挥重要的积极作用。江西作为劳动力输出大省，省政府已把返乡农民工创业工作当作保增长、保民生、保稳定的一项重大任务来抓，出台了一系列税收、财政、金融等方面的优惠政策，引导和帮助农民工回乡自主创业。如降低准入门槛、免费创业培训、减免行政收费、依法缓交税收、小额贷款支持等方面加大扶持力度。在上述相关政策法规推动下，返乡农民工创业呈现出创业主体集群增加、创业实体形式多样化、企业稳健发展的趋势，但仍出现融资难、创业能力不足等问题以及一些不良效应，如布局无序化、产业发展非均衡化、生态破坏等。

政府的重视和各项政策的出台客观上促进了我国农民工创业的发展，但这些政策实施的效果如何，是否达到了预期的目标，创业率和创业成功率有没有得到有效提高，如何科学公正地评价农民工创业政策绩效，等等，带着这些问题本研究尝试在借鉴以往理论研究成果的基础上，构建农民工创业政策的综合绩效评价体系，并对江西创业政策的绩效作实证评价，最终得出评价结论，以进一步优化农民工创业政策扶持体系，从而为政府相关部门制定和完善农民工创业政策提供理论支持和决策指导。

全书共分13章。第1章"导论"，主要就本文的研究背景、研究目的和意义以及研究的技术路线等内容进行阐述。第2章"相关概念界定与理论回顾"，分别从城乡统筹、农民工创业、创业政策和政策绩效评价四个方面梳理相关概念的理论基础和国内外研究现状，通过对既有研究成果的整理与综述，为后续研究内容和研究方法的确定奠定理论基础。第3章"国内农民工创业相关政策梳理"，分别对国家与中西部几个劳务输出大省市的相关农民工创业政策进行梳理，为政策的供给分析提供了基础。第4章"国外移民创业政策及其启示",重点分析欧美发达国家以及亚洲等相关国家的移民政策,为完善我国农民工创业政策提供了借鉴作用。第5章"江西省农民工创业的现状与政策实施效果分析",通过分析江西农民工返乡创业现状与政府鼓励农民工返乡创业所采取的政策措施,初步分析了江西省农民工创业政策实施效果。第6章"江西省城乡统筹发展与农民工创业发展的互动关系研究",本章在理论分析城乡统筹发展与农民工创业互动关系的同时,基于江西省统计数据,通过构建VAR模型,利用主成分分析法、协整检验、Granger因果关系检验和脉冲响应分析法对两者的动态关系进行实证研究。第7章"基于农民工满意度创业政策效果分析",重点分析了基于农民工满意度对创业政策实施效果的影响因素分析,为后续指标体系的建立提供了基础。第8章"农民工创业政策绩效评价指标体系的构建",在分析政策评价标准和评价原则的基础上,结合城乡统筹背景下农民工创业政策自身的特点以及影响政策绩效评价的因素,初步构建农民工创业政策绩效评价指标体系,并通过专家咨询、创业企业访谈等形式,最终完善并确立农民工创业政策绩效指标体系。第9章"城乡统筹背景下农民工创业政策绩效评价模型的建立",通过专家打分对各项指标进行两两比较,运用层次分析法确定各指标权重,定量指标采取加权平均法,功效系数法等进行数据化处理,定性指标通过调查问卷获取数据,并采用模糊综合评价法确定指标分值,最终建立农民工创业政策绩效评价模型。第10章"城乡统筹背景下江西省农民工创业政策绩效评价实证研究",通过查阅江西省统计年鉴、调查问卷和公开资料获取各指标数据,运用上述模型对江西省农民工创业政策绩效进行评分,得出评价结果,在此基础上给予主要的政策建议。第11章"基于结构功能视角农民工创业政策绩效全过程评价",对江西省农民工创业政策体系各个过程进行绩效评价,进一步探析其政策过程中存在的影响绩效的因素。第12章"城乡统筹背景下江西省农民工创业扶持政策体系的优化设计",从政策的设计、制定、执行到监督与考核全方位提出完善农民工创业扶持政策体系的建议。第13章"研究结论与展望",总结本书研究结果,指出研究过程的不足之处并就该领域的研究进展提出展望。

本书为国家自然科学基金"城乡统筹背景下农民工创业政策绩效评价及其优化研究——以江西省为例"(71363002)的研究成果。本书的出版也得到研究生徐繁、丁志成、李丹丹、万炜莹、罗梦、李健等的帮助与支持。在撰写过程中,我们参考了大量的国内外专家学者的研究成果,并从中借鉴和吸收了许多有价值的理论和观点,对于这些研究成果,有的已在参考文献中列示,但仍有许多未能一一列出。在此,我们对所有的作者一并表示衷心的感谢! 同时,我们还要特别感谢立信会计出版社的领导和编辑人员,由于他们的关心和支持,才使本书能够顺利出版。

本书是作者长期进行相关的研究与积累的成果,随着我国经济的发展,一些问题还有待进一步探讨与完善,书中难免有不足之处,还恳请各位专家学者赐教指正,以激励进一步学习与研究。

侯俊华

2017年11月

目　　录

前言

第1章　导论 ··· 001
　1.1　研究背景及研究意义 ··· 001
　1.2　国内外研究现状 ·· 002
　1.3　研究内容与目标 ·· 008
　1.4　研究的重点和难点 ··· 010
　1.5　研究方法与技术路线 ·· 010
　1.6　可能的创新 ··· 011

第2章　相关概念界定与理论回顾 ··· 013
　2.1　城乡统筹概念的界定与理论发展 ································· 013
　2.2　农民工创业政策与理论发展 ······································· 020
　2.3　政策绩效评价基础理论 ··· 026
　2.4　农民工创业政策绩效评价研究 ···································· 031

第3章　国内农民工创业相关政策梳理 ··································· 041
　3.1　国家相关农民工创业政策梳理 ···································· 042
　3.2　中西部省市相关农民工创业政策梳理 ··························· 044

第4章　国外移民创业政策及其启示 ······································ 053
　4.1　相关国家移民创业政策 ··· 053
　4.2　国外移民创业政策的主要特征 ···································· 062
　4.3　国外移民创业政策的启示 ·· 063

第5章　江西省农民工创业的现状与政策实施效果分析 ············· 065
　5.1　江西省农民工返乡创业现状 ······································· 065
　5.2　江西省农民工返乡创业的SWOT分析 ·························· 066
　5.3　江西省政府鼓励农民工返乡创业所采取的政策措施 ········· 067
　5.4　江西省农民工创业政策实施效果分析 ·························· 069

第 6 章　江西省城乡统筹发展与农民工创业发展的互动关系研究 079
- 6.1　指标选取、数据来源与研究方法 080
- 6.2　实证研究 081
- 6.3　结论与启示 086

第 7 章　基于农民工满意度创业政策效果分析 087
- 7.1　问卷设计说明与统计性描述 087
- 7.2　农民工创业政策满意度影响因素分析 090
- 7.3　农民工创业政策绩效影响因素分析 095
- 7.4　基于农民工满意度创业政策实施效果分析 099
- 7.5　小结 105

第 8 章　城乡统筹背景下农民工创业政策绩效评价指标体系的构建 106
- 8.1　农民工创业政策绩效评价的标准界定 106
- 8.2　农民工创业政策绩效评价指标体系的构建原则 108
- 8.3　农民工创业政策绩效评价指标体系的初步构建 109
- 8.4　农民工创业政策绩效评价指标体系的优化 111
- 8.5　指标说明 113

第 9 章　城乡统筹背景下农民工创业政策绩效评价模型的建立 116
- 9.1　模糊数学综合评价法 116
- 9.2　确定评价指标的权重 119
- 9.3　指标数据的获取及其标准化处理 125
- 9.4　计算总评分 127

第 10 章　城乡统筹背景下江西省农民工创业政策的绩效评价实证研究 128
- 10.1　江西省农民工创业政策绩效评价过程 128
- 10.2　江西省农民工创业政策绩效评价结果分析 131
- 10.3　政策建议 133

第 11 章　基于结构功能视角农民工创业政策绩效全过程评价 135
- 11.1　结构功能视角 135
- 11.2　农民工创业政策绩效的分析框架 136
- 11.3　江西省农民工创业政策绩效过程评价 138

第 12 章　城乡统筹背景下江西省农民工创业政策体系优化建议 151
- 12.1　加快统筹城乡发展,实现创业良性互动 152

12.2 建立创业政策的保障机制,落实相应的责、权、利 …………………… 152
   12.3 加强农民工创业政策的顶层设计,建立农民工创业政策落实机制 ………… 152
   12.4 政策制定过程,提高农民工创业者的参与度 ……………………………… 153
   12.5 政策执行过程,提高农民工创业者的满意度 ……………………………… 154
   12.6 政策监控与考核过程,发挥政策多元主体监督作用 ……………………… 155
   12.7 完善绩效评价指标体系,建立第三方评估机制 …………………………… 156

第 13 章 研究结论与展望 …………………………………………………………… 158
   13.1 研究的主要结论 ……………………………………………………………… 158
   13.2 研究的不足之处 ……………………………………………………………… 159
   13.3 对未来的展望 ………………………………………………………………… 160

附录 1 农民工创业政策调查问卷 ……………………………………………………… 161
附录 2 农民工创业政策满意度调查问卷 ……………………………………………… 164
附录 3 实地访谈对象表 ………………………………………………………………… 167
附录 4 专家评分问卷 1 ………………………………………………………………… 168
附录 5 专家评分问卷 2 ………………………………………………………………… 171
附录 6 专家评判矩阵 …………………………………………………………………… 174

参考文献 ……………………………………………………………………………… 176

第1章 导　　论

1.1　研究背景及研究意义

1.1.1　研究背景

改革开放30多年来,中国城市经济飞速发展,与此同时,城乡差距却有扩大的趋势,中国独特的城乡"二元"结构逐渐成为阻碍中国现代化进程一系列问题和矛盾的根源。在这样的背景下,城乡统筹发展成为重要的国家战略。城乡统筹发展战略最早是在党的十六大会议上提出的,此后党的十七大和十八大又对这一重大战略作出进一步部署。城乡统筹发展已经成为破除城乡"二元"结构,缩小城乡差距,解决好我国"三农"问题的必然选择。

在金融危机和产业转移的双重背景下,大量农民工返乡创业,他们不仅带回了市场观念、技术和经验,同时也实现了发达地区与落后乡村的联系与对接,并成为推动农村经济发展和城乡统筹发展的真正动力。从2004年至今,党中央、国务院已经连续14年发布以"三农"为主题的中央一号文件,其中,促进农民就业、增加农民收入一直是政策的重点内容。从2007年开始,中央一号文件陆续提出鼓励和扶持农民工返乡创业,推动农村地区经济发展,尤其是在2008年金融危机爆发后,农民工回流带来的就业压力凸显,加上沿海地区产业转移速度的加快,为有效促进农民工就业,保障农民工日常生活和社会稳定,国家和地方政府陆续出台了一系列具体的农民工创业扶持政策细则,实现创业带动就业。2009年中央"一号文件"提出从贷款发放、税费减免、工商登记、信息咨询等方面积极支持农民工返乡创业,加大金融机构信贷支持力度,政府贴息项目要按规定给予财政贴息;2010年明确提出"努力促进农民就业创业",积极开展农业生产技术和农民务工技能培训,积极发展农村服务业,拓展农村非农就业空间;2012年国家科学技术部针对中央"一号文件"关于农村科技创新创业的指示,提出推动农业科技与金融结合,积极引导金融信贷、风险投资等社会资金参与农业科技创新创业,引导商业银行对涉农科技型企业的信贷支持;2013年中央一号文件首提发展"家庭农场";2014年《国务院关于进一步做好为农民工服务工作的意见》中又进一步提出建立农民工创业孵化基地,进一步完善农民工创业政策体系。随着城乡统筹的深入和全面创业的发展,我国政府开始利用普惠性政策与专项政策相结合的手段,激励和扶持大众创业,拉开了大众创业、万众创新的时代帷幕。2015年中央一号文件指出:"引导有技能、资金和管理经验的农民工返乡创业,落实定向减税和普遍性降费政策,降低创业成本和企业负担"。可见,在国家大力推进社会主义新农村建设、统筹城乡发展的背景下,扶持农民工创业成为解决"三农"问题的一个新的突破口和着力点。

江西省作为劳动力输出大省,省政府已把返乡农民工创业工作当作保增长、保民生、保稳定的一项重大任务来抓,出台了一系列税收、财政、金融等方面的优惠政策,引导和帮助农民工返乡自主创业。如降低准入门槛、免费创业培训、减免行政收费、依法缓交税收、加大小额贷款支持力度、搞好担保和贴息、经营场地、比照已有的残疾人就业和下岗职工再就业政策等方面加大扶持力度。在上述相关政策法规推动下,返乡农民工创业呈现出创业主体集群增加、创业实体形式多样化、企业稳健发展的趋势,但仍出现融资难、创业能力不足等问题以及一些不良效应如布局无序化、产业发展非均衡化、生态破坏等。

综上所述,政府的重视和各项政策的出台客观上促进了我国农民工创业的发展,但这些政策实施的效果如何,是否达到了预期的目标,创业率和创业成功率有没有得到有效提高,如何科学公正的评价农民工创业政策绩效,这些都是亟待解决的问题。创业政策的效果不仅与创业政策本身的科学性有关,而且在很大程度上依赖于创业政策的贯彻执行,这就要有一个公平、合理、科学的绩效评价体系作支撑,因此迫切需要建立相关的评价体系,以期能够对农民工创业政策的效果提供科学的评价依据。

1.1.2　研究的目的和意义

农民工创业政策从制定到实施,中间需要经过一系列复杂的过程,而最终的政策成效在外部环境和政策本身的双重影响下会与政策制定的初衷产生一定偏差,因此构建一套科学的农民工创业政策绩效评价指标体系,对政策绩效进行评估进而完善政策体系,对于推动农民工创业,促进城乡统筹发展具有重要意义。

本书尝试在借鉴以往理论研究成果的基础上,通过论证城乡统筹与农民工创业的互动关系,从城乡统筹的战略高度出发,构建农民工创业政策的综合绩效评价体系和综合评价模型,并对江西省创业政策的绩效作实证评价,最终得出评价结论,以进一步优化农民工创业政策扶持体系,为政府相关部门制定和完善农民工创业政策提供理论支持和决策指导。

1.2　国内外研究现状

1.2.1　国外研究现状

1)关于绩效及绩效管理研究

所谓绩效,是指组织中个人或群体特定时间内的可描述的工作行为和可衡量的工作结果,以及组织结合个人或群体在过去工作中的素质和能力,指导其改进、完善,从而预计该人或群体在未来特定时间内所能取得的工作成效的总和。对于绩效的理解,历来学者们主要有三种观点：第一种是把绩效看作结果，伯纳丁（Bernadin,1995）等学者认为："绩效应该定义为工作的结果，因为这些工作结果与组织的战略目标、顾客满意度及所投资金的关系密切"。第二种则是把绩效看作是个体行为，坎贝尔（Campbell,1990）指出："绩效是行为，应该与结果区分开，因为结果会受系统因素的影响"，他在1993年提出"绩效是行为的同义词，它是人们实际的能观察到的行为表现"。第三种是把绩效看作是素质，伯曼和莫特维多（Borman & Motowidlo,1993）则提出了绩效的二维模型，认为行为绩效包括任务绩效和关联绩效两方面。这一观点在伯姆瑞（Brumbrach,1998）的定义中得到了很好的体现，即"绩效指行为和结果"。该观点强调员工潜能与绩效的关系，不再认为绩效是对历史的反映，而更关注员工素质，关注未来发展[①]。

所谓绩效管理，是指各级管理者和员工为了达到组织目标共同参与的绩效计划制定、绩效辅导沟通、绩效考核评价、绩效结果应用和绩效目标提升的持续循环过程，绩效管理的目的是持续提升个人、部门和组织的绩效。

同绩效一样，国外不同学者对绩效管理有着不同的观点。总体来看，关于绩效管理的定义有三种观点：第一种观点认为绩效管理是管理组织绩效的系统，该观点将绩效管理理解为组织绩效，通过绩效计划、绩效考核和绩效改进等过程对组织绩效进行管理；第二种观点认为绩效管理是管理员工绩效的系统，该观点将绩效理解为单纯的员工绩效，强调以员工为核心的绩效管理概念，将绩效管理看作组织对个人绩效成绩及其发展潜力的评估和奖惩；第三种观点认为绩效管理是综合管理组织和员工绩效的系统，对任一组织进行绩效管理是为了实现组织目标，因此对员工的绩效管理总是发生在一定的组织背景中，而对组织进行绩效管理也离不开对员工的管理，因为组织的目标是通过员工来实现的[②]。

2）关于绩效评价研究

彼得·德鲁克曾经说过：如果你不能评价，你就无法管理。他指出绩效是组织生存的唯一目标，绩效是任何组织的最终检验标准。选择、构建合理有效的绩效评价体系，对实施企业发展战略，引导管理者和员工的努力方向，提高其努力程度，都具有至关重要的作用。

米歇尔 J. 勒巴（Michel J. Lebas,1995）指出绩效评价是绩效管理的重要部分，作为一种管理手段，绩效评价的结果说明了组织选择的战略或者行动的结果如何。

绩效评价是通过科学的评价体系、运用合理的评价方法，从数量和质量两个方面，对被评价对象在一定时期内的行为过程和结果进行定量和定性的分析评价。绩效评价的研究领域相当广泛，政策绩效评价是其中重要的组成部分。政策绩效是指政策运行过程中及结束后对社会系统形成的全面的效益、效率和效果。政策绩效评价是评估主体依据一定的标准和程序，对政策的效益、效率、效果等进行评价或判断的一系列活动，其目的是改善政策系统，提高政策决策质量，保证政策目标实现。

---

① 林筠. 绩效管理[M]. 西安交通大学出版社，2010：2-3.
② 林筠. 绩效管理[M]. 西安交通大学出版社，2010：6-7.

人类对绩效评价的研究源远流长，自从有了生产性的活动，便产生了绩效评价思想。在国外，最早的比较正式、系统的绩效评价可以追溯到14世纪复式记账的产生，到了19世纪中后期，国外关于绩效评价的研究开始萌发，其中最早展开研究和实践工作的美国，在评价体系、评价方法等方面是最为领先的。20世纪70年代，对政府财政支出的绩效评价研究推动了绩效评价研究的发展。1973年，为了能够应对由于经济衰退和政府职能的大规模扩张导致的严重政府财政危机，尼克松政府颁布实施了"联邦政府生产率测定方案"，力图将公共部门绩效评估规范化、系统化、经常化。1976年，美国科罗拉多州通过了第一个"日落法"。它主要是对某一项计划或规章限定一个有效日期，如果到了这个日期，该规章或计划除非再次得到有效批准，否则就从此失效。因此迫使政府部门定期对它们的活动和规章制度的结果进行评价。1979年，英国撒切尔夫人任命雷纳勋爵为其顾问，开展了著名的"雷纳评审"。雷纳评审促使公众开始关注政府的产出和结果，政府绩效和成本的意识被初步树立起来了。尽管如此，由于绩效评价指标受到了当时权变理论的影响，导致绩效评价方法缺乏一致性，因此人们普遍关注各种纯财务指标。

20世纪90年代以来，随着各国政府改革的推进，公共政策绩效评估受到越来越多国家的重视，一些国家相继开展了此项工作。其中，韩国的制度评估、日本的政策评价、美国的政策规定绩效分析、法国的公共政策评估具有较强的代表性。2002年4月，日本实施了《关于行政机关实施政策评价的法律》，规定了政策评价基本事项，对评价的程序和步骤有严格的规定；2003年，美国颁布了《政策规定绩效分析》文件，对实施公共政策绩效评估作出了系统性和全面性的规定，美国政策规定绩效分析的方法以定量为主，定性为辅，定量与定性相结合，基本方法是成本效益分析；法国的政策评估则与美国相反，以定性为基础，以定量分析为手段，采用定性与定量相结合的方法进行；2006年4月，韩国政府颁布实施了《政府业务评价基本法》，规定了制度评估的内容，包括对政策实施的满意度的调查、实施政策的能力评估、公民和客户对政府提供的服务和政策的评估。

随着全球经济的不断改革和发展，政策绩效评价理论和内容在不断地变化，逐步形成全面的动态的绩效评价体系，同时也形成了一系列的基于政府绩效评价的管理思想。

1.2.2 国内研究现状

我国在人力资源管理绩效评价方面的研究起步比较晚，因此目前我国学术界在这方面的研究主要集中在对评价指标、评价模型和评价方法上的探索。随着经济的发展，绩效评价在我国现代企业管理中占据着越来越重要的位置，无论是企业还是政府、事业单位的经营绩效方法和评价体系，一直都是理论界和实务界探讨的重要问题。

1) 关于国有企业绩效评价体系研究

于增彪、张双才(2007)认为，国有企业绩效评价体系是逆向演进并存在误区的。其中阐述了西方绩效评价体系的演进特征主要表现在两个方面：一是从财务指标不断地向非财务指标拓展，二是从企业局部评价不断向企业整体和企业社会责任的评价拓展。他们指出我国国企绩效评价指标体系演进的特征恰恰与西方企业相反,一是从实物和财务混合指标不断地向财务指标收缩,二是从企业社会责任和企业整体不断向企业局部(财务)收缩。造成我国如此演进的根本原因在于国企绩效评价体系设计者存在两个误区:一是试图用统一标准评价所有国企,二是将国企战略仅仅界定为满足股东增加利润的需要。接着,于增彪、张双才、刘桂英(2007)阐述了国企绩效评价体系设计的基本思路,重新界定了战略目标,认为战略目标应从企业利益相关者出发,包含股东、客户、员工、商业伙伴和社区等五类,并且也应包括主管业绩指标评价。

曹宏亮(2010)通过对20世纪90年代我国绩效管理的研究发现,我国国企绩效考核制度有了进展但还存在很多问题,如目的不明确、标准不科学、方式单一、周期不合理、结果未被应用等;王麒凯、李志、侯良平(2010)通过实证研究发现,想要破除国企绩效管理瓶颈需要构建EBMK绩效指标体系,即"以经济附加值(EVA)为基础、以目标管理(MBO)为导向、以平衡计分卡(BSC)为框架、以关键绩效指标(KPI)为核心"的综合绩效考评模型。

申志东(2013)认为,应运用层次分析法构建国有企业绩效评价体系,采用一定的数理方法,对采集的相关指标进行定量或定性评价,即通过对评价目标进行逐层分解,细化指标,再对相关指标进行评判得分,并乘以相应权数后得出最终结果的分析方法。该方法虽然需要通过专家团队来初步确认各项指标的权重值,但由于方法中设定了检验环节,对专家判断的结果通过设立矩阵的方式进行一致性检验,如果无法通过检验,则需要专家团队重新讨论设定权重值,直至通过检验为止。因此该方法相对于专家团队评价法、平衡计分卡法来说,具有降低主观干扰、纠正不一致观点的优势。此外,该方法还具有计算过程相对简单,可以对财务指标和非财务指标进行综合评判,构建模型相对固定,通用性和推广性较强等优点,比较适合国有企业进行绩效评价。

2) 关于民营企业绩效评价体系研究

张佑林(2006)研究指出我国民营企业在绩效管理过程中,拿来主义现象十分突出,重视员工个人绩效管理却忽视企业整体绩效管理,片面追求考核指标量化,忽略绩效反馈,考核过于频繁且考核过程缺失公平。对此提出了一些相关对策,包括:管理者要帮助员工了解企业的目标和策略,并将自己的绩效与企业的战略、目标等结合,选定合适的评估方法;规划及设定合理的可量化的指标;将绩效评估的结果信息反馈给员工,以激励或协助他们改善绩效;建立接纳与运用绩效管理的组织文化等[①]。一个好的绩效管理体系除了强调绩效目标的规划及衡量、控制之外,更重要的是透过绩效的反馈沟通来改进和提高员工的绩效。

但是,绩效指标的选择是考核评价体系中最困难的一项。张林(2012)在对创新型企业绩效评价的研究中就指出了创新型企业绩效评价的相关特征,以及传统绩效评价对于

---

① 张佑林.我国民营企业绩效管理研究[J].山西财经大学学报,2006(2):55-56.

创新型企业的不匹配性。张瑞(2016)指出以往的企业绩效评价体系主要采用财务评价指标,在指标设计方面存在诸多漏洞,其设置和评价方法也不具有战略性,无法提出具有预见性的对策,传统的企业绩效评价体系没有站在利益相关者的角度进行设计,对企业是否有效利用了社会环境资源等缺乏相关评价,应当树立正确的绩效观念,将绩效考核科学化。财务评价指标虽然重要,但毕竟无法代表全部绩效评价的内容。在现代企业绩效评价体系中,应当做到在企业财务评价指标体系中引入非财务评价指标。

20世纪90年代以来,经济增加值(EVA)作为一种新型的企业业绩评定方法逐渐受到企业界的关注和青睐,它消除了传统业绩评价指标体系存在的诸多弊端,较好地体现了"企业价值最大化"的理财目标。自国资委在中央企业推行EVA管理以来,中国企业逐步将EVA作为重要的绩效评价指标和完善企业价值管理的新思路,但EVA绩效评价指标在我国广泛应用还存在很多问题。崔洁(2011)便对目前我国企业采用EVA进行绩效评价存在的问题进行分析探讨并提出相应对策。除了EVA之外,数据包络分析法(DEA)在处理多输出、多输入的有效性方面具有极大优势。夏利华(2014)谈到,不假设权重,保证了评价的客观性,不但可以弥补其他评价方法的不足,还可以评价林业上市公司的技术效率、规模效率及综合效率等因素。通过衡量投入产出效率,找出最有效率的公司作为示范企业,通过对输入、输出目标值的比较找出差距,确定需要改进的指标及其数值,从而确定未来的经营规模和生产技术活动,有利于迅速壮大林业企业的商品化经营,促进企业长期稳定健康发展,增强行业竞争力。栾庆国(2015)将平衡计分卡(BSC)引入总部型企业绩效管理,通过简化战略描述方法与沟通程序以实现集团、各业务板块在目标与行动计划上的更有效率的战略协同,并运用这个平台对集团各个部门、子公司的战略行动进行动态监督。他还指出平衡计分卡战略规划能帮助我国集团型企业实现战略的描述、衡量与管理。

EVA和BSC既有兼容性,也有互补性,可以将两者有机结合,在BSC中引入EVA指标,体现了企业价值创造过程和利益相关者间利益的均衡,实现对管理者的有效激励,也跨越了战略目标与战略实施之间的鸿沟。刘运国、陈国菲(2007)以GP企业集团为研究对象,通过对该企业集团的绩效考核现状进行分析,归纳了其绩效管理体系中存在的问题,并针对该问题,重新构建了基于BSC与EVA相结合的绩效评价指标体系。张丽琨(2015)以雅戈尔集团为研究对象,研究内容为该企业的绩效管理,分析雅戈尔集团的绩效管理现状,提出整合BSC与EVA的相关思想,构建新的绩效评价体系,使绩效管理更具可操作性、规范性以及有效性,逐步提升企业的综合管理水平。

3) 关于政府政策绩效评价体系研究

徐双敏(2011)认为,在政府绩效管理中加入第三方评估是必要的,第三方评估作为一种必要而有效的外部制衡机制,弥补了传统的政府自我评估的缺陷,在促进服务型政府建设方面可以发挥不可替代的促进作用。评估是绩效管理的关键环节,"第三方评估"是政府绩效管理的重要形式,"第三方"具备适用性、独立性、专业性、权威性等鲜明特征,评估结果公正、客观。这种评估形式不同于传统的政府机关的自我考评,在现实中能够有效克服政府部门既当"运动员"又当"裁判员"引发的考评不公,对促进政府部门的作风转变,促进地方经济社会发展发挥了重要作用。

政策评估研究在我国仍然是一个新兴领域,随着政治体制改革,我国进行政策评估研究的学者越来越多,研究成果也不断涌现,研究范围较广泛,涉及学科的各个方面。

20世纪80年代,随着政策科学的发展,政策绩效评价研究也日益受到重视,在研究的内容上,基本集中于概念、评估主体、评价过程、评估标准及评估方法等的探讨。胡平仁(2002)提出了政策评价的四个基本要点:决策内容的合法性、决策方案的科学性、决策目标的明确性、决策程序的合理性;王瑞祥(2003)提出了政策评价的四个基本要素,分别为政策评价的理论基础、评价方法、评价标准、评价活动的制度安排以及其在不同国家的适用性,并且详细的描述了目标获取模型、自由目标评价模型、侧面影响模型等常用政策评价模型的特点和适用范围;马晓君(2006)分析了政府绩效评价的目标界定、数据收集及分析、指标体系构建、质量反馈和控制、绩效贡献率法等一系列绩效评价方法;胡淑晶(2006)阐述了政府绩效评价的标准和难点,在引入多元评价概念之后,总结了政府绩效评价的几种主要方法。在实际运用上,政策评价方面的文献主要集中在农业、环保、金融财政政策等评价上,如樊胜岳、马丽梅、殷志刚(2008)构建了基于农户生态治理政策绩效评价的指标体系,并采用AHP评价方法对农户的生态治理政策绩效进行评价研究;朱明芬(2011)从直接绩效和带动绩效两个维度对农村困难家庭危房改造政策的绩效进行综合评价;张瑞红(2011)从定性的角度对我国粮食直补政策的绩效问题进行了研究。已有的文献对创业政策评价研究较少,目前刘兰剑、温晓兰(2011)从指标体系的构成、评估方法等对大学生创业政策评价体系研究;秦建国(2012)构建就业评价指标体系对政府就业政策绩效进行评价。关于农民工创业政策评价更多的是创业政策支持体系进行理论与实证研究,如刘小春、李婵、朱红根(2011)关于农民工对返乡创业扶持政策需求优先序实证分析;李丽群、胡明文(2011)对农民工创业政策支持体系成效分析,等等。

1.2.3 文献述评

已有研究成果对更好地研究农民工创业政策绩效评价体系有着重要的借鉴和指导作用,但存在以下几个方面的不足,有待进一步探讨。

(1) 现有的研究仅限于对政府扶持创业政策的梳理以及对创业政策体系的理论构架层面,对农民工创业政策评价体系缺乏全面分析和系统研究。

(2) 已有的政策评价方面的文献主要集中在农业、环保、金融财政政策评价上,对创业政策的评价较少,并且已有的创业政策评价在评价方法上多以定性分析为主。由于创业政策绩效涉及政府部门、创业企业、创业者、内外部环境等诸多方面,政策绩效影响因素具有复杂性,在一定程度上给政策绩效评价指标的识别和量化分析带来了相当的难度,因此,创业政策绩效评价上常采用定性的问题描述和分析方法,定量评估方法应用较少。

(3) 我国评价方法的运用与先进国家相比,还有较大差距,其中一个突出表现就是:

经验推理与定性分析多,定量评估少。这在很大程度上影响了评价的信度和效度。且针对政策评价需要有评价指标体系,在农民工创业政策绩效评价方面,鲜有见到。

针对已有研究的不足,本项目将以江西省为案例区,在分析政策评价标准和评价原则的基础上,结合城乡统筹背景下农民工创业政策自身特点与创业政策绩效评价的因素确定本课题的评价框架,建立农民工创业政策绩效评价指标,并通过专家咨询、实地调研和案例分析等方式从理论和实证研究两个方面详细分析农民工创业政策绩效评价指标体系,运用模糊聚类、DEA 等方法,构建综合评价模型;在以上研究基础上,进一步对政策绩效全过程进行评价,优化农民工创业政策支持体系,从而更好地培育和扶持农民工创业,促进城乡统筹发展。

1.3 研究内容与目标

1.3.1 研究内容

本项研究将查阅大量公共政策评价与创业相关参考文献,采用定量分析和定性分析相结合的方法,建立创业政策绩效评价模型,并且运用实证分析,对江西省农民工创业政策绩效进行评价分析,得出评价结论并提出相应的政策建议。

1) 国内外政策评价和创业相关理论的总结和回顾

分别从农民工创业、创业政策、政策绩效评价等方面对国内外相关文献进行梳理,结合农民工创业特点,研究出农民工创业政策评价标准和评价原则,从而为本研究的模型的构建与论证奠定理论基础。

2) 论证城乡统筹发展与农民工创业发展的互动关系

论证城乡统筹发展与农民工创业发展的互动关系,以江西省为案例区,总结城乡统筹背景下农民工创业政策的发展和研究现状,分析城乡统筹背景下农民工创业政策执行效果,进一步探讨政策需要强化和完善的突出问题和矛盾,力求农民工创业政策绩效评价指标体系能够反映城乡统筹的发展,并对其有促进作用。

3) 探讨农民工创业政策效应,总结政策绩效评价的因素

创业政策绩效评价涉及政府部门、创业企业、创业者、内外部环境等诸多方面,政策绩效影响因素具有复杂性,这对绩效评价带来一定的难度。基于微观经济学的效用理论,一个置于成熟政治市场中的公共政策,要先分析其效应最大化的可能性,从多维度进行考察其政策效应,为建立相关评价指标提供理论与实际支撑。

创业政策的结果不仅关系到农民工是否直接受益,更关系到政府的综合政策目标是否得以实现,因此,绩效评价必须同各相关主体的目标结合起来,而各参与主体目标存在一定差异性,本课题分析创业政策效应尝试从直接绩效和间接效应两个维度,采用综合分析和民意调查相结合的方法,比较分析各利益相关者的目标实现程度和联动效应,从而总结政策绩效评价的因素。

4）城乡统筹背景下农民工创业政策绩效评价指标体系的构建

在分析政策评价标准和评价原则的基础上,结合城乡统筹背景下农民工创业政策自身特点与创业政策绩效评价的因素确定本课题的评价框架,建立农民工创业政策绩效评价指标,并结合创业企业访谈、专家咨询,对指标进行修正,构建农民工创业政策绩效评价指标体系。

5）农民工创业政策绩效综合评价模型的建立

在构建农民工创业政策绩效评价指标体系的基础之上,运用组合评价方法来评价。在指标分值计算和标准化过程中,根据评价标准和内容的不同,定量指标分别采用目标比值法、功效系数法、成本—效益分析法等进行数据处理,定性指标则主要通过问卷调查获得数据,结合单因素模糊数学评价、向量单值化等方法确定指标分值,最终建立农民工创业政策绩效综合评价模型。

6）城乡统筹背景下江西省农民工创业政策绩效的实证评价分析

分别通过统计文献和问卷调查获取定量和定性指标数据,运用上述评价模型,计算出模型各指标评分及总评分,并对江西省农民工创业政策绩效进行实证评价与分析,然后根据评价结论,总结经验与教训。

7）基于结构功能视角对农民工创业政策绩效进行全过程评价

基于结构功能理论与综合评价法,对农民工创业政策的制定、执行、结果输出、监控与考核等各个过程环节的绩效进行评价,深入挖掘各个环节的现状与预期目标存在的偏差。

8）农民工创业扶持政策体系的优化设计

在已有的农民工创业政策和案例研究的基础上,结合农民工创业政策绩效评价指标体系,以及实际评价结果,优化农民工创业扶持政策体系的设计。

1.3.2 研究目标

本项研究以江西省农民工创业为研究背景,以公共政策绩效评价与创业理论为指导,基于城乡统筹背景下,探讨农民工创业政策效应,提出基于城乡统筹背景下农民工创业政策绩效的定性化和定量化测度指标,建立相关的指标评价体系和综合评价模型。具体而言,主要研究目标如下:

（1）论证城乡统筹发展与农民工创业发展的互动关系,科学地考察城乡统筹背景下农民工创业政策的发展。

（2）从多层面、多维度探讨农民工创业政策效应,总结创业政策绩效评价的因素。

（3）根据农民工创业政策评价标准和评价原则,构建农民工创业政策绩效评价指标体系。

（4）建立农民工创业政策绩效综合评价模型,能够对江西省农民工创业政策绩效进行实证分析。

(5) 农民工创业支持政策体系的优化设计。

1.4 研究的重点和难点

本项研究重点：一是农民工创业政策效应分析，比较分析各利益相关者的目标实现程度和联动效应，总结政策绩效评价的因素；二是根据政策绩效评价标准和评价模式，借鉴相关理论成果，考虑城乡统筹背景下农民工创业的特殊性，重点对创业政策绩效评价指标进行筛选，力图使指标定量化、动态化、科学化，建立起一套科学、完备、适用的指标体系；三是评价方法的选择，对国内外采用的评价方法进行分析与比较，提出适合本研究的定量化测度模型，并对江西省农民工创业政策绩效进行实证评价与分析。

本项研究难点：一是由于本项研究涉及因素较多、领域较广，加之农民工创业的特殊性及可借鉴的研究成果较少，导致具体指标设置困难；二是评价指标体系还要结合相应的评价方法才能很好地反映政策综合发展现状以及执行效果，目前专门针对农民工创业政策绩效评价方法的研究尚是一项探索性工作，其应用效果需要在具体的实践中进一步完善；三是数据的获取和收集，由于本项研究涉及因素较多、领域较广，需要多方面的数据支撑，这将是本项研究面临的一大挑战。

1.5 研究方法与技术路线

1.5.1 主要研究方法

本项研究主要采用统计分析和计量经济、创业理论和绩效理论、实证研究和文献资料分析相结合的方法，结合多学科研究的基本视角。具体的研究方法如下：

(1) 文献研究，即在已有国内外相关文献的基础上，系统分析与整理，提出课题研究思路与方法。

(2) 比较分析法：一是横向对比，主要是借鉴国外发达国家的经验和教训，分析我国创业政策绩效评价的不足；二是纵向对比，我国创业政策发展的对比，分析城乡统筹背景下政策需要强化和完善的突出问题和矛盾；三是将现实问题与理论作对比，遵从理论的原理路径，指导解决现实问题。

(3) 数理经济建模分析法，即对指标分析及定量测度模型等环节，采用建立数理经济模型的方法进行说明和分析，并将模糊聚类、DEA 等多目标组合评价法用于构建的指标体系进行评价。

(4) 系统研究法，即将农民工创业政策绩效评价看成是一个系统的工程，评价其整体的绩效。从政策制定、执行、落实、成效以及反馈等一系列过程考虑评价体系的构建，同时，考虑江西省农民工创业政策体系的系统功能、过程功能以及政策功能。

本项研究的内容和方法总结如表 1-1 所示。

表 1-1 研究内容和方法

研 究 内 容	研 究 方 法
城乡统筹发展与农民工创业发展互动关系	文献资料分析、统计分析、面板向量自回归、面板因果关系
农民工创业政策效应分析	民意调查、效用分析、公共价值与效率分析
农民工创业政策绩效评价指标体系构建	统计分析、目标比值法、功效系数法、成本—效益分析法
农民工创业政策绩效综合评价模型的建立	模糊数学评价和 DEA 模型
江西省农民工创业政策绩效实证评价分析	统计描述、案例分析
农民工创业支持政策体系的优化设计	文献资料分析、公共政策分析、机制设计

1.5.2 技术路线(见图 1-1)

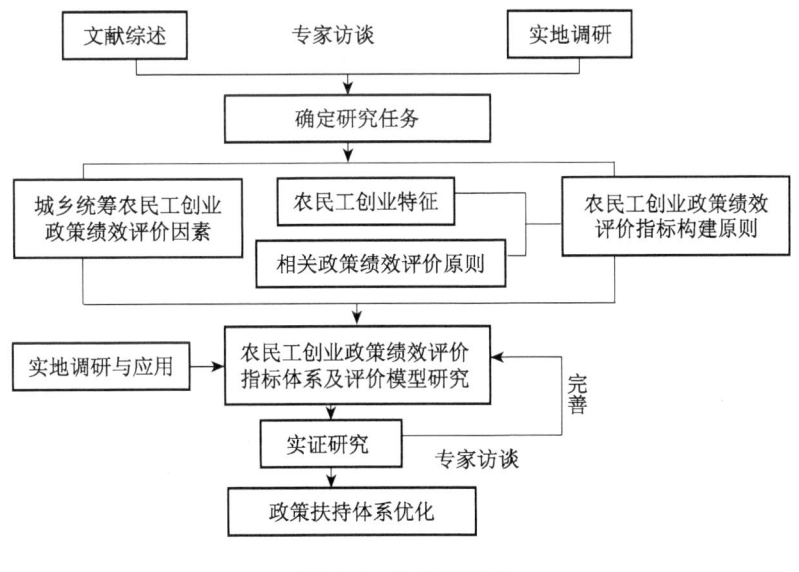

图 1-1 技术路线图

1.6 可能的创新

本项研究可能存在以下创新：

第一，借鉴政策评价相关理论，将政策评价标准和评价方法等一般性理论运用于农民工创业政策绩效评价，结合我国城乡统筹背景下农民工创业的特点，提出了创业政策的评价标准和评价模式，并建立农民工创业政策绩效评价体系，对政策评价在农民工创业领域内的应用将是有益的尝试。

第二,在定量指标分值的计算上,根据子标准层分类的不同分别采用目标比值法、功效系数法、成本—效益分析法等来确定指标分值,实现了同一评价体系中不同评价模式下指标分值的标准化。

第三,研究方法上,目前大多数研究都是从定性方面分析,本项研究过程将社会科学研究与自然科学研究相结合、规范研究与实证研究相结合、定性研究与定量研究相结合、政策框架与可操作性措施相结合,将指标体系中定性指标和定量指标的赋值有机统一起来,建立农民工创业政策绩效评价模型,使评价结论更加客观、明晰。

第 2 章　相关概念界定与理论回顾

2.1 城乡统筹概念的界定与理论发展

2.1.1 城乡统筹的概念界定

城乡统筹发展和建设新农村是带有普遍性的世界性问题。城乡统筹问题不仅是我国可持续发展所面临的现实挑战,也是其他各国在发展道路上所必须应对的世界性难题。中国自城乡统筹发展成为科学发展观中统筹区域发展的其中一项重要内容以来,城乡统筹就更加注重农村的发展,解决好"三农"问题,坚决贯彻工业反哺农业、城市支持农村的方针,逐步改变城乡二元经济结构,逐步缩小城乡发展差距,实现农村经济社会全面发展,实行以城带乡、以工促农、城乡互动、协调发展,实现农业和农村经济的可持续发展。

国外在研究城乡统筹这一问题上,更多的是用"一体化"或"城乡一体化"这些词来代替,主要是指 19 世纪末以来西方发达国家在工业化和城镇化的互动作用下,出现以某几个城市为中心而形成的城镇集群。

我国是在 1956 年毛泽东提出了注重城乡协调的思想之后,二元经济结构带来的城乡问题逐渐受到政府和学术界的重视。城乡统筹的概念最早出现于党的十六届三中全会上,当时提出的"五个统筹",即"统筹城乡发展、统筹区域发展、统筹经济社会发展、统筹人与自然和谐发展、统筹国内发展和对外开放",要落实这一战略决策,必须从战略高度考察其时代背景和重大意义,明确其战略思路和主要内容,给出其战略重点与对策建议。我国要在 2020 年全面实现小康,关键在于农民,农业发展落后于经济的发展,农民收入增长缓慢,这已成为制约经济增长的重要问题。要从根本上解决"三农"问题,就要实现城乡统筹发展,达到城乡一体化。由此可见,城乡统筹发展已成为我国新常态下经济社会发展的大趋势。然而,国内学者因为研究视角的不同,到目前为止,就城乡统筹的这一概念的界定,学术界尚未形成统一标准。

陈希玉(2003)将城乡统筹定义为:在改变过去"城乡分治"这一传统理念和行为的同时,通过体制变革和政策调整,打破我国城乡二元结构,把城市和乡村作为一个整体统一进行筹划,把解决好"三农"问题放在首要位置,实现城乡之间的协调发展[①]。鞠正江(2003)分别从统筹经济资源、统筹政治资源以及统筹社会资源这三个角度出发,揭示城乡

---

① 陈希玉.论城乡统筹[J].发展论坛,2003(10):21.

统筹战略的丰富内涵。胡进祥（2004）认为统筹城乡发展的对象是城乡关系,其科学内涵由城乡空间、城乡产业以及社会进步三部分组成,以实现城乡机会均等和增加农民收入为根本目的;李岳云等（2004）认为城乡关系统筹、城乡要素统筹和城乡发展统筹这三方面内容构成城乡统筹的内涵,并对这三方面内容进行了详细阐述。焦伟侠等（2004）从城乡一体化的角度考虑,认为统筹城乡发展可以概括为三方面含义,一是将城市和乡村当成统一的整体,实行统一谋划管理;二是全方位看待"三农"问题,让农民共享发展成果;三是摒弃城乡不平等、城乡分治的发展思路,建立城乡统一的要素市场,促进要素合理流通[①]。秦庆武（2007）从统一城乡规划的角度出发,提出统筹城乡经济社会发展就是把乡村和城市当作一个整体,进行全盘考虑,统一进行经济社会发展规划,把乡村和城市在发展过程中存在的问题进行综合研究,统筹加以解决。刘荣增（2008）在对城乡关系理论以及我国现阶段城乡统筹理论研究进展进行梳理后,指出在一定的经济区域中要对城市和乡村综合规划,以保持两者协调、持续发展。

综上所述,国内学者由于研究领域和考察视角的不同,城乡统筹的概念尚未统一界定,但本研究以为,结合我国当前城乡发展现状,城乡统筹的基本含义主要包括以下几点:第一,城乡统筹并非意味着要把农村改造为城市,片面地强调农村发展与城市发展孰先孰后的问题,而是要将农村和城市统一规划,统一布局,实现城乡之间生产要素的自由流动和有效配置;第二,城乡统筹是全方位的综合统筹,不仅是指城乡之间经济的一体化发展,还强调城乡之间社会发展的一体化,特别是对农村地区公共基础建设、就业、社会保障等突出问题的解决;第三,城乡统筹要以解决"三农"问题为突破口和着眼点,坚持工业带动农业、城市辅助农村的路线方针,加快农村现代化建设,最终实现城乡经济社会发展一体化。

2.1.2 城乡统筹的理论发展

1) 国外城乡统筹理论发展

西方学者对城乡之间的关系研究起步较我国来说早了许多年,20 世纪 50 年代以前主要有以下三种代表学说:空想社会主义学说、初期城乡一体化理论以及城乡协调发展观。国外城乡统筹的思想最早可以追溯到 19 世纪初的三大空想社会主义,在那一时期城乡分离发展导致的城乡对立问题已成为英国等资本主义国家的主要社会矛盾,在这样的时代背景下空想社会主义者提出:"和谐的社会是不存在城乡的对立和差别的,乡村不是城市的附庸,城市也不是乡村的主宰,两者是平等的"[②],这可以视为城乡统筹理论的雏形。然而圣西门等空想社会主义者提出的城乡之间没有差别和对立的观点是一种理想的状态,在现实中是很难实现的。马克思和恩格斯随后继承和发展了这一思想,在创立的科学社会主义学说中提出"城乡融合"的概念,这主要是从历史的角度阐述城乡关系,认为随

---

① 焦伟侠,陈俚君.关于统筹城乡经济协调发展的思考[J].经济体制改革,2004(1):37-40.
② 周叔莲,金培.国外城乡经济关系理论比较研究[M].北京:经济管理出版社,1993:47.

着时间逐渐地推移,尽管这个历程是十分漫长的,但城乡之间的对立最后必然走向城乡之间的融合。另外,让人不容忽视的是德国经济学家杜能在其 1826 年出版的《孤立国同农业和国民经济的关系》一书中提出"杜能圈"的构想,他将城市假设成为孤立国的中心,农村处于孤立国之外的范围,并得出了孤立国农业空间布局的原则和构架,为"城乡统筹"协调提供了理论上的可行性。除此之外,圣西门、傅里叶和欧文的"城乡社会平等观""理性社会制度""共产主义新村"等都从不同侧面反映了城乡一体化的原始构想。

19 世纪末,早期的城乡一体化思想在西方社会逐渐形成。城乡一体化思想最早源于英国著名社会活动家埃比尼泽·霍华德,他在其发表的《明日——一条通向真正改革的和平之路》中提出著名的"田园城市"理论,他呼吁"用城乡一体的新社会结构形态来取代城乡对立的旧社会结构形态",认为城市与乡村相互依存,要想实现资源利用和效益的最大化,城乡一体的融合发展模式是唯一选择,只有从城市结合乡村的角度将两者作为一个整体,才能从根本上解决这个长期困扰人类发展的问题①。他提出的是一种城乡关系改良的思想,主张用统筹城乡、城乡一体化来代替城乡之间的对立与分割,埃比尼泽·霍华德的"田园城市理论"实质上是一种"以乡带城"理论,他强调的并不是消灭城乡之间的差别,而是仅仅消极地避开城乡之间的主要矛盾而已。与此同时,著名的城市研究专家赖特提出"区域统一体"理论,主张城乡发展应采取整体的、有机的、城乡协调的发展模式。赖特的"区域统一体"理论和上述霍华德的"田园城市"思想则是形成了城乡一体化理论的根源。

20 世纪 50 年代以后,国外城乡统筹理论有了进一步发展和完善,研究重点集中在城乡发展关系上。西方城乡关系的思想经历了杜能的"孤立国"理论、刘易斯的"二元经济"理论、缪尔达尔的积累性因果关系理论、增长极理论、城市偏向理论、乡村城市战略理论、朗迪勒里自上而下"刺激城市"战略和波特"城乡联系与流"思想理论等②。其中,在 1954 年美国著名经济学家刘易斯提出二元经济结构模型,指出许多发展中国家存在着现代化的工业和技术落后的传统农业同时并存的经济结构现象,要想消除二元经济结构,关键在于农村剩余劳动力从传统农业部门向现代工业部门的转移及城市工业化的发展。

特别是进入 20 世纪 70 年代后,随着经济、技术的发展,城乡之间的发展差距继续加大,在这一背景下新的城乡发展观应运而生。发展中国家城市化进程明显加快,促使学者探索新的理论模式,其研究重点也相应转移到城乡互动的发展模式中。1987 年,加拿大著名学者麦基提出亚洲城乡一体化发展模式,其著名的"Desakota"模型,该模型是通过对亚洲国家多年的城乡发展研究得出的,是针对亚洲国家城乡统筹发展的新模式,对欠发达国家城乡统筹提供了理论支持,认为城市化应该建立在城乡协调发展的基础之上。道格拉斯等在分析过去的各种城乡发展理论与规划的基础上,提出了城乡之间相互依赖的区域网络化发展模型,其基于泰国城乡区域的研究表明,通过建立联系城乡的区域网络体系,可以实现城乡经济一体化增长,该发展模式在发挥城乡优势方面尤其具有重要意义。

---

① Brookfield H. Interdependent development[M]. London: University of Pittsburgh Press,1975.
② 姚士谋,张平宇,余成,李广宇,王成新. 中国新型城镇化理论与实践问题[J]. 地理科学,2014(6):642-647.

发展中国家的城乡可持续发展问题是全球面临的一大挑战,引起很多学者的关注。塔科里和大卫·奥特斯威特为此构建了消极的和积极的"城乡相互作用与区域发展"的关联模式,强调中小城镇促进乡村地区发展以及缓解贫困的作用,为发展中国家解决城乡矛盾问题提供了参考。

进入21世纪,城乡之间的持续协调发展问题已经成为全球面临的主要挑战之一,总体来说,国外对城乡之间的关系与统筹的研究开始时间更早,相关调查研究涉及的学科门类更多,调研领域更为广泛,所取得的研究成果也是硕果累累,尽管如此还是不可避免地存在一些问题:譬如其相关研究多从宏观层面自上而下进行,而从微观角度自下而上的研究较少,尤其在农村区域的深入研究上极为缺乏,并且多数都是以城乡分割为前提;研究大多着重在数理论证的实证研究,缺乏实际操作的可行性;国外的理论研究也主要是以工业革命时期的发达国家为研究对象,其研究结论对发展中国家的指导具有一定程度的局限性,难以更恰当地进行统筹城乡间的发展关系理论的深化。

2) 国内城乡统筹理论发展

关于"城乡关系",马克思和恩格斯等在很早之前就对其有过阐述,这为中国的马克思主义者提供了有关城乡统筹的理论基石和方法论原则。赵秀玲(2015)指出,以下两个方面可以认为是城乡关系具体表现之处,一是城镇化道路的发展方向,强调适合中国国情和"以人为本"的价值理念;二是城乡统筹的理论与实践,即在城乡一体化格局中,尤其强调城市对于乡村的反哺①。我国城乡统筹的思想最早可以追溯到建国初期毛泽东处理城乡关系的一系列探索。毛泽东提出在中国工业化进程中,要以农业为基础,统筹兼顾,最终消除城乡差距,为我国城乡统筹发展道路指明了方向。改革开放后,我国城乡经济迅速发展,城乡矛盾也日益突出,一方面,从目前我国经济发展的阶段看,已具备统筹城乡发展的现实条件,另一方面,从我国解决"三农"问题的思路看,统筹城乡经济社会发展是可以成为现实的,但目前中国城乡差距仍过分悬殊并不断扩大,究其原因在于过去解决"三农"问题的思路更多地只单纯地注重于在农村内部考虑农业、农村和农民问题,导致割裂了其与社会其他单元的有机关联,只有按照统筹城乡发展的战略思路,创新城乡发展战略,才能深化城乡统筹发展。国内学者就如何统筹城乡发展展开了广泛而深入的研究,在对城乡统筹的内涵进行探讨的同时,还从多视角对城乡统筹的发展进行了探讨,重点围绕以下几个方面集中展开研究。

关于城乡统筹的现实意义方面,国内许多学者对其进行了研究,其中代表性的观点主要有:石忆邵(2004)指出在城镇化高速发展的同时,广大农村地区由于"城市偏好"得不到应有的重视,只有通过统筹城乡协调发展,打破城乡二元格局,才能从根本上解决"三农"问题,实现城镇化高速可持续发展;郭建军(2007)指出,城乡关系是否和谐关乎我国和谐社会的构建,城乡经济社会的协调发展是我国社会发展进步的综合表现,是影响整个国民

---

① 赵秀玲.马克思主义城乡统筹理论的中国化进程[J].福建论坛(人文社会科学版),2015(9):5-10.

经济是否健康发展的重要内容;周静(2008)认为城乡统筹不仅能从根本上解决我国"三农"问题,同时也是全面建设小康社会的客观现实要求,对缩小城乡差距、建设和谐社会具有重要意义;刘歆立等(2009)认为城乡统筹战略体现了科学发展观的精髓,通过这一战略的实施,一方面可以形成以工促农、以城带乡的发展体制,从而为新农村建设提供有效的外部支持,另一方面可以促成城乡之间各种要素自由流动,为新农村建设提供内部机制保障;徐安勇(2010)指出,推进统筹城乡发展是科学发展完善我国社会主义市场经济体制的重要保障,是解决新时期贯彻落实科学发展观的体现,对于我国解决"三农"问题,深化农村改革具有重要意义;张秋以及何立胜(2010)认为,譬如美国、日本、韩国、印度等国家,在工业化进程中都制定了加快农村发展的政策,使城乡失衡问题得到了很好的解决,这些国家统筹城乡发展的一个共同经验,就是实行适度向农村、农民倾斜的制度安排,促进了城乡之间的协调发展,因此须借鉴国外城乡统筹发展的成功经验,对我国城乡统筹发展中的制度安排加以矫正,使之与城乡统筹目标相一致,能够更好地促进城乡协调统筹发展;曾万明(2011)也指出,美国、英国、法国等欧美发达国家城乡关系随着工业化的进程,沿着"合—分—合"的历史轨迹正步入城乡一体化的高级阶段,印度等发展中国家选择农业工业化作为实现城乡共同发展战略,通过这些国家的实践,能够对我国有一定的帮助,因此总结和提炼了一些值得学习和借鉴的经验。

关于城乡统筹的动力机制方面,目前关于城乡统筹发展的深层动力机制仍不明确,一定程度上使得城乡统筹的规划实践具有一定程度上的盲目性,具体表现为统筹内容的重点不明,统筹实践依旧延续过去城市发展优先的模式,统筹规划被当作"霸占"农村土地的"合法"手段,严重地偏离了城乡统筹发展的初衷。为此,学术界开展了广泛的研究,旨在从不同视角综述统筹发展动力机制的研究现状,并从基本内容和关键内容两个层次讨论统筹发展的内容,目前,我国国内学者的研究成果多集中于城市化和工业化对城乡统筹的双轮驱动作用,但究竟以何种动力机制在城乡统筹中发挥主导作用,学术界尚未达成一致意见。刘君德等(1997)对上海郊区的城乡转型进行分析后,认为自上而下的扩散力机制、自下而上的集聚力机制和对外开放的外力机制共同构成了城乡转型动力机制。袁岳驷(2005)构建了统筹城乡发展的经济机制,主要包括资源配置、公共物品供给、社会保障等各种机制,他所提出的构建机制更侧重于从微观的层面去研究机制建设问题,具有较强的可操作性。袁志刚等(2010)研究了城乡统筹发展的空间动力机制,他认为人力资本和土地资本的统一是城乡协调的动力机制。于善波(2010)在分析黑龙江省城乡发展现状的基础上,认为市场经济的发展状况是城乡统筹的内在动力,城市内部的产业发展水平则是城乡统筹的现实动力。曾万明(2011)则认为统筹城乡发展,是市场经济动力机制、城市扩散动力机制、农村内部动力机制以及外部发展动力机制等多种因素共同作用的结果。吴丽娟等(2012)基于主体视角,将城乡统筹的动力机制总结为以下三种:"以城带乡"的自上而下模式、"以乡带城"的自下而上模式以及城乡互动的结合模式①。吴丽娟和上述提及的

---

① 吴丽娟,刘玉亭,程慧. 城乡统筹发展的动力机制和关键内容研究述评[J]. 经济地理,2012(4):113-118.

袁志刚所提出的动力机制则更加侧重于从宏观的层面对机制建设问题进行研究。张果等（2014）试图从理论上构建统筹城乡可持续发展机制框架体系，然后以可持续发展实验探索区域——宜宾市南溪区为例，探索其在"两化互动""三化联动"支撑下，统筹城乡可持续发展机制，并且通过相关计量方法寻求其驱动力，将其科学划分可持续发展实验分区，提出因地制宜的发展模式。

关于城乡统筹的政策建议方面，国内学者展开了大量研究，对如何解决"三农"问题，破除城乡二元格局，缩小城乡差距等现实问题提出相应政策建议。张国（2004）在总结我国城乡经济发展失衡问题的基础上，指出城乡二元经济社会体制是导致我国城乡差距的主要原因，这包括二元的户籍制度、二元的融资体制以及二元的公共产品供给体制等，他认为要以统筹城乡发展、解决"三农"问题为根本出路，破除"三农"发展的各种制度和体制障碍，他主要把对策放在体制建设上，从推进城乡一体化的角度去改善城乡之间的二元结构问题。苏明（2006）提出实现统筹城乡，要着重发展农村教育、发展现代农业、改革农村财税制度。刘美平（2009）从城乡政治差距、经济差距和社会福利差距三个角度出发，提出当前我国城乡之间的差距具有多重性，并且认为城乡政治层面的差距可以成为城乡统筹的切入点，进而通过一系列的经济体制改革如财政支农、城市助农、工业哺农等，最终缩小城乡社会福利差距，实现城乡公共服务的均等化。回良玉（2010）则认为要实现城乡统筹发展，解决"三农"问题是关键切入点，要贯彻落实城乡改革联动机制，推进要素向农村流动，促进城镇化和新农村建设。曾万明（2011）就中国城乡经济社会的二元结构发展的基本态势进行了详细的阐述，深入剖析城乡经济社会二元结构的原因，从宏观视角分析了我国城乡经济社会的原因，并且从工业化、城市化、财政投入、农村金融体系等方面，阐明我国统筹城乡发展的支撑条件。他认为统筹城乡发展的科学内涵旨在用统筹的方式协调和处理城乡关系，从根本上解决"三农"问题，打破城乡二元结构，实现城乡对接与融合，推动经济社会的可持续发展。西部地区是我国经济相对落后的地区，工业化发展历程特殊，城乡二元结构突出，现代农业发展缓慢、城乡间产业分割以及农村生产要素流失严重。易思飞（2013）等针对西部地区城乡产业发展所出现的问题，提出在大力推动西部地区农业现代化进程的同时，应促进城乡产业互动发展，实现城乡产业融合。毛晋生（2013）立足于金融支持角度，认为金融作为现代经济的核心，在解决城乡统筹发展问题上具有举足轻重的作用。为了充分发挥金融支持城乡统筹发展的效用，必须根据目前地区经济发展不平衡、城乡差距大的现实，从改革金融体制等方面入手，提出应当完善和落实金融支持城乡统筹发展的相关政策，重构多层次的农村金融体系，拓展农村金融服务产品等建议，来推动城乡统筹协调发展。钟世和（2014）针对西部地区县域经济社会及金融发展中的"二元结构"问题，以陕西省为例，利用误差修正模型、协整检验等方法，对金融支持西部县域城乡统筹发展情况进行实证分析。钟世和发现农村金融发展的规模、结构、效率对促进农村经济发展、缩小城乡居民收入差距具有正向作用，也因此提出了下列建议：发挥市场在农村金融资源配置中的决定性作用，建设商业金融、政策金融、合作金融分工协作的金融供给体系，加强农村金融产品创新、积极营造农村金融机构可持续发展的良好环境等政策建议①。

  关于城乡统筹的评价指标方面,连茂君(2015)认为,统筹城乡是关乎我国全面建设小康社会、实现经济社会和谐发展的重要举措,构建统筹城乡发展评价指标体系能够定期评估我国统筹城乡发展的现状和进程,及时修正发展中的错误,对更好地推进统筹发展具有重要意义。但是,由于我国国内关于统筹城乡发展评价指标问题的研究还处于萌芽状态,大部分的指标体系建立都仅仅是在理论性研究,目前亟待建立起一个科学系统并且合理有效的统筹城乡发展评价指标体系。在这样的背景下,不少学者从理论性研究转入定量化研究,尝试建立一套综合评价指标体系来衡量城乡统筹发展水平并尝试进行相关实证分析。陈鸿彬(2007)在论述构建城乡统筹发展定量评价指标体系指导思想的基础上,提出城乡统筹发展定量评价指标体系应当由经济统筹发展、社会统筹发展、人民生活统筹发展及设施环境统筹发展这4个子系统构成,并且在各个子系统精选的指标中,既有包含反映城市带动农村发展的指标,也具有反映城乡发展差异的系数指标并以2020年为达标年,陈鸿彬对部分指标选择的原因及各指标的目标值也进行了探讨,并设计出城乡统筹发展定量评价的差异系数和计算方法。另外,不少现有学术理论的相关指标体系是建立在我国的川渝地区,其中重庆是"大农村""大城市""大库区"和民族区相结合的特殊直辖市,经济、人口、资源、环境的约束力较强,城乡差距相对严重,城乡统筹发展的任务比较繁重。申丽娟等(2009)在对城乡社会统筹内涵理解的基础上,解析重庆市既有的经济社会发展指标体系,探讨包括文教、卫生、居民生活和社会发展与稳定四个子系统在内的城乡社会统筹评价指标体系的建立和评价方法的应用,通过运用层次分析法,测算指标权重值,并以重庆市为例进行实证分析。同样是以重庆市区县统筹为例,杜茂华和刘锡荣(2010)指出构建城乡统筹发展评价体系应坚持协调、全面、系统和多元化的原则,应用因子分析法尝试构建城乡统筹发展评价指标体系,并以此对重庆城乡统筹发展存在差异的关键问题和原因进行分析和研究,进而揭示影响城乡统筹发展水平的主要因素及其重庆城乡统筹发展的特点和存在的主要问题。吴先华等(2010)指出现有研究中城乡统筹评价的不足,认为构建城乡统筹评价指标体系不能忽略城乡统筹是历史发展产物这一客观现实,因此构建基于基础条件的城乡统筹发展评价指标体系,并以山东省为例,实证分析证实了该套体系的实践指导意义。曾万明(2011)对"成都模式"研究的基础上,初步建立了统筹城乡发展的评价指标体系,探讨了统筹城乡发展的评价方法,为建立我国统筹城乡发展定量分析提供了理论准备和参考。杨钧(2014)基于河南省18个市2001—2010年的数据,以主成分分析法从城乡发展、城乡差异、城乡统筹3个方面构建评价指标体系,实证考察了研究期内河南城乡一体化的变动情况以及2010年各市城乡一体化发展水平,对以农业生产为主的省份,尤其是对河南省的城乡一体化发展具有重要意义。刘洁敏等(2015)通过建立涵盖城乡整体发展水平、城乡协调发展水平和时间指标的三维评价体系,用以探寻区域城乡统筹发展的演变特征和发展规律,对川渝19市优化城乡统筹发展方向提供理论指导

---

① 钟世和.西部地区县域金融支持城乡统筹的实证分析——以陕西省为例[J].上海金融,2014(9):94-97.

和方法论工具,亦为国内其他地区城乡统筹成效的测评方法提供指导与示范。

综上所述,国外城乡统筹理论历史悠久,体系完备,对探索我国城乡统筹发展具有重要的借鉴和指导意义,但国外城乡统筹理论多将研究对象聚焦于西方发达国家、拉丁美洲国家以及少数亚洲发达国家。我国学者在此基础上,结合我国国情对城乡统筹发展展开深入研究,取得了阶段性成果。城乡统筹发展涉及方方面面,包括城乡经济统筹发展、城乡社会文化和生态环境统筹发展、城乡公共基础设施统筹发展和农村经济社会统筹发展等,也正是由于城乡统筹问题的复杂性和区域性,国内学者在一些关键问题上仍旧未达成共识,有待于进一步研究和实践。

2.2 农民工创业政策与理论发展

2.2.1 创业的定义

英文中表示"创业"概念的有两个单词,即"entrepreneurship"和"venture"。但"entrepreneurship"的最初字面意思是"企业家精神"或"企业家活动","venture"一词通常也是指"风险"。这两个单词的最初字面意义都不是"创业"之义,是人类的创业实践活动使它们有了"创业"内涵。由于"entrepreneurship"和"venture"最初的字面意义在新形势下已经扩展和延伸,导致了它们的含义变得十分宽泛,以至于学术界至今对创业概念的解释仍各抒己见,没有人给出一个表达创业全貌的完整概念。

"创业"一词的出现可追溯到两三百年前的法国。1775年,法国的经济学家理查德·康替龙(Richard Cantillon)将创业者和经济中承担的风险联系在一起,这也是创业的第一次定义,即创业代表着承担风险。在随后的两百多年,国外学者给予创业现象大量关注和研究,但由于创业现象跨越多个学科领域,西方学术界至今难以就创业确定一个清晰和统一的概念。

不同历史时期的学者对创业的定义各不相同,熊彼特(Schumpeter,1934)的创新理论认为新的企业通过不断推出新的技术和产品,抢夺市场份额,从而打破市场经济秩序,实现市场资源的重新组合。罗伯特(Robert,1984)认为:"创业是由一群人不断创造资产的动态过程,这样一群人或者需要承担资产的时间风险和承诺,或者需要提供一定的商品和服务[1]。"杰弗里·蒂蒙斯(Jeffry A. Timmons,1999)所著的创业教育领域的经典教科书《创业创造》(New Venture Creation)将创业定义为:创业是一种思考、推理结合运气的行为方式,它为运气带来的机会所驱动,需要在方法上全盘考虑并拥有和谐的领导能力[2]。

随着研究的深入,不少国外学者试图站在整体的高度来揭示创业的内涵。加特纳

---

[1] Ronstadt R C, Robert R. Entrepreneurship:Text, cases and notes[M]. Lord Publishing,1984.
[2] Timmons J. A, Spinelli S. New venture creation: Entrepreneurship for the 21st century[M]. Burr Ridge, IL: Irwin,1994.

(Gartner，1990)运用德尔菲法对创业的内涵进行了探究,他认为创业的内涵包括两大部分:一是创业者的个人特征,二是创业的行为结果。霍华德·H·史蒂文斯(Howard H. Stevens，1994)等认为创业在本质上是一种管理方式,通过跟踪和捕捉机会实现创业,并且进一步指出,创业可由7个方面的企业经营活动来理解,即识别机会、定位策略、致力于机会、资源分配过程、资源控制的理念、管理理念和回报政策。莫里斯(Morris，1998)总结了欧美地区创业核心期刊文章和主要教科书中出现的77个创业定义,通过对这些定义内容中关键词出现的频率揭示了创业的内涵,在这77个定义中,出现频率最高的关键词是:开创新事业,创建新组织;创造资源的新组合,创新;捕捉机会;风险承担;价值创造。

在对国外关于创业的概念界定的相关文献进行梳理之后,可以发现国外的创业定义主要分为四大类:第一类将创业定义为"识别机会的能力"。代表性的人物和观点包括奥地利学派掌门人伊斯雷尔·柯兹纳(Israel Kirzner，1973)"成功地预测未来的能力"、美国经济学家莱宾斯坦(H. Leibenstein，1978)"发现不均衡市场并进行套利的能力和行动"与霍华德·H·史蒂文斯、迈克尔·J·罗伯茨、H·欧文·格罗斯贝克(Howard H. Stevenson, Michael J. Roberts, H. Irving Grousbeck，1989)"识别创业机会的能力";第二类将创业定义为"创业者的性格特质"(Roberts, Grousbeck and Stevenson，1989);第三类将创业定义为"识别和利用有利可图的机会";第四类将创业定义为"建立新组织与进行新业务的活动"。从上述四大类关于创业的定义来看,国外早期创业问题研究的主要焦点在于创业者如何在复杂动态的环境中识别和利用有利可图的机会,而后逐渐将关注的重心转移到创业环境和创业过程上面。根据创业的盈利性质,约翰逊(Johnson，2000)和坎农(Cannon，2000)将创业分为社会目的创业、共同财富创业、非盈利企业创业、慈善事业创业、社会企业创业和公民创业。根据创业发生的组织类型,拜德(Bhide)将创业划分为自我雇佣型创业、冒险型创业和大公司的内部创业三种类型。根据创新的程度,克里斯琴(Christian，2000)将创业模式分为复制型创业、模仿型创业、演进型创业和创新型创业四种。

国内的学者也对创业有诸多的解释,郁义鸿等(2000)认为,创业是通过对机会的捕捉实现产品或服务潜在价值的过程;宋克勤(2002)强调了对创业机会识别和把握的重要性,他认为创业是在识别商业机会的基础上,通过资源的整合实现产品价值的过程;刘健均(2003)将创业归纳为三种不同的创业模式,即产品创新模式、基于市场营销模式创新的创业模式和基于企业组织管理体系创新的创业模式;汪少华等(2003)根据创业者的出身和新创企业所属行业特性,将改革开放后我国涌现出的新创企业分为以工人、农民,以知识分子,以"下海"公务员和退职军人为主要特征的创业者;此外,陈震红等人(2004)认为:"创业是个体在动态的时间与环境中通过一定的组织形式,发掘并利用潜在机会来创造价值的过程。"[①] 罗天虎(2004)将创业的定义在社会层面上进行了拓展和引申,他指出创业是社会上的一群人为了改变自身现状、为后人造福,通过艰苦奋斗,不断创造财富的过程。

---

① 陈震红,刘国新,蓝俊武. 国外创业研究的历程、动态与新趋势[J]. 国外社会科学,2004(1):21-27.

复旦大学的李志能博士(2006)认为:"创业是一个发现和捕获机会并由此创造出新颖的产品、服务或实现其潜在价值的过程。"

综上所述,我们对创业的定义是:创业是这样一种过程,即某一个人或一个团队,使用组织力量去寻求机遇,去创造价值和谋求发展,并通过创新和特立独行来满足愿望和需求,而不管企业家们手中当时有什么样的资源。

2.2.2 农民工创业内涵

国外学术界没有"农民工"一词,多数是用"Rural-Urban Migration"一词来表示"城市移民"。农民工是我国二元经济体制下的特有产物,是经济社会转型期间出现的一类特殊群体,其创业活动也是我国特有的社会现象。国内学者对农民工的界定有广义和狭义上的区别,广义的农民工泛指那些拥有农业户口,在户口所在地从事非农产业工作或者离开户口所在地外出务工的农村劳动力者,而狭义的农民工则专指后一类外出务工的农村劳动力者。

关于农民工创业的内涵界定学术界尚未有统一的标准。但从本质来说,吴勇等(2010)认为返乡农民工创业是农民工创业的主体,创业的实体属于农村微型企业范畴。农民工创业与其他主体创业活动具有高度的相似性,只是创业的主体不同。李安等(2014)认为,外出务工者回到家乡,利用自身的信息和资金等优势,在家乡创办微型企业的现象就称为农民工返乡创业。本研究认为界定农民工创业这一概念必须明确两个基本要点:第一,创业的主体是农民工。关于农民工的定义,本研究借鉴国家统计局《2014年全国农民工监测调查报告》的做法,将农民工定义为:户籍仍在农村,在本地从事非农产业或外出从业6个月及以上的劳动者;第二,创业的本质是创新。从这一角度出发,本研究认为农民工创业是指农民工凭借其家庭及社会关系等特殊优势,通过识别特定环境中的机会,并利用可动用的资源,创建新组织和进行新业务等一系列的社会活动。这一界定既能体现创业的共性:创新与价值创造,也能体现农民工创业的创业主体与创业活动等的特殊性,具有良好的代表性。

因此,本项研究中将"农民工创业"定义为:那些户籍仍在农村,在本地从事非农产业或外出从业6个月及以上的劳动者通过追踪和捕捉市场机会,整合必要资源,创建新的经济实体或组织的过程。

2.2.3 创业政策的概念界定

有关创业政策的研究是在基于创业研究的进程中不断发展和完善的,直到20世纪90年代,创业政策研究才逐渐成为公共政策研究的一个全新的重要分支领域。同样,创业政策纷繁复杂,目前国内外学术界对于创业政策的概念界定尚未形成统一标准。伦德斯特罗姆和史蒂文森(Lundstrom、Stevenson,2001)认为创业政策的本质在于激励一定区域的个体产生创业动机,在创业全过程中通过制定和实施相关政策增加创业机会,提高创业技能,从而实现更多的人创建新企业。Degadt(2004)从激励的角度诠释创业政策内涵的同时,认为创业政策的另一个重要层面在于营造良好的创业环境,为新创企业提供更好地成长机会,从而提高他们的存活率。高建、盖罗它(2007)提出创业政策就是以政府为主体,通过地区、产业和国家三个层面来促进创业活动的一系列政策。唐靖等(2007)指出,不同的创业环境主要是在不同的创业政策的长期作用过程中逐渐形成的,更多创业机会的产生、更多创业资源的供给和更好的创业环境的创造等都需要创业政策的支持。辜胜阻等(2008)研究发现我国创业政策存在的缺陷,认为:"创业政策是通过综合的制度组建或政策行为来增加创业机会、增强创业技能、提高创业愿望,以提升创业水平并形成与发展'创业型经济'。"①马丁内斯(Martinez, 2009)将创业政策置于经济政策领域下进行研究,认为创业政策的目的是为了增加创业者和创业企业的数量,并在一定程度上提高他们在创业初期的成活率。

从国外创业政策体系内容来看,凯尼(Kayne, 1999)把创业政策集中在新企业的出现及增长上,他认为创业政策应该包括创业共识、税收和规制环境、资金的获取尤其是创业初期的权益资本、创业教育和知识资本。伦德斯特罗姆和史蒂文森(Lundstrom、Stevenon, 2001)认为创业活动是动机、技能和机会相结合的结果,促进创业的政策可以围绕这三个要素来设计。制定创业政策应该从以下三个层面考虑:①在个人层次上激发人们进行创业;②使创业者获得创业所需要的知识和技能;③为潜在创业者提供资源和环境支持。芬兰贸易与产业部(Ministry of Trade and Industries, 2004)提出了涉及5个方面的创业政策,包括:创业教育、培训和咨询,创业初期、成长阶段和全球化过程,税收政策,地区创业,法律制度。Stevenon围绕着创业的5个目标,形成了包括6个方面的政策框架所包含的具体内容是:创业促进、创业教育、创业环境、创业融资、创业支持和目标群体战略。

从国内对创业政策的研究来看,创业政策作为治理和发展创业活动的重要途径和手段,张茉楠(2007)把创业政策分为四类即主导参与型政策、战略干预型政策、有限参与型政策、自由放任型政策,她还建设性地指出了我国创业政策存在以下5大缺陷:缺乏对我国国情的考察,缺乏对创业需求端的考察,缺乏阶段细分,缺乏针对创业型经济这一新经济背景的考量,缺乏政策制定的系统性。高建等人(2009)将创业过程分为创业动机产生阶段、创业初生阶段(成立后3个月之内)、创业成长阶段(3~48个月)和创业成熟阶段(48个月以上)。

综上所述,创业政策的本质目的就是激励和促进创业活动,通过一系列的政策指导和实施,为创业活动提供所需的创业环境和氛围,保障初创企业的健康发展,为发展国民经济和稳定居民就业作出巨大贡献。

2.2.4 农民工创业政策理论

从2004年至今,党中央、国务院已经连续14年发布以"三农"为主题的中央一号文

---

① 辜胜阻,肖鼎光,洪群联.完善中国创业政策体系的对策研究[J].中国人口科学,2008(1):2-12.

件,其中,促进农民就业、增加农民收入一直是政策的重点内容。2015年6月21日国务院办公厅印发《关于支持农民工等人员返乡创业的意见》(以下简称《意见》)(〔2015〕47号),明确提出要推动农民工等人员返乡创业。《意见》提出了支持返乡创业的5个方面的政策措施:一是降低返乡创业门槛。二是落实定向减税和普遍性降费政策。符合政策规定条件的,可享受减征企业所得税,以及免征增值税等税费减免政策。三是加大财政支持力度。对符合条件的企业和人员,按规定给予社保补贴;经工商登记注册的网络商户从业人员,同等享受各项就业创业扶持政策;未经工商登记注册的,可同等享受灵活就业人员扶持政策。四是强化返乡创业金融服务。运用创业投资类基金支持农民工等人员返乡创业;加快发展村镇银行、农村信用社和小额贷款公司,鼓励银行业金融机构开发有针对性的金融产品和金融服务;加大对返乡创业人员的信贷支持和服务力度,对符合条件的给予创业担保贷款。五是完善返乡创业园支持政策。

在创业政策理论研究方面,我国学者也做了大量的相关研究。关于降低农民工返乡创业门槛创业政策方面,李志勇(2004)认为创业门槛是企业进入市场的障碍,指出私人创业时,会受到行业和市场准入的限制,这种限制主要来自两方面:一是政府的限制,比如政府出于管理控制的需要,严格限制私人经营某些产业,或者对某些产业的市场准入条件作出严格的限制,从而提高私人创业的成本;二是垄断的存在,由于巨型垄断企业已经垄断了某项产品和服务,而且在这一方面已经形成了成熟和标准的体系,在这种情况下,垄断组织操纵产品的生产和销售,新创业者由于创业初期的劣势性很难进入该领域,即使能够进入该领域也需要特别高的成本,因此行业和市场准入问题也是创业的一大障碍,创业者必须打破现有的在这一方面的限制。阳立高等(2008)提出,政府应改革工商登记制度,清理不合理的审批、注册和许可程序,减少进入障碍,实行备案制。

关于税费减免农民工创业政策方面,阳立高等(2008)认为,农民工返乡创业税费负担偏重是因为没有享受到应有的优惠政策,并指出应对农民工返乡创业应该实行一定时期的税费减免,一方面设立科学合理的税收体系,参照引进外资的税收减免政策,实施等同于或是优越于引进外资的优惠政策对农民工返乡创业给予一定期限的税费减免,另一方面要逐步取消对农民工创业的一切收费和罚款项目,对农民工投资经营经济实体实行"零收费"政策[①]。廖进中等(2008)认为,不同行业中的创业者和处于不同发展阶段的企业的具体情况与面临的实际困难是各不相同的,要根据各地的具体实际情况,对不同行业中的创业者和处在不同发展阶段的企业给予不同的财政与信贷支持。辜胜阻等(2008)根据2006年中国创业观察报告的研究,指出创业融资主要依靠血缘、亲缘关系,其次才是金融机构的信贷融资和政府的资金扶持,初创企业时常是无资信、无固定资产,想从银行获取贷款相当困难,这一问题在世界范围内普遍存在。李翔(2009)指出,财政资金的支持是农民工创业成功的核心所在,政府应该锐意创新,开拓农民工创业多元化融资渠道。辜胜阻等(2009)提出,创业政策可以规定农民工的新创企业在一定期限内实行免税政策,或者优

---

① 阳立高,廖进中,张文婧,李伟舵.农民工返乡创业问题研究[J].经济问题,2008(4):85-88.

惠税率,对于在解决就业中贡献突出的企业实行优惠税率或者实行"先征后返"的办法,同时减免返乡农民工创业的工商登记费等行政事业性收费,大力降低农民工的创业成本。王琦等(2011)认为,税费负担偏重的原因主要有:一是作为劳务输出地,亦是经济欠发达地区,税源少,地方政府财政紧张,对包括回乡创业企业在内的地方企业有强烈的征税冲动;二是农村地区各级政府职能部门的公共服务观念落后,利用公权对回乡创业企业"吃、拿、卡、要",严重挫伤了其创业热情。针对税费减免创业政策,我国学者提出应实行税费减免来降低农民工创业成本。王胜利、何小勇(2011)认为,政府应设立农民工返乡创业专项基金,用于扶持企业技改、补贴和奖励等,在税收以及其他工商行政性费用方面给予更为优惠的政策,以减少农民工返乡创业成本。童婧之(2012)认为,税收调节是促进创业活动的重要杠杆之一,各项优惠政策对鼓励创业,减轻创业者的资金负担产生重大影响。为减轻企业成本,出台的税收优惠政策,不仅涉及增值税、所得税等各类税种,还进一步对起征点和税率作了优惠调整。

关于金融服务创业政策方面,阳立高(2008)指出,设立行业协会基金担保公司,应由政府牵头,组织成立行业协会,要求成员企业根据企业的发展规模,按企业利润的一定比例提取费用组成协会基金,由协会用统一账号把基金存入开户银行,再由政府或用基金作担保,对符合要求、有发展前景的新进入企业,以及进行规模扩张时遇到融资困难的企业提供银行贷款担保。李翔(2009)出于收益和风险的考虑,指出金融机构对农民工创业贷款还是持非常谨慎的态度,贷款手续繁杂、约束变硬、门槛提高,极大地增大了他们融资的难度,这也在很大程度上成为其返乡创业的一大屏障。王胜利等(2011)指出,农民工创业初期是实验性的、探索性质的,随着创业者的增加和创业企业持续发展的需要,会出现需求资金的增加和政府财政担保能力不足之间的矛盾,为此,就需要一方面包括中央财政在内的各级财政增加转移性支付来支持更多的信贷担保资金,建立资金更为雄厚的担保公司,另一方面要引进民间资本来解决。王琦(2011)认为造成农民工回乡创业融资难的主要障碍因素有:一是政策性贷款和财政扶持贷款极少;二是金融机构支农责任退化,农村缺乏金融服务机构,银行不断收缩在农村地区信贷服务覆盖范围;三是资金回流城市,农村信贷资金短缺;四是银行贷款利息高,"门槛"太高,增大投资风险;五是缺乏信用贷款,银行对农村地区的还贷能力信心不足,只提供给回乡农民工抵押贷款,而且贷款限额较低、贷款期限较短;六是信贷担保体系发育迟缓[①]。童婧之(2012)认为,应从以下几方面提供金融支持:实施工业债权基金融资项目、扶持中小企业信用担保机构发展、鼓励银行业加大对中小企业的融资支持。丁冬等(2013)认为,对于新生代农民工中的创业者而言,单纯依靠其自有资金是远远不够的,由于缺少抵押品以及信用担保,新生代农民工很难通过正规金融渠道获得创业所需的"起步款项"。周劲波等(2013)认为,金融服务应为农民创业创造一个顺畅的融资渠道解决农民创业融资难的问题,提出要发挥农村信用社农村金融主力军的优势,继续加大小额信用贷款的力度,国家对其他农村金融机构要规定一个

---

① 王琦,陈金英.重庆市农民工回乡创业政策支持体系研究[J].安徽农业科学,2011,39(5):3123-3128.

支农的最低硬性指标,规定其每年用于支农的贷款额度不得低于其总贷款额,政府要牵头出资同时积极吸收社会其他资本参与成立农民创业基金来支持农民创业等。对此,政府应设定为那些经过专门的创业培训且真正具备了创业条件又需要贷款支持的创业者提供贷款,实现政府、银行和创业者的三赢局面。

关于农民工创业培训政策方面,国内学者展开了大量研究,研究发现我国农民工文化程度普遍较低,政府有必要通过举办免费创业培训,提高农民工创业能力、企业经营管理能力和企业市场竞争力。并对此提出相应政策建议可以通过发动专业培训机构、创业行业组织以及相关的金融机构、科研机构和其他社会中介机构,多种形式开展技术讲座和管理咨询等活动。阳立高(2008)指出国家应当规定由当地政府劳动部门或其他相关职能部门组织,针对当地经济主导产业,邀请相关的专家学者、著名企业家,特别是返乡创业的成功典型定期搞专题讲座或专题报告,宣传国家支持与扶助农民工返乡创业的优惠政策,帮助他们了解市场发展动态和消费需求,传授先进的生产技术和现代经营管理理念,解决他们生产经营过程中碰到的实质性问题,为他们提供政策和法律咨询服务,真正为这些经济实体的发展与做大做强出谋献策。李翔(2009)指出,创业者整体素质偏低,创业风险凸显,发展后劲乏力,返乡创业的农民工在长期的外出务工过程中,积累了很多的经验,但这种经验更多是属于技术层面的,当他们回乡成为创业者时,很难适应从打工者到管理者的角色转变。因此农民工创业培训政策应结合市场需求,提供多层次、全方位的培训,提高农民工的职业素质和管理水平,降低创业风险,为农民工返乡创业成功提供充足的人力资源保障。吴易雄(2010)对农民工返乡从创业培训前后的从业水平、人均收入、创业企业生产经营规模等方面进行了比较,创业培训后这些指标都有提高。王胜利等(2011)指出,要对具有创业意识的农民工进行创业培训,以提高他们的风险应对能力、经营管理能力和相关的法律知识水平,为农民工创业奠定基础。张秀娥(2012)认为,教育与培训是指与创业相关的各个层次教育和培训体系,创业培训组织学习并不是一蹴而就的事情,需要将组织学习贯穿于组织成长过程的始终才能全面持续促进企业适应环境和完善自身。

综上所述,农民工创业政策是指以农民工这一特殊群体为目标群体的一系列创业政策,即政府为鼓励和促进农民工创业而制定的一系列优惠政策和措施。

2.3 政策绩效评价基础理论

2.3.1 绩效评价的内涵

评价是人们为了判断和认识人或事的价值,从而采取特定的方法,运用特定的指标和标准来达到某种目的的过程。汉语词典中对"评价"的解释是,衡量、评定其价值。

绩效,从字面意思上理解,即是"绩"与"效"的组合,也就是业绩和效率。分别体现了企业组织的产出和企业管理的成熟度。财政部原统计评价司认为,企业效绩是指一定经营期间的企业经营效益和经营者业绩。有学者认为绩效也就是业绩、效绩,反映的是人们从事某一活动所取得的成绩或成果。墨菲(Murphy,1994)给绩效下的定义是,绩效是与一个人在其工作中的组织或单元的目标有关的一组行为。韦氏词典对绩效的解释是:完成、执行的行为,完成某种任务或者达到某个目标,通常是有功能性或有效能的。

对于绩效评价的内涵,到目前为止,学术界还没有作出统一的界定,以下总结了一些主流的观点。财政部原统计评价司认为,企业绩效评价是指运用科学、规范的评价方法,对企业一定经营期间的资产运营、财务效益等经营成果,进行定量及定性对比分析,作出真实、客观、公正的综合评判。张蕊(2002)认为,企业绩效评价就是为了实现企业的生产经营目的,运用特定的指标或标准,采用科学的方法,对企业生产经营活动过程及其结果作出的一种价值上的判断,其核心是比较所费与所得,力求用尽可能小的所费去获得尽可能大的所得。陆庆平(2006)认为,企业绩效评价的含义,是指运用一定的经济学原理和分析技术,通过建立特定的指标体系和相应的标准、程序,对企业一定经营期间内的经营业绩(定量)和经营行为(定性),从不同的视角,作出客观、合理和公正的价值判断,并为考评运行结果和经济质量,以及相关决策提供依据[1]。

彼得认为,企业绩效评价就是指,人们为了实现生产经营目标,用科学的方法和特定的指标体系,使用统一的评价标准,在给定的时间内,对生产经营活动成果作出客观、公正的价值判断[2]。安迪·尼利认为,绩效评价就是量化以往行为的过程,即量化过去的行为对当前绩效产生的影响的过程。更为完整的定义:绩效评价体系是通过采集、整理、分类、分析、解释和传播适当的数据,以量化过去的行为的有效性和(或)效率,并相应地作出决策,采取适当行动的过程[3]。

本研究认为绩效评价是人力资源管理体系中对员工工作行为的产出作出评定测量的过程,即使用一定的标准或指标,通过比较、记录工作行为的效率和效果,来作出真实、客观的评定和判断的过程。在人力资源管理的过程中,绩效评价是不可或缺的一环,绩效评价起到了检查、控制和激励等作用。同时,绩效评价作为有效的管理工具,也受到了广大的关注和利用。

2.3.2 政策绩效评价的理论基础

政策绩效评价是一项十分复杂的系统工程,因此要建立一套科学合理的绩效评价体系,必须以利益相关者理论、公共管理理论、战略管理理论等为基础,做到理论研究和实证研究有机的结合,从而构成集合式的评价支持系统的有机衔接,以构成集合式的绩效评价系统。

1) 信息经济学

信息经济学的研究始于20世纪60年代的美国,它是研究信息和信息活动的经济现象

---

[1] 陆庆平.企业绩效评价新论——基于利益相关者视角的研究[M].东北财经大学出版社,2006.
[2] 彼得·F·德鲁克,等.公司绩效测评[M].北京:中国人民大学出版社,1999.
[3] 冯平.评价论[M].东方出版社,1997.

及其特征的科学。我国在20世纪80年代中期才开始对信息经济学进行研究,直至1989年成立了中国信息经济学会。作为一门较新的科学,信息经济学近几年在我国得到了高度的关注和广泛的应用。我国有关信息经济学基本理论研究主要集中在非对称信息理论的研究。信息经济学,又称契约理论,或机制设计理论,是研究在非对称信息情况下,当事人之间如何制订合同(契约)及当事人行为的规范的问题。信息市场理论认为,信息是一种新兴的特殊形式的商品,主要是知识、信息产品等。它可以使得参与者在活动中的风险有所降低,从而提高其自身的效用。信息市场由信息供给方、需求方和监管部门共同组成。因此,信息也是有成本的。只有使用某个信息得到的效用大于获得该信息所付出的代价时,该信息才具有"正价值"。如何用最小的信息成本获得最大的效益,这是企业组织运营的最终目的,也是企业经营绩效的集中体现。我国信息市场的供需双方由于受到过多的牵制,导致信息流通渠道不够通畅,信息商品化意识普遍不强。因此,我们应当加强对信息经济学的研究,大力发展和完善信息市场,与国民经济各部门建立联系,形成社会主义统一市场体系,做到真正利用信息经济学来促进经济建设,将其运用到政府及企业的绩效评价中来。

2) 利益相关者理论

安索夫(Ansoff)是最早使用"利益相关者"概念的经济学家,后来经过长期的发展,如今已经成为经济学与管理学领域不可或缺的概念。利益相关者理论认为:企业的利益相关者都向企业投入了专用资本并承担了风险,因此,企业追求的是利益相关者的整体利益,而不仅仅是企业自身的利益。关注利益相关者的利益,将减少由于信息不对称所带来的成本,减少监督激励等管理的成本,使得与企业拥有一种长期稳定的合作伙伴关系,使得企业的效率和效益达到最大化。

绩效评价作为激励和监督机制的基础,是政府有效管理的一种手段,与其制定的目标和内部的治理是紧密结合的。不同的目标和不同的治理方式需要不同的绩效评价方法。目前,国内的绩效评价大多都是简单的定义和区分评价要素,并没有很好的将它们之间的联系加以分析和研究,以及治理方式对绩效评价的影响也没有得到相应的关注。长安大学经济与管理学院的吕常影(2006)认为,在"股东至上"理论的前提下,绩效评价以股东利益最大化为目标,以委托人为评价主体,评价指标主要是财务指标,忽视其他利益相关者的利益,存在绩效评价指标导向性不强,容易导致企业行为短视。同样的,对于政府机构也是一样,过多的把财务指标作为评价指标,容易忽视其他的重要因素。相反的,利益相关者理论提出的是以利益相关者的利益最大化为目标,以及利益相关者共同治理的方式,这是对"股东至上"理论的否定。因此,无论是企业还是政府机构,都必须对原有的绩效评价体系进行改革,以使其与新的目标和治理方式相匹配,顺应管理的需求。贾生华(2003)认为,在利益相关者理论的研究领域中,主要是关注谁来进行企业绩效评价(who)、评价企业什么绩效(what)、采用何种方法评价(which)、如何将评价结果应用于企业的管理工作(how)等,企业绩效评价是利益相关者理论的研究核心。据此,我们可以将有关利益相关者的绩效评价的程序归纳为:第一要了解利益相关者的准确概念并清晰界定利益相者,第二明确每个利益相关者的目标,第三权衡利益相关者的目标,第四采用专家意见法(德菲尔法)、访谈法等去确定实现目标的方式,第五给出各个利益相关者的评分,第六得出绩效评价的结果。当然,不可忽略的工作是考察利益相关者的目标和企业绩效之间的联系,然后针对其采取激励或者补救等措施。

虽然如此,企业在界定企业利益相关者并且恰当地对其排序的时候,依然显得有些不知所从。尤其是在完成相关者利益均衡,满足多重利益目标等地方不明确使得参与绩效评价的积极性和意义降低。在评价方法方面,KLD指数法、平衡计分卡、绩效三棱镜等评价方法在一定程度上体现了利益相关者理论。由于对利益相关者的界定不统一以及绩效概念的差异等,不同的学者对于基于利益相关者的绩效评价的看法各异。由利益相关者理论主要衍生出三种绩效评价方法:

$$企业绩效 = 社会绩效$$
$$企业绩效 = 财务绩效 + 非财务绩效$$
$$企业绩效 = 任务绩效 + 周边绩效$$

另外,有关实证检验方面的证据并不完全支持利益相关者理论,企业关注利益相关者并不一定会带来绩效的增加,肯定与否定两种情况同时存在,由此增加了人们对利益相关者理论的怀疑程度。虽然对利益相关者的研究还不是很成熟,但是由于其理论将企业作为一个"社会存在"的本质,更加能够在日益多元化的社会寻得一种普适的利益均衡,这也正是其生命力所在。

3) 公共管理理论的发展

政府绩效评价与公共管理理论的发展有着密切的联系,这种联系体现在公共管理理论的发展为政府绩效评价指标体系的完善提供了理论和方法的指导。

公共管理理论是当代社会科学领域的前沿理论之一,以现代经济学为基础,主张在政府等一些公共部门采用私营企业中比较成功的管理方法和竞争机制,重视公共管理服务的绩效,强调政府官员对社会公众的响应力和政治敏感性,倡导在录用、任期、工资薪酬及其他人事行政环节上实行更加灵活及富有成效的管理。

近年来,随着我国财政体制的改革逐步升温,政府绩效越来越引起社会各界的关注,以什么样的标准对政府的绩效进行评价是开展政府绩效审计的关键。

(1) 传统公共行政理论。传统公共行政理论初创时期,主要代表有:威尔逊的"政治—行政"二分法;韦伯的官僚制理论;泰勒的科学管理理论等。后期又有了支撑和构建其理论的一些代表:怀特的系统化行政理论;古利克和厄威克的科学化行政管理原则;福莱特的动态化行政管理理论。但是在传统公共行政理论的后期,价值问题在公共行政中受到越来越多的重视的同时,管理制理论受到了很多的批评。与此同时,公共政策学派开始出现[1]。

---

[1] 周亚龙.公共管理理论的发展与政府绩效审计评价的改进[J].珞珈管理评论,2010(1):123-124.

(2) 现代公共管理理论。现代公共管理理论,又被称为新公共管理理论,它作为一种新的管理模式,其理论基础与以往的公共行政理论有很大的区别。新公共管理理论是以现代经济学和私营企业管理理论及方法作为自己的理论基础。与传统公共行政理论不同的是,新公共管理理论提出解决问题的主张主要包括:组织类型的理性选择、市场机制与个人选择、分权化、公共服务组织小规模化、自由化。首先,新公共管理从现代经济学中获得诸多理论依据,如从"经济人"(假定人的思考和行为都是目标理性的,都希望以最小的付出获得最大利益)的假定中获得绩效管理的依据;从公共选择理论和交易成本理论中获得了市场导向和顾客导向,提高服务效率、服务质量的依据;从成本—效益分析中获得对政府绩效目标进行界定、测量和评价的依据等。其次,新公共管理又从私营企业管理方法中去粗取精。新公共行政管理认为,私营企业中的许多良好的管理方式和手段都可为公共部门所借用。如私营企业的组织形式能灵活地适应环境,而不是韦伯所说的僵化的官僚制;对产出和结果的高度重视与投入等同;人事管理上实现灵活的合同雇佣制和绩效工资制等。总之,新公共管理主张绩效管理、目标管理、组织发展、人力资源开发等为私营企业所用的方法完全可以运用到公有部门的管理中。

"服务型政府"这个概念是在我国首次被提出来的,无论是在服务型政府的理论上,还是在实践上都具有一定的开创性。随后,胡锦涛更是在党的第十七次全国代表大会报告中明确提出建设"服务型政府"的目标。服务型政府强化人民与政府之间的公共受托责任关系,把政府真正置于公民的监督与制约之下。服务型政府的提出,意味着对政府的绩效进行评价的问题也被提到了一个新的高度。而新公共管理理论的发展为对政府等公共部门的绩效评价奠定了一定的理论基础。

4) 战略管理理论

战略,此词原本是军事术语。《中国大百科全书》中的解释是:指导战争全局的方略。而英文中战略叫"strategy",在《简明不列颠百科全书》中的解释是:在战争中利用军事手段达到战争目的的科学和艺术。1965年,美国著名的战略学家安索夫在其著作《企业战略》中首次使用战略管理,从此"战略"从军事领域拓展至经济管理活动中。

战略管理包括战略规划和战略实施。所谓战略规划,就是制定和实施组织的长期目标,它是一个长期的过程;而战略实施则是执行战略规划,以实现企业战略为目标,是战略目标的阶段性实现[①]。公共部门战略管理的出现是公共部门管理改革以及环境变化的必然结果,与私有企业战略管理的示范性影响同样也有着密切的联系。政府必须把握管理方向和长期的发展趋势,正确地认识到所处环境,不仅要按照长期发展方向明确管理目标和方式,增强应变能力,而且要适应短期的条件变化,解决当前的问题,实现长、短期相结合,战略与战术相结合。

战略管理的目标是整合计划功能与整体的管理工作,它不仅包括战略计划过程。而

---

① (美)弗雷德·R·戴维.战略管理[M].北京:经济科学出版社,2006.

且把战略扩大到包含战略执行和战略控制在内的更大的范围。公共部门战略管理途径的兴起具有重要的理论与实践意义。从理论上看,公共部门战略管理途径,可以看作是对传统的公共行政学途径的过时或失效所作出的一种反应,是作为它的竞争或替代途径而出现的。战略管理是作为克服传统公共行政模式以内部定向"不考虑外部环境"长期目标或组织的未来等局限性而被引入公共部门的。它将关注的焦点由内部转向外部,从注重日常管理转向组织未来的发展管理。它着重考察组织的内外环境,确定组织的目标和使命。它面向未来,给组织以正确的定位,以处理日益增长的不确定性。

综上所述,战略管理理论对政府扶持农民工创业政策的绩效评价指标体系的建立有着非常重要的指导作用,是构建政府扶持农民工创业政策的绩效评价指标体系的重要理论依据。根据这一理论,指标体系的设计要有利于政府等公共部门长期发展优势的形成;指标体系的设计要有全局观念,突出政府政策的整体优势,区分影响整体和局部利益的因素;指标体系的设计要有环境适应性,体现外向型决策的要求。

总之,绩效评价是人力资源管理体系中对员工工作行为的产出作出评定测量的过程,即使用一定的标准或指标,通过比较、记录工作行为的效率和效果,来作出真实、客观的评定和判断的过程。在人力资源管理的过程中,绩效评价是不可或缺的一环,绩效评价起到了检查、控制和激励等作用。同时,绩效评价作为有效的管理工具,也受到了广大的关注和利用。政策绩效评价是一项十分复杂的系统工程,因此要建立一套科学合理的绩效评价体系,必须以利益相关者理论、公共管理理论、战略管理理论等为基础,做到理论研究和实证研究有机的结合,从而构成集合式的评价支持系统的有机衔接,以构成集合式的绩效评价系统。

2.4 农民工创业政策绩效评价研究

2.4.1 政策绩效评价的概念界定

政策绩效评价已经成为政府绩效评价体系中最重要的内容之一。实施有效的政策绩效评价,可以检验政策执行和落实的效果,及时发现并纠正政策中的偏差,还能对政策相关参与人员起到监督的作用,最终为政策的调整和完善提供可靠依据,实现政策资源的合理、有效配置。

政策绩效评价的相关理论和实践在国外已经逐渐走向成熟,特别是从20世纪60年代开始,随着政府改革进程愈演愈烈,政策绩效评价受到一些发达国家政府的高度重视,成为监督政府行为、完善政策体系的一项系统性工程。总体来看,国外发达国家的政策绩效评价体现出三方面特征:第一,政策绩效评价的主体已经实现多元化。除了官方政府组织积极参与进来外,一些半官方组织,甚至是民间组织也都成为政策绩效评价的主体。而在绩效评价的过程中,除了参考专业的绩效评价人员的意见外,公众的意见也会得到关注和重视,从而提高政策绩效评价的科学性和民主性。第二,政策绩效评价专业化、系统化。

一些发达国家成立专门的政策绩效评价委员会,实现对全国政策绩效评价工作的统一部署。如美国成立的"国家绩效评估委员会"和日本的"行政评价局"。此外,这些国家的政策绩效评价人员都必须经过严格的培训和筛选,政策绩效评价工作已成为一项专业化的职业活动。第三,法律保障政策绩效评价的实施。一些国家的立法中对政策绩效评价的程序、标准、方法等作出明确规定,为后续的一系列工作提供了有力保障。如韩国在20世纪90年代末通过的《政策评估框架法案》中规定评价内容包括政策效果、政策实施能力和满意度调查三方面的内容。日本在2001年颁布的《政府政策评估法案》中也为政策绩效评估的主客体、评价方法和评价视角等内容提供了制度保障。

目前,关于政策绩效评价的概念界定,国内外学者主要围绕是否应该完整包括政策的事前、事中和事后评价展开争议。帕顿和萨维奇(2002)认为政策过程中的所有评价活动统称为政策评价,而威廉·邓恩(2002)则只将政策完成阶段的评估活动定义为政策评价。

国内学者陈振明(2004)认为:"政策评价是为获取相关信息作为决定政策改进和完善的依据而根据一定的标准和流程,对政策的价值、效率与绩效进行评价的活动"。[①] 郑方辉(2010)认为:政策绩效评价是追求绩效导向的公共政策评价,与私人领域绩效评价的不同之处在于:政策绩效评价是指对公共政策的相关活动对政策受众需求、机会与价值满足程度的评价,其更加强调目标的实现情况,更加关注政策受众的满意程度[②]。换言之,政策绩效评价是在比较政策行为的实际结果与预期目标后,评价政策是否达成了预期的目标。它包含了分析特定环境下政策受众及其在物质、认知、行为或态度上发生的变化,并将这种变化的方向与程度,与政策预设的目标进行对比,评价其成效。

综上所述,本研究认为政策绩效评价是依据一定的评价标准及流程,对公共政策行为的全过程采取的行动及其效果与预期目标进行的分析与评价。而农民工创业政策绩效评价即依据一定的评价标准及流程,对农民工创业政策行为的全过程采取的行动及其效果与预期目标进行的分析与评价。

2.4.2 政策绩效评价内容

1) 政策绩效评价的标准

政策绩效评价作为一种依据一定标准对政策进行衡量、检查、评价和估计的分析活动,实质上是一种价值判断。要进行价值判断,就需要价值尺度,这个价值尺度就是评价标准。政策的评价标准决定于评价者、评价的目的和评价方案,评价标准设定是否科学,直接决定了政策评价的结果正确与否及评价功能的发挥。因此,评价标准的选择与确立是政策绩效评价的逻辑起点和前提基础。

国外关于政策评价标准的研究,按照其价值取向分为两大类:实证主义与后实证主义。实证主义者们认同"价值—事实"二分法,以效率、效益、效果以及充分性为主要的价

---

① 陈振明. 公共政策学[M]. 中国人民大学出版社,2004.
② 郑方辉,王琲. 基于满意度导向的政府公共项目绩效评价[J]. 广东社会科学,2010(2):13-19.

值取向,运用技术分析方法,以科学严谨的态度分析方案,着重研究经验现象和经验内涵的客观规律,刻意剥离主观因素与复杂的社会环境。故实证主义者所提出的政策绩效评价标准均为可量化测量的,主要有"3E"标准与充分性标准,"3E"标准为:效率(efficiency)、效果(effectiveness)、经济性(economy)。后实证主义的基本价值取向是结合政策事实与公共政策价值,把政策评估的管理性要素(技术性测量标准)与政治性要素(公共价值标准)相统一。如拉斯韦尔认为政策科学是一项研究政策制定与执行过程的科学,政策研究者们最应当关注的也恰恰是最容易被忽视的,正是那些调节人类社会中最基本的要素——民主。他认为科学与民主、实证分析与规范研究、定量评价与定性分析都有着同等重要的地位,且最终科学应服务于民主进而发展成为"民主的政策科学"。如威廉·邓恩(2002)则将政策评价标准分为效果、效率、充分性、公正性、回应性和适宜性6个方面;帕顿和萨维奇(2002)分别从技术可行性、政治可行性、经济可行性和政治可操作性4个方面来论述政策评价标准,提出在建立政策绩效评价标准时应当考虑三点:一是技术与政治上是否具有可行性,二是经济上与财政上是否具有可能性,三是政策行政上是否具有可操作性;费希尔、哈杰尔(Fischer、Hajer,2003)等人认为政策分析方法应当以具体情境为基础,将事实分析与价值分析进行有机结合,是以民主协商的方式沟通的事业。萨奇曼(Suchman)从政策效果、效果充分性、政策过程效率、工作量以及政策过程5个方面来评价政策过程的绩效;鲍斯特对政策分析提出政策的效能、政策制定的适当性、充分性、政策执行的效率,政策的公平性、政策的回应度以及政策的执行能力等7个方面的要求;斯图亚特·那格尔认为政策绩效评价应遵循"3Ps"标准,分别为公正性、可预见性、公众参与程度;卡斯腾-道博杰格(Carsten.Daugbjerg,2012)认为政策评价指标选择不能只重视政策目标的达成,同时还应关注政策的衍生后果。

国内学者立足于国外研究的基础上,根据我国具体情况提出了更符合国内实情的评价标准。张金马(2004)在其《公共政策分析》一书中通过对现有文献思想的梳理和提炼,提出政策过程绩效评价应当遵循四项标准:可行性、公平性、有效性与效率性。其中,可行性又分为政治、经济、文化与社会4个方面;陈振明(2003)认为效率、效益、生产力、公平性和回应度是政策绩效评价应遵循的5项标准;何艳玲(2003)在中外学者对于政策"公共价值"的研究基础上,提出政策受众和社会公众的满意度决定政策的公共价值,但政府对公众提供好的公共服务并不能使公众幸福感和满意度有本质的提高,关注集体合作协调、回应性、偏好、公平性等才是核心要务;赵莉晓(2014)在国内外政策绩效评价标准研究的基础上,根据政策过程阶段论,从政策制定、政策执行、政策结果输出三个阶段,建立了一个政策全过程绩效评价标准的理论框架[①](见图2-1)。

综合以上国内外学者对于政策绩效评价标准的研究,可以发现对于政策的绩效评价,即应重视政策结果的效率性,也要重视公共价值的实现。同时,评价标准应涵盖政策全过

---

① 赵晓莉.创新政策评估理论方法研究——基于公共政策评估逻辑框架的视角[J].科学学研究,2014(2):195-202.

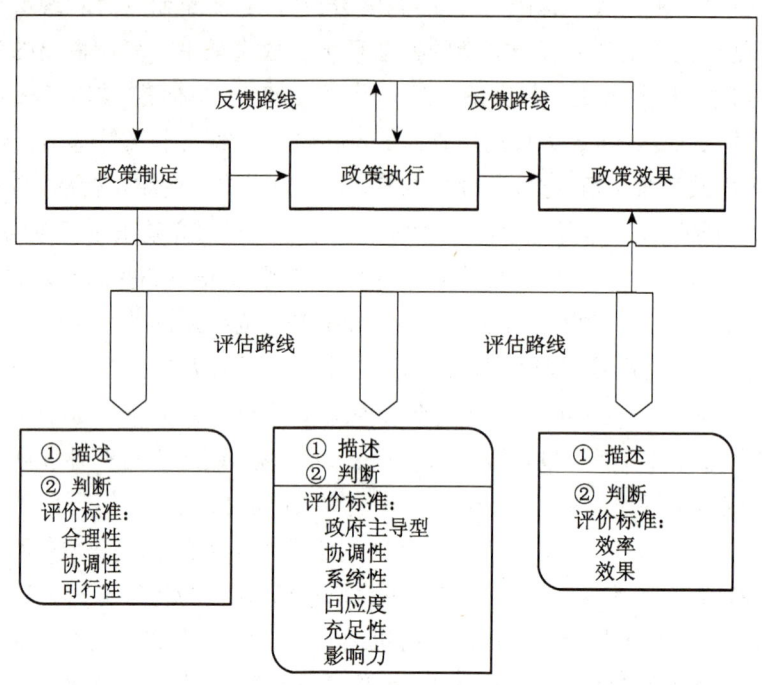

图 2-1 公共政策全过程评估的阶段评估标准框架图

程的各个环节,才能及时发现政策系统各结构功能存在的问题,为系统的高效运转提供保障。由此可以看出以往的研究对于政策过程的研究不够全面,一方面,没有考虑政策监督与考核等过程结构;另一方面,各个过程评价标准不够完善,在政策制定环节仅遵循合理性、协调性与可行性 3 项标准,没有考虑政策制定过程各相关利益主体的参与性、政策的公平性与系统性等标准,政策结果输出过程忽略了对政策目标实现程度的考核。

2）政策绩效评价方法

(1) 国外的相关研究。西方政策绩效评价方法的研究最早可以追溯至 20 世纪 30 年代,社会学家斯蒂芬(Stephan)用实验设计方法对美国罗斯福总统的"新社会计划"(New Deal Social)进行评估,从而使得政策评价开始步入较大规模的系统科学范畴。政策评估工作在 60 年代后继续发展,对各种评估方法竞相研究,这一领域的早期工作主要遵循的是诸如坎普贝尔、苏支曼等人支持的定量和实验设计方法。在 70 年代早期,定量正式实验研究方法是评估者使用的主流方法。但是同时,其他研究人员开始对仅仅使用定量方法的价值提出质疑并提出了定性或主观历史案例研究方法。进入 80 年代,政策研究的范畴从决策前的政策分析逐渐扩展到政策制定、执行、绩效评价等各个方面,逐步形成自己独特的模式和方法。乔治·斯蒂格勒(1989)认为各种政策评估方法之间存在互补性,在实践中需要根据具体情况选择一种主要的分析方法,同时结合其他方法分析的结果最终得出评价结论。帕顿和沙维奇(2001)归纳出 6 种基本的政策评估方法:政策前后比较、有无政策比较、实际与规划比较、实验(控制)模型、准实验模型、成本评估方法。威廉·N·

邓恩(2002)在《公共政策分析导论》一书中提出评价政策绩效的若干方法,如问题构造法、预测法、推荐法及监测法,并强调各种方法有很强的内在关联性,联合使用效果最佳。弗兰克·费尔希(2003)对政策结果评价中常用的逻辑方法概括为:实验的项目研究、准实验评估、成本—效益分析、风险—效益分析四种,并进一步通过实证研究加以说明。德国学者韦唐(Evert Vedung,1997)在《公共政策和项目评估》一书中,从更广阔的社会科学视角出发,赋予了"组织者"以更抽象的含义,对于政策绩效评价研究中常用的模型、方法进行梳理归类。由此可见,关于政策绩效的评价方法,不同的学者对其划分标准各不相同。国外学者韦唐对政策绩效评价研究的方法对于本研究具有重要的借鉴意义。他将常用模型进行梳理归类,按"组织者"的不同将评价模式分为效果模式(effectiveness models)、经济模式(economic models)、职业模式(professional models)3 种[①],从政府干预的实质结果入手,提出了一个关于政策评估模式的系统分类框架详见表 2-1。不同评估模型的侧重点各有不同,经济模式主要是站在经济学角度评价政策的投入产出情况,侧重于生产效率与成本效益;效果模式有3种侧重方面,分别是政策过程体系、政策各相关者的利益诉求、政策目标实现;职业模式则更注重专家的意见。

表 2-1　韦唐政策评价模式分类

类型	关注点	模型、方法名称
经济模式	生产率模型	生产率法
	效率模型	成本效果模型
		成本收益法
效果模式	目标	目标获取模型
		侧面影响模型
	结果	自由目标评价模型
	系统组成成分	综合评价法
	用户的关注点	用户导向评价模型
	利益相关者的关注点	利益相关者模型
职业模式		同行评议模型

(2)国内的相关研究。20 世纪 80 年代,随着政策科学的发展,政策评价方法的研究也日益受到重视。我国关于政策评价方法的方面的文献多以定性研究为主。胡平仁(2002)提出了政策评价的四个基本要点:决策内容的合法性、决策目标的明确性、决策方案的科学性、决策程序的合理性,并根据不同的评价目的对经济效益、社会效益和环境效益评价方法的具体应用做了介绍;胡淑晶(2006)阐述了政府绩效评价的标准和难点,在引入多元评价概念的基础上总结了政府绩效评价的几种主要方法;马晓君(2006)对政府绩

---

① 陈振明.政策科学:公共政策分析导论[M].北京:中国人民大学出版社,2003:481.

效评价的方法体系进行了初步的探讨,分析了政府绩效评估的目标界定、指标体系构建、数据收集及分析、质量反馈和控制、分绩效贡献率法等一系列重要的绩效评价方法。在定量评价方法的研究方面,陈薇(2006)将数据包络分析法运用于河北省财政扶贫政策的实施绩效评价中,经过数据定量分析得出评价结论,并对评价方法的有效性进行论证;宋健峰(2006)在定量和定性分析的有效结合上作出了有益的探索,他构建了政策制定、政策执行和政策绩效三个维度组成的政策评价指标体系,并且根据指标性质不同提出不同的指标分值获取方法,其中,定性的指标通过调查统计确定,而定量指标则选择客观统计数据;刘进才(2004)将模糊数学方法运用于政策评估模型,对我国"三农"政策和"国企改革"政策进行了实测和评价,依次确定各指标权重、政策效果指标分值,最后得出总评分,根据分值大小给出评价建议;王谦(2006)针对相对有效性研究中排序能力不足的问题提出模糊层次加权法,将模糊理论嵌入常用的 AHP 法,着重解决模糊语义向权重转化的问题,以及解的模糊化处理。

关于创业政策的绩效评价,国内学者文亮、刘炼春(2011)等构建了创业政策三维度模型与创业绩效三维度模型,其中创业政策三个维度分别是创业技能、创业意愿、创业机会,创业绩效三个维度分别为生存绩效、成长绩效与创新绩效,进而以民意调查方式分析创业政策的三个维度对创业绩效三个维度的影响;秦建国(2012)从总量、就业保障、就业促进和就业协调四个维度构建了政府就业政策绩效评价指标体系;周建锋(2014)从农民工返乡创业所产生的经济效益、社会效益和生态效益三个方面出发,建立农民工创业政策绩效评价模型,据以决定扶持与否以及扶持力度;胡俊波(2014)从政策五项标准出发,即政策知晓度、利用率、难易度、满意度、重要性,构建了一个能对政策"宣传—推广—落实"等各环节绩效进行评价的框架,并以四川省为例进行了检验;张再生、牛晓东(2015)以立足于天津市人才政策现状及存在的问题,以各类型人才政策数量为输入变量构建 DEA 模型,对天津市近年来的人才政策文件进行绩效评价,不考虑各项政策的投入力度与执行情况;薛浩、陈桂春(2016)从"效率性、效益性、公平性、回应性、执行力"五个标准出发构建3层32个测试点的指标体系,利用 AHP 对各项指标赋值,期望为政策绩效评价的指标体系构建提供有益的启示。

通过对现有文献的梳理和总结,本研究一方面综合运用计量经济分析法、数理统计法、系统研究法、层次分析法和模糊综合评价法,立足创业政策的"宣传—推广—落实",对政策过程进行评价;另一方面重点关注政策制定情况,对政策的各个过程进行全面深入地分析,对政策过程的常态化监控与考核,可以及时发现政策偏差并予以纠正。

2.4.3 农民工创业政策绩效评价要素

政府扶持农民工创业政策的绩效评价必须综合各方面因素进行综合评价,才能真正客观、正确地反映政府政策的效果。其绩效评价系统作为政府扶持农民工创业管理的一个相对独立的子系统,其内容主要由以下基本要素构成。

1) 评价主体

评价主体是指评价组织机构或者是评价行为的组织发动者。政府扶持农民工创业政策绩效评价体系是从被作用者角度出发、满足受益者监管需要而设计的。所以,被作用者或者授权监管人或部门应该是绩效评价的基本评价主体。我国政府等公共部门的绩效评价的组织机构主要是政府的一些相关专家、当事的公民和监管部门,包括财政部门、组织部门、工委等多元化的评价主体。西方国家的绩效评价主要包括社会中介机构和政府部门等。随着评价工作的展开,评价主体逐渐趋于多元化,除了政府部门、企业集团、金融集团等也可以成为评价主体,并根据特定的需要对相关对象进行评价。

2) 评价客体

评价客体是指被评价行为的对象或者组织。任何客体都是由评价主体应运而生的,它是相对于特定的主体而言的。政府扶持农民工创业政策绩效评价的客体由其利益相关者的需要所决定,不同的评价主体基于不同的评价目的和评价对象。绩效评价系统的运行以评价客体为单位来进行搜集和分析信息,并且评价的结果必然对绩效评价的客体产生影响,指导评价客体今后的发展方向,因此,评价客体是非常重要的。

3) 评价目标

评价体系的评价目标是由评价主体的需求所决定的,是从一定量的主体需求中归纳总结出来的,它也是整个体系设计的方向标和总目标。体系的设计和使用都应该围绕这总目标而进行,也就是整个评价体系运行后所要达到的最终目标。绩效评价实际上是战略管理的一部分,绩效评价目标应该和总体的战略目标保持一致,起到支撑和促进的作用。它主要包括两部分的内容:一是对于政策实施期间整体绩效优劣进行判断;二是对政策制定者,即对政府一定管理期间内的绩效优劣进行判断。同时,绩效评价是建立激励与约束机制的基础和实施手段,可以引导管理者自觉地为实现战略目标而努力。

4) 评价内容

评价内容一般是指那些能够反映绩效各个方面的因素。政府绩效是在政府管理等若干因素的共同作用下产生的综合结果,范围广、内容多,就政府绩效而言,应该包括财务方面的财务效益、发展前景等;就政策实施绩效而言,应该包括各项措施的宣传力度、各个项目支持力度等。具体的评价内容应该根据评价目标来确定,实施政府扶持农民工创业政策的绩效综合评价,涉及的内容一般是以上几个方面的综合评价。

5) 评价指标

评价指标是指根据评价主体的需要和评价目标而制定的,同时能反映评价客体特征的因素,它是实施绩效评价的基础[①]。反映政府采取措施的好坏的因素有农民工对各项措施的评价和对于各项措施的满意度,也有政府对于自身制定的政策的宣传力度及最后是否达到预期的创业成功概率等。它既可以是定量的指标反映,也可以是定性的指标反映。实施政府扶持农民工创业政策绩效评价必须以指标为基础,依照客观实际情况来执行,因此,如何将反映政府扶持农民工创业政策绩效的因素准确地体现在各项具体指标

---

① 财政部统计评价司.企业绩效评价工作指南[M].北京:经济科学出版社,2002.

上,是政策绩效评价体系设计的关键问题。

6) 评价标准

确定评价标准是实施整个绩效评价的前提,绩效评价标准分为定量标准和定性标准。其中,定量标准包括历史标准、客观标准、预算标准、经验数据标准。评价标准是在一定的条件下应运而生的,随着全球经济的发展和社会的进步以及各种环境的变化,绩效评价的目的、范围和出发点也会发生变化,而作为评价优劣的参照物的评价标准也会发生相应的变化。当然,在特定的时间和范围内,评价标准还是具有相对的稳定性的。

7) 评价方法

评价方法的选择是获取绩效评价结果的必要过程。确定了评价指标和评价标准,还需要选择恰当的评价方法,从而使评价的实施可以得到公正的评价结果。没有科学的、合适的评价方法,绩效评价也就失去了其本身的意义。近些年绩效评价的方法运用很多,如模糊评价法、行为锚定评分法、综合分析判断法、因子分析法等。

8) 评价分析报告

如果说以上都是绩效评价体系的输入端,那么评价分析报告则是绩效评价体系的输出端,即绩效评价体系的最终结论。评价主体以绩效评价客体为单位,通过获取与评价客体相关的信息,通过整理后得出绩效评价客体的评价指标实际完成状况,并与确定的评价标准进行对比,通过对比差异并找出产生差异的原因,得出评价客体绩效优劣的评价结论,以及绩效评价分析报告,并为利益相关者提供有利的建议。

以上 8 个要素组成了一个较为完整的绩效评价系统(见图 2-2)。概括起来,就是评价主体确定了评价客体及评价内容,选择能够充分反映评价内容的评价指标,按照所要实现的评价目标选择适应的评价标准,选择合适的评价方法进行分析判断,取得评价结果及评价结论。各个要素之间融会贯通、相互依存、互相影响、缺一不可,由此构成了一个结构

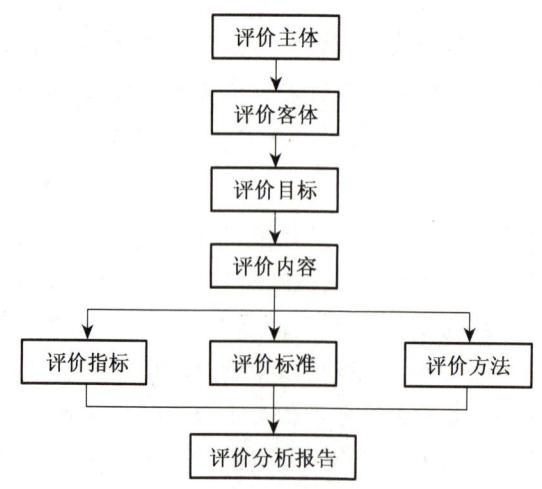

图 2-2　绩效评价运作流程图

严密、层次分明的评价体系。在评价体系中,不同的评价目的决定了不同的评价方法的选择,因此可以说目标是驱动力,没有了目标,整个绩效评价系统将处于混乱的状态之中。另一方面,从整体来说,评价指标、评价标准和评价方法的选择和确定处于核心地位,是实施绩效评价的基础和前提。

2.4.4 农民工创业政策绩效评价流程

绩效评价的流程主要有以下几个环节:

第一,以战略目标为导向,明确绩效评价的目标,据此设计评价指标。

绩效评价是在一定时间内,科学地、动态地衡量行为和效果的过程,通过制定有效、客观的评价标准,对评价客体进行评定,旨在达到评价主体的需求。进行绩效评价的前提就是明确绩效评价的目标,并保持与战略目标一致。评价目标是整个绩效评价体系的指南针和方向标,评价目标并不是固定不变的,也应随着环境和发展需求的改变而改变。

评价指标是绩效评价内容的载体,也是绩效评价内容的外在表现。绩效评价指标是绩效评价内容的具体体现,因此,为了实现绩效评价的目标,应该构建能够反映评价客体的特征因素的指标集合。设计绩效评价指标应该遵守科学性与客观性相结合、定性与定量相结合、动态与静态相结合、可比性和可操作性相结合的原则。

第二,获取绩效评价信息,并选择合适的评价方法。

获取绩效评价的信息是绩效评价过程中非常重要的一个环节,它关系到评价方法的选择和评价结果的客观性。要取得有效的绩效评价信息,就需要广泛地收集相关信息,然后进行筛选、加工整理,同时要参考信息的成本效益原则,力求其客观、可靠、真实和准确。

根据获得的评价信息,选择合适的评价方法,可以是单一的评价方法,也可以是多种评价方法相结合的多元化评价法,力求结果的客观性。

第三,制定绩效评价的标准。

制定绩效评价的标准,是为了在绩效评价时避免主观随意性所不可缺少的前提条件。它是绩效评价工作的准绳。选择不同的评价标准就会得出不同的绩效评价结果,因此选择合适的绩效评价标准,关系到最后得出的评价结论的准确性,是至关重要的一环。

第四,绩效评价结果的分析与评定。

绩效评价的记录需与既定标准进行对照来作分析与评定,从而获得绩效评价的结论。

政府扶持农民工返乡创业政策绩效评价研究的直接目的是为了得出一个公平、公正、准确的绩效评价结果,其步骤如下:①形成多因素分析和多层次评价指标递进修正的评价指标体系;②以评价指标体系衡量评价对象各个部分,得出关于评价客体的单项评价值;③根据一定的计算方法,得出评价对象的综合评价值;④将得出的评价值与标准值进行比较,形成评价结论,编制绩效评价报告[①]。

---

① 冯丽霞.企业财务分析与业绩评价[M].长沙:湖南人民出版社,2002.

2.4.5 农民工创业政策绩效评价作用

开展绩效评价的工作具有重要的作用,它有利于政府官员和利益相关者综合了解政府扶持农民工创业政策的实施情况及其发展变化趋势,有利于政府建立健全政策,提高农民工返乡创业的成功率。

一个好的绩效评价体系的作用如下:

第一,监测战略和目标的执行情况。

很多时候组织战略不成功,并不是战略本身的问题,而是由于战略执行不利。绩效评价体系可以将组织战略量化,通过定期地收集相关数据,可以清楚地看到战略和目标的执行情况,以便于及时采取措施,保证组织战略和目标的实现。

第二,发现问题,寻找组织的绩效改进点。

通过绩效评价,便于发现隐藏存在的问题,从而去寻找解决问题的方法,最终帮助达到改善绩效的目的。

第三,提升评价主体与评价客体的技能。

绩效评价最直接的结果就是强化政府官员的管理技能。开展江西省政府扶持农民工返乡创业政策绩效评价的最终目的也是为政府制定有效的政策提供有利的建议。

第四,建立沟通与反馈的平台。

绩效评价是一个沟通、反馈、再沟通、再反馈的过程,在这个过程中,评价主体与评价客体不是在绩效结果产生之后才进行评价,而是在这个过程中就需要不断地进行沟通与反馈,从而能及早地发现问题,有利于组织内部的信息交流。

第五,建立基础管理平台。

要提升绩效评价的客观性,就要"一切用数据说话",这需要许多基础数据的支持,通过绩效评价的推进,可以加强组织内部的基础管理,建立起规划的基础管理平台。

政府扶持农民工创业政策绩效评价体系的建立需要将 8 个绩效评价要素有力地结合起来,通过它们得到准确的、科学的评价结果,从而对该如何科学引导农民工返乡创业,对协调城乡发展和区域经济发展、落实科学发展观,以及建设社会主义和谐社会具有十分重要的现实意义。

第3章 国内农民工创业相关政策梳理

农业、农村、农民发展的问题历来是中共中央领导集体高度关注的一个重大战略问题。2004—2017年连续十四年发布以"三农"(农业、农村、农民)为主题的中央一号文件,强调了"三农"问题在中国的社会主义现代化时期"重中之重"的地位。农民工问题是我国从城乡二元经济结构向现代社会经济结构转变过程中的一个重大战略问题。解决好农民工问题,不仅直接关系到从根本上解决农业、农村和农民发展的问题,也关系到工业化、城市化乃至整个现代化的健康发展,以及改革发展稳定的全局。改革开放以来,亿万农村劳动力离土离乡,进城务工就业,跨地区有序流动,对改变农村面貌,加快工业化和城镇化进程,作出了特殊的重要贡献。在这一进程中,一部分进城农民工经过一段时间外出就业,又返回家乡,利用打工增长的见识、本领,获得的资金和信息,在乡村、小城镇创办企业,发展工商服务业,投资商品性农业,这种现象被称为农民工回乡创业[①]。进入21世纪以来,随着沿海发达地区劳动密集型产业向中西部地区转移步伐的加快,以及中西部发展条件和环境的改善,一股生机勃勃的农民工回乡创业热潮正在兴起。农民工回乡创业成为不发达地区县域经济社会发展的一支生力军,成为推动中西部地区城镇化、工业化的重要途径,成为以城带乡、以工促农的有效载体。

党和政府重视发挥农民在农村现代化建设中的主体作用以促进农业的发展和农村社会的进步,鼓励返乡农民工创业,是贯彻"以人为本"理念,"尊重人民主体地位,发挥人民首创精神"的重要体现。党的十六届六中全会报告强调:"加强对农民的宣传教育,加快培养新型农民,充分发挥广大农民在新农村建设中的主体作用。"2007年中共中央、国务院一号文件指出:"采取各类支持政策,鼓励外出务工农民带技术、带资金回乡创业,成为建设现代农业的带头人。"党的十七大报告强调:要"实施扩大就业的发展战略,促进以创业带动就业",要"完善支持自主创业、自谋职业政策,加强就业观念教育,使更多劳动者成为创业者"。2008年中央一号文件再次指出:要"以创业带动就业,实现创业富民、创新强农";要"改善农民工返乡创业环境"。同年,党的十七届三中全会报告指出:实现农村发展战略目标,推进中国特色农业现代化,必须进行城乡统筹,其措施之一就是"鼓励农民就近转移就业,扶持农民工返乡创业"。2009年中央一号文件指出:"积极扩大农村劳动力就业;城乡基础设施建设和新增公益性就业岗位尽量多使用农民工;落实农民工返乡创业扶持政策"。同年3月,政府工作报告指出:要"大力支持自主创业、自谋职业,促进以创业带动就业","鼓励更多劳动者成为创业者","对自主创业、农民工返乡创业要进一步降低门

---

① 王亦明,周玉梅,李秦.农民工回乡创业及其支持体系构建的探讨[J].中国乡镇企业会计,2010(11):11-13.

槛,给予更大支持"。2010年中央一号文件指出"建立覆盖城乡的公共就业服务体系,将农民工返乡创业和农民就地就近创业纳入政策扶持范围"。2012年中央一号文件指出要完善农民工创业政策支持体系,"大力培训农村实用人才,对符合条件的农村青年务农创业和农民工返乡创业项目给予补助和贷款支持"。2013年1月出台《中共中央国务院关于加快发展现代农业 进一步增强农村发展活力的若干意见》指出,要"大力培育新型农民和农村实用人才,制定专门计划,对符合条件的中高等学校毕业生、退役军人、返乡农民工务农创业给予补助和贷款支持"。2014年《国务院关于进一步做好为农民工服务工作的意见》提出建立创业孵化基地,再次完善农民工创业支持政策体系。2015年中央一号文件指出:"引导有技能、资金和管理经验的农民工返乡创业,落实定向减税和普遍性降费政策,降低创业成本和企业负担"。2016年中央一号文件首次提出加强"农业供给侧改革",重点加强产业融合,提出"加快培育新型职业农民,将职业农民培育纳入国家教育培训发展规划;大力发展休闲农业和乡村旅游;优先保障财政对农业农村的投入,鼓励和引导金融资本、工商资本更多投向农业农村,推动金融资源更多向农村倾斜等"。2017年中央一号文件把推进农业供给侧结构性改革作为主题。国家对于农民工创业从态度上的鼓励支持,到资金扶持、技术支持,再到建立创业园区、简化手续、减税降费,逐步加大投入和扶持力度,发展和完善农民工创业政策体系,努力建立起创业直通车和一条龙服务体系。由此,国家对农民工创业问题的重视程度可见一斑。

3.1 国家相关农民工创业政策梳理

自2007年中共中央、国务院一号文件首次指出要采取各类支持政策,鼓励外出务工农民带着技术、资金回乡创业以来,我国政府陆续出台了多个政策法规改善农民工创业环境,鼓励、支持、引导和推动农民工返乡创业。现整理部分政策法规,如表3-1所示。

表3-1 国家农民工创业政策文件汇总

政策法规	颁布时间	主要内容	发文单位
《关于促进以创业带动就业工作的指导意见》〔2008〕111号	2008.9.26	扶持主体:高校毕业生、失业人员、农民工;扶持方式:放宽市场准入、简化手续、开辟创业绿色通道、税费减免、金融扶持	国务院办公厅
《中共中央关于推进农村改革发展若干重大问题的决定》〔2008〕	2008.10.19	进行城乡统筹,鼓励农民就近转移就业,扶持农民工返乡创业;优化农村金融环境,放宽农村金融准入支持	中共中央国务院
《国务院办公厅关于切实做好当前农民工工作的通知》〔2008〕130号	2008.12.22	在用地、收费、信息、工商登记、纳税服务等方面,降低创业门槛,给予农民工返乡创业更大的支持;开辟绿色通道;金融扶持	国务院办公厅

(续表)

政策法规	颁布时间	主要内容	发文单位
《中共中央国务院关于加快发展现代农业进一步增强农村发展活力的若干意见》〔2013〕1号	2013.1.31	大力培育新型农民和农村实用人才,制定专门计划,对符合条件的返乡农民工务农创业给予补助和贷款支持;改善农村金融服务;加强农村基础设施建设	中共中央国务院
《国务院关于进一步做好为农民工服务工作的意见》〔2014〕40号	2014.9.12	将农民工纳入创业政策扶持范围,运用财政支持、创业投资引导和创业培训、政策性金融服务、小额担保贷款和贴息、生产经营场地和创业孵化基地等扶持政策,促进农民工创业	国务院办公厅
《关于支持农民工等人员返乡创业的意见》〔2015〕47号	2015.6.21	以激励扶持大众创业为出发点,综合运用降低返乡创业门槛、落实定向减税和普遍性降费政策、加大财政支持力度、强化返乡创业金融服务以及完善返乡创业园支持政策等手段	国务院办公厅
《关于结合新型城镇化开展支持农民工等人员返乡创业试点工作的通知》发改就业〔2015〕2811号	2015.11.30	围绕农民工等人员返乡创业面临的场地短缺、基础设施不完善、公共服务不配套以及融资难融资贵、证照办理环节多等突出问题制定相关措施,整合发展返乡创业园区,统筹城乡,融合发展等,降低创业成本	国家发展改革委、工业和信息化部、财政部、人力资源社会保障部、国土资源部、住房城乡建设部、交通运输部、农业部、商务部、人民银行
《关于建设大众创业万众创新示范基地的实施意见》〔2016〕35号	2016.5.8	通过试点示范完善双创政策环境,推动双创政策落地,扶持双创支撑平台,构建双创发展生态,调动双创主体积极性,发挥双创和"互联网+"集众智汇众力的乘数效应,发展新技术、新产品、新业态、新模式	国务院办公厅
《关于实施农民工等人员返乡创业培训五年行动计划(2016—2020年)的通知》人社厅发〔2016〕90号	2016.6.13	以提升农民工等人员创业能力,促进其成功创业为根本目标,以开展符合不同群体实际需求的创业培训为主要抓手,形成创业培训、创业教育、创业考评、试创业、创业帮扶、创业成效第三方评估等六环联动,形成全覆盖、多层次、多样化的创业培训体系	人力资源社会保障部办公厅、农业部办公厅、国务院扶贫办行政人事司、共青团中央办公厅、全国妇联办公厅
《关于支持返乡下乡人员创业创新促进农村一二三产业融合发展的意见》国办发〔2016〕84号	2016.11.8	重点是支持发展规模农业、农产品加工业、休闲农业、乡村旅游、生产性生活性服务业和各类新产业新业态新模式,简化市场准入,设立注册登记"绿色通道",免收登记类、证照类等行政事业性收费	国务院办公厅

从我国出台的国家层面的农民工创业政策来看,其扶持的创业主体从一开始的高校毕业生、失业人员、农民工,到专门针对农民工,至 2015 年,又发展到针对大众创业。一开始,国家并没有把农民工作为单独的群体,而是与大学生和其他失业人员划在一个圈子里,因为当时政府对农民工问题的认识还不够深入,还未研究各个不同群体创业的异质需求。随着学术界与政界对农民工创业问题研究的深入,人们逐渐认识到农民工这个特殊群体的特征与需求特点,尤其是与其他群体相比,农民工的弱竞争力,于是,国家开始针对农民工出台创业激励和扶持政策。而创业政策的内容从 2008 年的优化创业环境、开辟绿色通道、简化工商手续、税费减免、金融扶持,逐步加入财政补助、加强农村基础建设、项目支持、创业培训、建立创业孵化园,农民工创业政策一步步的得以完善。随着城乡统筹的深入及各种主体创业的发展,我国政府开始利用普惠性政策与专项政策相结合的手段,激励和扶持大众创业,拉开了大众创业、万众创新的时代帷幕。

3.2 中西部省市相关农民工创业政策梳理

近年来,由于国家对农民工创业问题的高度重视,作为劳动力输出大省的中西部省份也陆续出台了农民工创业政策,并取得了一定的成效。现从中西部各个省市中选取 5 个农民工返乡创业人数较多且政策实施效果较为显著的代表省,收集整理了其出台的农民工创业激励和引导政策,为今后的政策制定和完善提供参考。

3.2.1 江西省农民工创业政策(见表 3-2)

表 3-2 江西省农民工创业政策文件汇总

政策法规	颁布时间	主要内容	发文单位
《江西省人民政府关于促进全省经济平稳较快发展的若干意见》赣府厅发〔2008〕22 号	2008.12.29	以提供小额贷款和免费创业培训支持返乡农民工自主创业,并且通过减免相关费用,达到降低创业成本的效果,提高农民工创业成功率	江西省人民政府办公厅
《江西省人力资源和社会保障厅 江西省农村信用社联合社关于推进小额担保贷款扶持返乡农民工自主创业的实施意见》赣人社发〔2009〕4 号	2009.3.10	打造返乡农民工自主创业"十百千万"工程	江西省人力资源和社会保障厅、江西省农村信用社联合社
《关于扶持返乡农民工就业创业的若干意见(试行)》赣府厅发〔2009〕14 号	2009.3.30	积极开展返乡农民工的就业培训;对返乡农民工自主创业给予信贷支持、税费减免	江西省人民政府办公厅
《江西省人民政府关于进一步做好为农民工服务工作的实施意见》赣府发〔2015〕27 号	2015.7.14	运用财政支持、创业投资引导和创业培训、政策性金融服务、生产经营场地和创业孵化基地等扶持政策,促进农民工创业	江西省人民政府办公厅

(续表)

政策法规	颁布时间	主要内容	发文单位
《江西省人民政府关于大力推进大众创业万众创新若干政策措施的实施意见》赣府发〔2015〕36号	2015.7.18	降低市场准入,鼓励大众创业创新;税费减免;整合创建100个农民工创业园;财政扶持;金融服务;支持农民工网上创业;树立典范	江西省人民政府办公厅
《江西省人民政府办公厅关于支持农民工等人员返乡创业的实施意见》赣府厅发〔2015〕48号	2015.8.28	落实《江西省人民政府关于大力推进大众创业万众创新若干政策措施的实施意见》,明确扶持标准及具体实施办法。制定江西省鼓励农民工等人员返乡创业三年行动计划纲要(2015—2017年)	江西省人民政府办公厅
《江西省人力资源和社会保障厅关于开展大众创业万众创新督导工作的通知》赣人社字〔2015〕356号	2015.9.23	督导创业扶持活动,建立月报制度、通报制度、考核制度,开展督导检查和政策评估工作	江西省人力资源与社会保障厅
《江西省人民政府办公厅关于成立省推进大众创业万众创新联合工作组的通知》赣府厅字〔2016〕24号	2016.2.23	成立省推进大众创业万众创新联合工作组及成员名单	江西省人民政府办公厅
《江西省政府办公厅关于加快构建大众创业万众创新支撑平台的实施意见》赣府厅发〔2016〕64号	2016.10.28	打造"四众"等双创支撑平台,培养"互联网+"业态新模式	江西省人民政府办公厅
《江西省人民政府关于印发江西省加快推进"互联网+政务服务"工作实施方案的通知》赣府字〔2017〕2号	2017.5.10	构建线上线下一体化政务服务,规范网上服务制度化、标准化、统一化	江西省人民政府办公厅

由表3-2可以看出,江西省出台农民工创业政策的时间集中在2008—2009年以及2015年,在2008—2009年间,从江西省省级农民工创业扶持工作相关政策文件可以看出,政府对于农民工创业工作十分重视,从金融扶持、简化工商手续、减免税费、项目支持、创业引导、提供创业培训、打造创业园区、设置农民工创业服务机构场所等多个方面提出政策实施意见,但据各市级政府各部门网上信息,各地级市现行的农民工创业政策主要是金融扶持、税费减免、简化工商手续以及创业培训,对于项目支持、创业引导等政策执行范围较小。这阶段政策体系不完善、扶持力度小,且无后续跟进政策。一些农民工从政策中获益,还有相当数量的农民工处于政策边缘。例如2009年江西省小额担保贷款政策实施意见发布之初,各市县结合自身具体情况,制定政策实施办法。赣州全南县劳动就业局工作人员经常主动上门为准备创业的农民工提供创业指导,并协助解决贷款问题。另外,许多地区农民工创业园揭牌之后,农民工进入创业园创业,可享受税收优

惠、信贷扶持等一系列政策,为当地农民工创业的发展提供了极大的促进作用。但也有不少农民工面临融资难的问题,农民工想要获得小额担保贷款需要有公务员作担保或者用房子抵押,大多数农民工亲友中没有公务员,又由于传统观念不愿意拿房子冒险,所以很难获得贷款。南昌市新建区农民工综合服务中心成立3年,却一直无人问津,九江市庐山区农民工创业工作办事处已废弃多年,询问周边人原因时得到的回答多是废弃好几年了,不清楚原因。至2015年,随着国家新一轮创业高峰,江西省政府积极出台落实国家关于大众创业、万众创新的政策,政策不断细化,制定了江西省鼓励农民工等人员返乡创业三年行动计划纲要(2015—2017年),提出具体的扶持任务、实现路径以及落实责任单位。

总体上看,江西省政府在政策上偏向于优惠措施,即政府在制定政策时,更多的是通过税费减免的方式鼓励农民工创业的积极性,而在金融政策上的支持力度不足。在金融领域,从目前的资金流向来看,政府部门和金融机构的资金主要用于支持农民工培训和劳务输出,而农民工回乡创业的资金支持力度明显不够;在贷款贴息优惠方面,政府大多把这项优惠政策运用在招商引资、大学生创业或扶持再就业等方面,而较少用于支持农民工返乡创业,与外商和大学生相比,农民工的竞争力明显处于弱势。相对匮乏的创业支持政策不仅严重影响了农民工返乡创业的积极性,同时也不利于农民工输出地的经济发展。

3.2.2 重庆市农民工创业政策(见表3-3)

表3-3 重庆市农民工创业政策文件汇总

政策法规	颁布时间	主要内容	发文单位
《关于在部分区县用小额担保贷款政策支持农民工创业就业的试行办法》〔2008〕1号	2008.2.6	明确小额担保贷款的条件和限额	重庆市就业办公厅
《重庆市人民政府办公厅关于引导和鼓励农民工返乡创业的意见》〔2008〕296号	2008.10.17	加大信贷支持力度、扩大补贴范围、简化审批手续、提供公共服务和加强组织领导	重庆市人民政府办公厅
《重庆市人民政府办公厅关于切实做好农民工返乡回流有关工作的通知》〔2008〕320号	2008.11.12	在创业场地、税收优惠、金融信贷、就业扶持政策、创业服务等方面鼓励、扶持有创业愿望和创业条件的农民工返乡创业	重庆市人民政府办公厅
《重庆市合川区人民政府办公室关于做好应对农民工返乡回流有关工作的通知》〔2008〕421号	2008.11.27	提出"快准实拓",快速落实政策、精准促进创业、切实帮扶就业、拓宽劳务基地建设	合川区人民政府办公厅

(续表)

政策法规	颁布时间	主要内容	发文单位
《重庆市人民政府办公厅关于进一步做好农民工工作的通知》〔2009〕2号	2009.1.4	增加就业岗位、实施农民工特别培训计划、引导和鼓励农民工回乡创业、健全农民工服务体系、加大农民工工作领导和宣传力度	重庆市人民政府办公厅
《重庆市渝北区人民政府办公室关于开展创业型城区创建工作的通知》〔2010〕58号	2010.4.27	完善政策支持体系：放宽市场准入、强化融资服务、改善行政服务、加强小额贷款、实行创业补贴；健全创业培训体系：扩大培训范围、加快创业基地建设、落实培训补贴；完善创业服务体系：加强创业指导和信息服务；建立工作考核体系	渝北区人民政府办公厅
《重庆市涪陵区人力资源和社会保障局重庆市涪陵区财政局关于加强农民工创业补助资金使用管理的通知》〔2010〕159号	2010.12.24	农民工创业补贴的范围、内容及期限	涪陵区人民政府
《关于印发2015年江津区回引农民工返乡就业创业实施方案的通知》〔2015〕7号	2015.3.12	加强宣传引导，认真落实各项回引工作，做好相关跟进服务	江津区人民政府办公厅
《关于做好新形势下就业创业工作的实施意见》〔2015〕52号	2015.8.24	从降低门槛、培育平台、拓宽融资渠道、减税降费、鼓励电商创业、鼓励专业技术人员和农村劳动力创业、加强创业服务等8个方面提出政策措施，激发创业活力	重庆市人民政府办公厅
《重庆市人民政府办公厅关于印发促进农民工等人员返乡创业实施方案的通知》〔2016〕33号	2016.3.9	明确重点产业发展方向与产业链配套，鼓励开发返乡创业项目，合力搭建返乡创业平台，加强返乡创业融资支持，完善财政扶持政策，加大减税降费力度，构建返乡创业服务体系，加强互联网创业线上线下基础设施建设等	重庆市人民政府办公厅
《重庆市江津区人民政府办公室关于印发江津区促进农民工等人员返乡创业实施方案的通知》〔2016〕477号	2016.7.6	合理布局返乡创业重点产业，合力搭建返乡创业扶持平台，持续加强返乡创业融资支持，积极完善财政税收扶持政策，积极组织开展返乡创业活动，不断提升返乡创业服务体系	江津区人民政府办公厅

3.2.3 四川省农民工创业政策(见表3-4)

表3-4 四川省农民工创业政策文件汇总

政策法规	颁布时间	主要内容	发文单位
《四川省人民政府关于促进农民工稳定就业切实解决失业返乡农民工有关问题的意见》〔2008〕43号	2008.12.12	实施百万农民工技能大培训,在工商、税收、信贷、土地等方面提供政策扶持	四川省人民政府办公厅
《四川省人民政府办公厅关于促进以创业带动就业工作的实施意见》〔2009〕33号	2009.4.24	加大小额担保贷款工作力度、税收优惠、加强创业孵化基地建设	四川省人民政府办公厅
《四川省人民政府关于进一步加强就业创业工作的意见》〔2013〕25号	2013.6.10	放宽准入条件、完善税费优惠政策、加大信贷支持力度和资金投入、加强创业园区建设和创业技能培训	四川省人民政府办公厅
《四川省人民政府关于进一步做好农民工工作的意见》〔2014〕36号	2014.6.20	落实农民工创业税收优惠政策;积极发放小额贷款,扶持具备条件的农民工进城创业;加强农民工在家庭服务业领域就业创业工作,落实职业培训补贴政策	四川省人民政府办公厅
《四川省人民政府关于进一步做好为农民工服务工作的实施意见》〔2015〕21号	2015.4.10	运用财政支持、创业投资引导和创业培训、小额担保贷款和贴息、生产经营场地和创业孵化基地等扶持政策,促进农民工创业	四川省人民政府办公厅
《成都市人民政府关于进一步做好新形势下就业创业工作的实施意见》〔2015〕27号	2015.8.10	优化创业环境、拓宽融资渠道、落实税费优惠政策、加大扶持和创业技能培训	成都市人民政府办公厅
《四川省人民政府办公厅关于支持农民工和农民企业家返乡创业的实施意见》〔2015〕73号	2015.8.2	加强基层服务平台和互联网创业基础设施建设、建设创业园、强化培训、改善返乡创业市场中介服务、降低创业门槛、落实定向减税和普遍性降费政策、加大财政支持力度	四川省人民政府办公厅
《成都市人民政府办公厅关于进一步做好农民工等人员返乡创业就业工作的实施意见》〔2016〕1号	2016.1.12	推动产业融合发展促进返乡创业,健全返乡创业服务体系,完善返乡创业扶持政策,加大贫困群众创业就业扶持力度,实施农民工等人员返乡创业就业行动计划	成都市人民政府办公厅
《四川省人民政府办公厅关于支持返乡下乡人员创业创新促进农村一二三产业融合发展的实施意见》〔2017〕32号	2017.4.17	支持返乡下乡人员创业创新:突出创业创新领域、搭建创业创新平台,鼓励和支持农民工、农民企业家等返乡下乡人员到农村创业创新;完善支持创业创新政策措施:优化市场准入制度、创新农村金融服务;加强农村创业创新组织领导	四川省人民政府办公厅

3.2.4 安徽省农民工创业政策(见表3-5)

表3-5 安徽省农民工创业政策文件汇总

政策法规	颁布时间	主要内容	发文单位
《安徽省人民政府关于进一步做好促进就业工作的意见》〔2008〕51号	2008.6.11	营造全民创业的环境；拓宽融资渠道；放宽市场准入限制；加强信息服务，改善创业环境，健全创业服务体系；加强就业创业园的建设和管理服务	安徽省人民政府办公厅
《中共安徽省委安徽省人民政府关于切实做好当前就业工作的意见》〔2009〕7号	2009.1.23	明确创业补贴标准、放宽创业市场准入、加大金融对创业的支持力度、加快农民工创业园区建设	安徽省人民政府办公厅
《关于金融支持安徽省农民工就业和创业发展的指导意见》〔2009〕20号	2009.2.9	多种方式完善信贷和担保贷款政策支持农民工返乡创业	中国人民银行合肥支行
《安徽省人民政府办公厅关于印发2009年全省农民工工作要点的通知》〔2009〕14号	2009.3.15	进一步清理和消除阻碍创业的各种行业性、地区性、经营性壁垒，从市场准入、贷款发放、政府贴息、收费减免、纳税服务、工商登记等多方面完善农民工创业政策	安徽省人民政府办公厅
《关于在全省开展返乡农民工星火科技培训行动的通知》〔2010〕61号	2010.3.3	明确农民工技能培训的对象、内容和时间	安徽省科学技术局
《安徽省人民政府办公厅关于发挥财政引导作用支持中小企业和"三农"发展的意见》〔2011〕56号	2011.7.22	对于符合条件的小微企业贷款施行财政全额或部分贴息	安徽省人民政府办公厅
《安徽省人民政府关于加强职业培训促进就业创业的通知》〔2011〕116号	2011.12.2	强化创业培训与小额担保贷款、税费减免等扶持政策及创业咨询、创业孵化等服务手段的衔接，健全政策扶持、创业培训、创业服务相结合的工作体系，提高创业成功率	安徽省人民政府办公厅
《安徽省人民政府办公厅关于进一步推进小额担保贷款工作促进创业就业的通知》〔2014〕251号	2014.12.16	放宽借款人条件的限制、降低借款人反担保门槛	安徽省人民政府办公厅
《安徽省人民政府关于进一步做好为农民工服务工作的实施意见》〔2015〕58号	2015.6.10	完善落实创业培训、税收减免、小额担保贷款及财政贴息、创业孵化场地支持等扶持政策	安徽省人民政府办公厅

(续表)

政策法规	颁布时间	主要内容	发文单位
《安徽省人民政府办公厅关于印发"创业江淮"行动计划（2015—2017年）的通知》〔2015〕39号	2015.7.13	落实各项财政补贴和税收优惠政策；完善农村金融服务机制，加大信贷支持力度；建立健全农民创业创新指导和服务	安徽省人民政府办公厅
《安徽省人民政府办公厅关于发展众创空间推进大众创新创业的实施意见》〔2015〕41号	2015.7.29	推进众创空间和孵化器建设、落实创新创业扶持政策、拓宽创业投融资渠道	安徽省人民政府办公厅
《安徽省人民政府关于进一步做好新形势下就业创业工作的实施意见》〔2015〕82号	2015.9.11	培育创业创新公共平台、完善创业投融资机制、支持创业担保贷款发展、加大减税降费力度、扶持网络创业、提供财政扶持、金融服务和场地支持、加强创业教育培训、建立鼓励创业的保障机制	安徽省人民政府办公厅
《安徽省人民政府办公厅关于支持农民工等人员返乡创业的实施意见》〔2015〕163号	2015.10.23	降低返乡创业门槛，落实减税降费政策，完善服务体系，加强农村基础设施建设，健全返乡创业公共服务，加强返乡创业园建设等	安徽省人民政府办公厅
《安徽省人民政府办公厅关于全面推进大众创业万众创新的实施意见》〔2016〕6号	2016.2.25	开展各类农民工职业技能培训100万人次以上；围绕休闲农业、农产品深加工、农村电子商务引导开展创业；夯实创新创业载体，提升创新创业服务，促进金融与创新创业结合等	安徽省人民政府办公厅
《安徽省人民政府办公厅关于加快推进大众创业万众创新示范基地建设的通知》〔2016〕133号	2016.9.2	加快推进区域、高校和科研院所、企业等多种形式的双创示范基地建设，强化政策协同、示范引导、强化督查评估，建立健全双创示范基地评估考核机制，确保政策措施落地生根	安徽省人民政府办公厅
《安徽省人民政府关于进一步促进当前和今后一段时期就业创业工作的通知》〔2017〕111号	2017.8.24	推进以创业带动就业，鼓励和引导返乡农民工按法律、法规和政策，通过多种形式，创办农业社会化服务组织等新型农业经营主体；支持引导各地建设一批农民工返乡创业示范园，依托存量资源整合发展一批农民工返乡创业园；支持农民工返乡创业示范县建设	安徽省人民政府办公厅

3.2.5 湖北省农民工创业政策(见表3-6)

表3-6 湖北省农民工创业政策文件汇总

政策法规	颁布时间	主要内容	发文单位
《湖北省人民政府关于做好推动创业促进就业工作的通知》〔2008〕60号	2008.10.24	放宽市场准入和经营场所限制、建立创业孵化基地、鼓励失业人员自主创业、强化创业服务	湖北省人民政府办公厅
《湖北省人民政府关于进一步做好扶持创业和促进就业工作的通知》〔2009〕20号	2009.4.23	降低市场主体准入门槛；放宽对创业主体出资方式、出资额和时间、冠名的限制；推进小额担保贷款工作；降低税费和收费；建立创业孵化园；强化创业指导服务	湖北省人民政府办公厅
《省人民政府关于做好新形势下就业创业工作的实施意见》〔2015〕46号	2015.7.26	营造宽松便捷的准入环境、打造创业创新公共平台、完善创业投融资机制、大力发展创业担保贷款、加大减税降费力度、鼓励和支持网络创业	湖北省人民政府办公厅
《省人民政府办公厅关于支持农民工等人员返乡创业的实施》〔2016〕10号	2016.2.15	依托精准扶贫战略、产业转移升级、产业融合发展、新型农业经营主体发展、农村电子商务发展带动返乡创业、加强创业服务平台建设、降低创业门槛、税费优惠扶持、加大财政支持等	湖北省人民政府办公厅
《省人民政府关于加快构建大众创业万众创新支撑平台的实施意见》〔2016〕45号	2016.9.7	加快众创、众包、众扶、众筹支撑平台建设,有效促进各类创业创新要素集聚,鼓励开发新产品、新技术、新业态、新模式,大力推进大众创业万众创新	湖北省人民政府办公厅
《省人民政府办公厅关于建设省级大众创业万众创新示范基地的实施意见》〔2017〕27号	2017.4.25	建设区域示范基地,优化政府服务,结合区域发展特点以及返乡农民工、退伍军人等不同创业主体需求,完善双创政策措施；建设高校院所示范基地、企业示范基地；加速科技成果转化,加强协同创新和开放共享等举措	湖北省人民政府办公厅

从重庆、四川、安徽、湖北4个省市农民工创业政策出台情况可以看出以下几个特点：第一，时间上的连续性。除湖北与江西接近，时间都是集中在2008—2009年以及2015年以后，其他几个省市自国家2008年第一次出台农民工创业政策以来，基本每年都会出台一些新的政策，尤其是安徽省和四川省，随着对农民工创业问题认识的深入，不断地更新和完善农民工创业政策。第二，政策的全面性。四地出台的农民工创业政策涉及降低创业门槛、信贷扶持、创业培训、税费减免、开辟绿色通道、提供信息咨询、项目支持、用地优

惠等各个方面。第三,财政补贴和优惠扶持力度较大。在金融、税费、场地等多方面提供全方位的财政补贴和优惠,使打算创业的农民工最大限度地减轻资金上的压力。

从这5个有代表性的中西部省份来看,各个省份都会配合国家政策的出台并进一步细化地方性政策,安徽省和四川省连续性最强,但各省份与江西省一样,基本上是省政府发文,其他相关部门少有正式文件,服务支持体系力度不足;在政策上偏向于优惠措施,在金融政策上缺乏具体的细则;政策制定过程更多的是政府对政策的供给,缺乏政策需求者(农民工创业者)的参与;更没有建立第三方评估机制。

第4章 国外移民创业政策及其启示

国外的"农民工"不是中国意义上纯粹的农民,部分国家是指外来的移民群体,其相应的创业政策一般是指移民政策。本研究通过收集和整理有代表性的欧美与亚洲等国家的农民工创业政策或移民政策,包括美国、以色列、英国、法国、德国、俄罗斯、日本、印度等国家,梳理了国外农民工创业政策的主要特征,以期为中国政府完善农民工创业政策提供参考。

4.1 相关国家移民创业政策

4.1.1 美国的移民政策

1) 慈善救助

美国的非法移民每年增加约40万人,在2003年美国有将近800万人为非法移民。美墨边境有漫长的边境线,阻挡移民入境非常困难。移民们怀着希望进城,却面临着很多意想不到的问题。[①] 既然是偷渡的非法入境者,一切后果自己负责,社会可以完全不管,但是美国社会各界始终还是在努力改善他们的处境。

非法移民在美国很难取得合法身份,他们要待下来找工作、找住处非常困难。在美国,教会组织起了非常大的作用。美国教堂遍地,无论什么身份的人走进教堂,只要是需要帮助的人,都能够得到基本的援助,如食物、衣服、免费英语班,甚至帮助其寻找住处等,还给予心理上与精神上的支持。对许多教堂的教会组织来说,帮助新移民已成为他们的日常工作。政府鼓励和支持民间自助,美国的一些由移民组织的教堂亦起了同乡会的作用。

美国的非法移民本身是非法的,工作也是非法的。基于他们的非法身份,警察可以在任何时候逮捕他们,把他们递解出境。因此,一些业主利用非法移民怕被递解出境的心理专门雇佣非法移民,工资压得很低,超时工作。以前美国法律并不支持非法工作者就待遇问题提出诉讼,但现在美国法律支持非法移民揭露雇主违法行为,为他们讨还公道,并且不因劳工因起诉"暴露了非法身份"而惩罚他们,而是鼓励他们站出来。

2) 地方政府的支持

美国首府哥伦比亚特区近郊的小城赫顿市在2005年12月14日成立了全美第一家

---

① 陈积敏. 全球化时代美国非法移民治理研究[D]. 北京:外交学院,2011.

由纳税人买单的临时工中心,为那些非法移民寻找工作提供方便①。一个叫"希望与和谐工程"的当地社区服务组织向市政府申请建立了一个临时工中心,负责对这些外国移民工集中管理。该中心为外国移民工提供了良好的居住环境,并由赫顿市政府掏腰包为其提供英语培训服务。奥莱利市长说:"移民问题是联邦事务,我们管不了,作为地方政府,我们关心的是,尽快结束这么多人聚集在一起找工作的无序状态。"在赫顿市,非法移民多数从事重体力劳动,诸如铲雪、道路等景观美化工作以及清洁工作,他们的雇主以房地产开发商和业主居多。

3) 技能培训

将职业培训纳入法制化的轨道。如今,英美等国在教育等领域也对包括农民工在内的失业工人进行保障。如美国的《人力开发与培训法》《就业机会法》《就业培训合作法》《再就业法案》等,要求全社会重视并支持职业培训。

4) 完善的创业政策体系

美国经济奇迹的秘密武器在于近30年来兴起的创业革命。《大趋势》的作者、未来学家约翰·奈斯彼特认为:创业是美国经济持续繁荣的基础。管理学大师彼得·德鲁克认为:创业型就业是美国经济发展的主要动力之一,是美国经济政策成功的核心。从1990年以来,美国每年都有100多万家新公司成立,创业者们彻底改变了美国经济,创造出前所未有的商业价值,当今美国财富中超过95%是在1980年后创造出来的。支撑美国的创业革命获得巨大成功的是其完善的创业政策体系。

(1) 完整的创业教育体系。美国的创业革命,得益于始自20世纪60年代的创业教育。美国是世界上实行创业教育最早也是最成功的国家,创业教育成为创新型美国源源不断的动力。美国创业教育的发展经历了从课程教学到专业教学,再到学位教学的过程;经历了从片面的功利性职业训练到非功利性的系统性教学过程。概括来讲,美国的创业教育体系主要有以下特点:

第一,多渠道的创业教育资金支持。美国的创业教育得到了雄厚的资金支持。美国国家科学基金会设立了实施"小企业创新研究计划"的机构,鼓励创业者积极创业。此外,创业教育还得到了社会各界的广泛支持,自从1951年成立了第一家主要赞助创业教育的基金会——科尔曼基金会(Coleman Foundation)以来,美国出现了许多支持创业的基金会,如考夫曼创业流动基金中心、国家独立企业联合会、新墨西哥企业发展中心等。这些基金会每年都会以商业计划大赛奖金、论文奖学金等多项奖金和捐赠教席的形式向高校提供大量的创业教育基金。此外,美国的风险投资机制十分完善,也为创业教育提供了实践基地和经费保障。

第二,多样化的创业教育组织机构。美国推广创业教育的机构主要有小企业管理局(SBA)、美国堪萨斯州青年创业家(Youth Entrepreneurs of Kansas)、柯夫曼创业中心等。

---

① 粟德金.美国社区如何解决外来人口的问题[J].城外社区,2006(2):37-38.

美国很多大学设有创业中心,主要功能是把师生的研究成果转移给企业。高校创业教育机构种类很多,有创业教育中心,负责制定和实施创业教育课程计划、创业教育研究计划、外延拓展计划。创业家协会,由杰出创业家组成,参与教学,为创业提供资金和捐助;智囊团,由外聘的董事长、首席执行官、总裁等组成,定期召开会议,就创业教育提出建议与措施,发挥咨询与外联的作用;创业研究会,召开学术会议,出版论文及相关资料;家庭企业研究所,负责开设家庭企业讲座,举办家庭企业研讨会,颁发杰出家庭企业奖,帮助家庭企业快速成长并成功把企业交给下一代。

第三,完备的创业教育课程体系。美国学校的创业教育课程,从小学、初中、高中、大学乃至研究生,形成了相当完备的体系。面对创业者日益年轻化的趋势,美国从 1998 年 1 月开始实施"金融扫盲 2001 年计划",向中学生普及金融、投资、理财、营销、商务等专业教育,积极培养未来的企业家。美国第一个高校创业教育课程诞生于 1970 年,到 1980 年第一个本科创业教育专业诞生在百森商学院、贝勒大学和南加州大学。如今,美国已有超过 500 所大学提供创业课程和学位。

第四,成就斐然的创业计划大赛。美国的创业教育不仅限于正规的学校课程,而且还有丰富的创业活动,其中最著名的当属创业计划大赛。1983 年美国奥斯汀德州大学举办首届大学生创业计划竞赛,鼓励大学生以一无所有的创业者的身份,就某一项具有市场前景的新产品或新服务做出具有可行性的计划报告,向风险投资家游说,从而取得投资并创办公司。此后,麻省理工学院、斯坦福大学等多所大学都相继举办这类竞赛,并逐渐形成每年举办一次的制度,取得了卓越的成就。像 Yahoo、Netscape 等公司就是在斯坦福校园的创业氛围中产生的。除了创业计划大赛,美国各大高校还经常组织创业交流会、创业俱乐部等实践活动。

第五,通过立法加强就业、创业培训。近几十年来,美国颁布了很多有关职业培训和职业教育的立法,重要的有《人力开发与培训法》(1962 年)、《职业教育法》(1963 年)、《平等就业法》(1973)、《青年就业与示范教育计划法》(1974 年)、《就业培训合作法》(1983 年)、《工人调整和再训练通知法》(1988 年)、《从学校到工作机会法》(1993 年)、《劳工保障法》(1993 年)等。通过这些法律,结合政府拨款,调动州、地方政府及私人机构,包括私人企业和社团的积极性,开展寻求职业和失业人员的多种形式的培训。

(2) 发达的融资和创业投资体系。美国政府对经济的管理方式具有"小政府、大社会"的特点,政府对企业经营管理细节不加干预,但在营造公平竞争环境,引导社会力量推进经济发展方面创建了一系列卓有成效的动力机制。美国政府支持小企业融资主要采取以 SBA 为核心引导商业机构、民间资本对小企业贷款或投资的间接调控模式。今天,美国已构建了以发达的资本市场为基础,以民间资金为主力,以私人或独立的创业投资公司为主要中介,以高利润为保证的创业投资机制。美国的下列做法值得其他国家借鉴。

第一,设立美国小企业管理局(SBA)及小企业投资公司(SBIC)。1953 年,美国国会依据《小企业法》设立了小企业管理局(SBA),帮助有意于经营的小企业者创办自己的企业,并设立了白宫小企业委员会和国会小企业委员会,协同 SBA 工作。自创立至今,SBA 已成为美国最大的公共创业投资的提供者,是美国最大的对小企业的独立融资机构。联邦小企业署一般不直接对小企业融资,而是创造必要的条件推动商业金融机构向小企业融资。经国会授权,联邦小企业署与 7 000 多家商业银行合作,为中小企业提供贷款担保。通常联邦小企业署为少于 15 万美元的贷款提供 85% 的担保;为 15 万到 200 万美元之间的贷款提供 75% 的担保;对于出口项目还可提供高达 90% 的担保。担保贷款期限较长,大多属于长期贷款。例如,其中最主要的 7(a)贷款项目,最长可达 25 年,平均期限为 7 年。其他财政援助还包括 504 贷款项目和灾难援助贷款等。

此外,美国拥有完善的融资担保体系。除了有 SBA 直接操作的全国性小企业融资担保体系外,还有区域性担保体系和社区担保体系。由地方政府操作的区域性专业担保体系各有特色。例如,加州出口信用担保体系,其目的是帮助加州地区的小企业扩大出口。社区性小企业担保体系的主要作用是帮助社区内的贫困人口通过创办小企业实现脱困。

为了刺激流向小企业的股权资金和长期贷款,美国国会于 1958 年通过并颁布《小企业投资法》,批准成立小企业投资公司(SBIC)计划,由美国小企业管理局(SBA)负责监督管理。小企业投资公司自身是独立的法人实体,可以采取有限合伙制、有限公司制或股份公司制等组织形式。由于 SBIC 出现了资金来源和资金运用结构不匹配等问题,美国国会于 1992 年通过了《小企业股权投资促进法》,对 SBIC 计划进行了改革,改革的核心内容主要包括两个方面:一是以政府为 SBIC 到资本市场发行长期债券提供担保替代原先的政府直接提供短期贷款方式,二是在资本额度、股权结构、管理人资质等方面提高了小企业投资公司的门槛。SBIC 主要投资于种子期及初创期的创业企业,与主要投资于扩张期及以后创业企业的一般创业投资机构形成了有益的补充与衔接。

第二,实施小企业创新研究计划(SBIR)和小企业技术转移计划(STTR)。为了鼓励小企业充分发挥其技术潜能,提供激励以推动小企业技术创新的商业化进程,1982 年 7 月,美国国会通过《小企业创新发展法案》(SBIDA),实施了小企业创新研究计划(SBIR)。经过几年的试验,这项计划获得了很大成功,使得许多高技术小企业得到迅速发展,大批高技术成果开发成产品并推向市场。有鉴于此,美国国会于 1982 年通过了"小企业发展法",明确规定国防部、教育部、商务部等政府部门每年拨出其研究与发展经费的 1.25%,用于支持高技术小企业的技术创新与开发活动。1992 年,国会对该法律进行了修改,将比例提高至 2.5%。现在,每年 SBIR 项目的可用资金已达到 12 亿美元。SBIR 这些资金是以合同的形式或者捐赠的形式交给小企业的。对这些企业,SBA 既不拥有企业股权,也不对利用这笔资金研发出的知识产权拥有所有权。

"小企业技术转移计划"(STTR)是根据 1992 年"小企业技术转移法"设立的,目前在 5 个联邦政府机构(商务部、能源部、国家卫生研究院、国家航空航天局、国家科学基金会)中实施。按照这个计划,联邦政府机构将在该机构以外进行的研究以及研究与开发项目中的一部分留给小企业以及与他们合作的非赢利研究机构,以作为合作研究与开发的成果。

第三,实施新兴市场创业投资项目(NMVC)。自克林顿政府以来,美国又实施了新兴市场创业投资项目(NMVC)。这一项目主要是为了填补传统的股权融资在中低收入地区(LMI)失灵的空缺。与 SBIC 项目不同,NMVC 项目提供两个关键内容:一是经济发展;二是可操作的、密集的技术援助。因此,NMVC 项目注重对小企业的形成和发展提供两个要素:一是股权融资,为培育小企业的增长提供一种长期资本;二是技术援助,提供实际训练型的技术援助,以确保企业的长期成长,帮助投资者实现利润最大化,为各地区提供优质的工作岗位。

第四,为创业投资行业提供税收优惠。税收政策一直都是影响美国创业投资业发展的重要因素,联邦政府及各州政府都制定了创业投资的税收激励政策。美国政府在 1978 年将资本利得税从 49% 降至 28%,当年美国的创业投资额增至 5.7 亿美元。1981 年,政府进一步将资本利得税降至 20%,带来了创投行业的第二次繁荣。此外,联邦政府还提供特殊的税收激励,鼓励对不发达地区的创业投资,促进其经济发展,比如 2000 年推出的《新市场税收抵免方案》(NMTC),规定投资者如果投资在促进低收入地区发展的"社会发展基金",可以从所得税中获得税收抵免。

第五,创业投资体制的创新。美国的创业投资始于 20 世纪 40 年代,经过半个世纪的发展已经形成相对完善的体系,其中突出的创新包括:①探索创造了"有限合伙制"这一高效的组织形式。有限合伙制较好地实现了激励与约束机制的结合,被广泛认为是最为经典的创业投资组织形式。有资料显示,美国的创业投资企业中有约 70% 都采用了有限合伙的组织形式。②建立了完善的资本市场体系,为创业资本提供通畅的退出渠道。创业投资资本的退出有若干种渠道,通过发行股票上市是较为理想的一种方式。美国除了建立发达的股票主板市场外,还有 NASDAQ、场外交易市场、第三市场等,多层次的股票交易市场为投资退出提供了多样化的路径选择。特别是 NASDAQ 与主板市场相比,交易门槛更低,更符合创业企业的特点。

(3) 金融危机后促进小企业发展的新举措。2009 年 2 月 17 日,美国总统奥巴马签署"美国经济复苏和再投资法案"(American Recovery and Reinvestment Act of 2009)。依照法案,美国政府将以前所未有的巨大努力复苏经济,创造或保留成百上千万的就业机会。这项法案是特别针对空前的大萧条提出来的,包括一系列措施,如使国家基础设施现代化、提升能源独立性、扩大教育机会、保护并改善社会卫生保障、降低税收等。

在经济复苏计划中,美国政府还提出 ARC 贷款计划,旨在为现存的、有资质的小企业提供 6 个月的贷款,帮助借贷者将现金流方向从支付贷款调整到投资企业,从而帮助维持企业运营和保留就业岗位。ARC 贷款是免息贷款,由 SBA 向企业提供 100% 的担保,并且 SBA 不收取任何费用。贷款在 6 个月内提供,当最后一笔收益支付后,偿还的款项可延期至 12 个月,偿还的款项最高可延期至 5 年。

2009 年 5 月 17 日—23 日,美国政府开展小企业周(Small Business Week)活动,以弘扬创业精神,促进美国经济赖以生存的大量创业者和小企业的发展,从而创造就业、推动创新和促进生产力发展。具体的支持政策包括:提供贷款担保、降低贷款费用、简化申请程序、开放二级市场等。

据估计,美国有25%的企业在重大灾难后无法重新开业。2009年6月,美国小企业管理局(SBA)建议中小企业进行灾难准备,并提供相应的指导。小企业主投入了大量的时间、资金和资源使企业成功,对突发事件进行规划的重要性不言而喻。对于小企业主来讲,做好准备意味着在灾难中保住自己的企业。

SBA的DPF财政试验计划(Dealer Floor Plan Financing Program)旨在为小企业提供工具和资源,以便在当前的经济危机环境中存活下来。在此计划中,美国政府为汽车、轮船等代理商提供政府担保贷款。当库存积压的商品出售之后,代理商偿还贷款,并可借助信用贷款来进货。DPF财政试验计划通过7(a)贷款计划提供担保,额度为50万~200万美元之间。DPF计划到2010年9月3日截止,届时SBA将决定是否延长计划期限。

SBA的E200计划(SBA Emerging 200 initiative)选出200个具有发展潜力的城市内企业,为他们提供网络、资源和激励,使他们成为某一地理范围内具有一定规模的可持续发展企业。这些企业将带动就业、吸引投资,并提供可持续的经济基础,从而解决当地的失业与贫困问题。

4.1.2　以色列的移民政策

以色列是一个移民国家,吸收和安置移民是他们永恒的任务。20世纪80年代末至90年代初,随着苏联的解体,大批来自苏联、东欧和埃塞俄比亚的犹太人涌入以色列。1985年,苏联进行新政治体制改革,社会中出现了政治动荡、经济困难、民族矛盾尖锐等问题,苏联境内的犹太人担心自己成为这种社会矛盾的牺牲品,纷纷希望移居以色列。戈尔巴乔夫上台后,放宽了犹太人外移的政策,大批犹太人在这一时期开始移居以色列,1988年出境犹太人18 965人,1989年上升到7.1万人,1990年外移犹太人猛增达20万人,这些犹太人大多去了以色列。此外,大批来自埃塞尔比亚、匈牙利、罗马尼亚、捷克斯洛伐克的犹太人在1980年代末90年代初移居以色列。1990年移居以色列的犹太人达到顶峰的19.95万人,此后每年仍有7万~8万人移居。据统计,1990—1999年间,以色列共接收移民近100万人,84%来自苏联,4%来自埃塞尔比亚。20世纪90年代前后,以色列接纳了100万名来自包括苏联在内的世界各地的犹太移民,其中大多是教育程度较高、充满创业精神的高科技人才。他们中的许多人很快学会了希伯莱语,并成功地融入了以色列社会。同时,来自阿拉伯国家和埃塞俄比亚等国的劳动密集型行业人才和体力劳动者也纷纷涌向以色列。据统计,以色列目前大约有12万名埃塞俄比亚移民。虽然以色列就业种族歧视非常严重,但是通过这些数据,我们足以看出其为移民创业提供了条件。

1) 福利政策

1950年,《收入支持福利法》正式被提出,把"享受国家保障和福利是公民的权利与义务"写入法律。1977年以后,由于多方变化,普遍的以社会救济为主的保障制度已经不再适应时代的发展了,取而代之的是以市场为导向的社会保障制度。1982年,《收入支持福利法》通过全国保险协会正式实施,标志着"地方福利机构的救济支付正式被国家收入支持所代替"。

《收入支持福利法》明文规定:"每一个 18 岁以上以色列公民都可享有以收入为支持的社会保障和福利权利,但每一个要求福利权利的以色列公民需要承担相应的义务。任何享受国家福利的公民需在当地政府就业服务部门注册,并在工作中最大限度地完成工作获得工资,按照工资的数额向全国保险协会交纳一定的收入税。不适合工作者除外,如有 5 岁以下子女或有很多子女其中最小的在 10 岁以下的母亲、无子女或子女在 18 岁以下的寡妇、65 岁以上男性、60 岁以上女性等可以不用工作就享有国家福利①。"《收入支持福利法》第一次为公民享有国家社会保障的权利提供了一个立法依据,产生了深远的影响。首先,提高了贫困人口的地位。所有社会保险由国家保险协会统一管理,以色列公民和常住居民可同时享有一种或几种社会保险,按照收入交纳一定的收入税,进而就能享有各项保险福利。收入支持办法的实施消除了民众享受国家福利的等级差别,某种意义上降低了贫困者的耻辱感,提高了贫困人口的社会地位。而且,该法律为贫困人口提供在司法部门的权利范围之内质疑和上诉的权利,贫困者可以向特别工人法庭上诉或质疑国家保险协会的工作。其次,减少资源浪费的现象。《收入支持福利法》第一次明确说明了社会福利的实施标准,由全国社会保险协会取代地方社会保障机构统一实施,并取消了地方机构的自由决定权利。以色列政府直接承担社会保障的职责,统一了管理权限,减少了不必要的资源浪费和地方腐败,直接减少了国家的公共事业开支。1985—1989 年公共事业消耗降低了 8.9%,1990—1995 年公共事业消耗降低了 6.4%,间接促进了经济的发展。1977 年以后社会保障制度的调整,以市场为导向,提高国家直接管理职能,第一次以法律的形式规定享受社会保障和福利是以色列公民的权利,并不断扩大受益范围。1982 年,平均每月接受以收入为支持的社会福利家庭数为 9 914 人,1986 年增长为 31 492 人,增长了 28%,享受福利的低收入群体也同期增长了 30%,此后逐渐扩大受益范围。

2) 就业和失业保障

由于经济发展的迟缓,移民的涌入,以色列的失业率逐年上升,如图 4-1 所示。

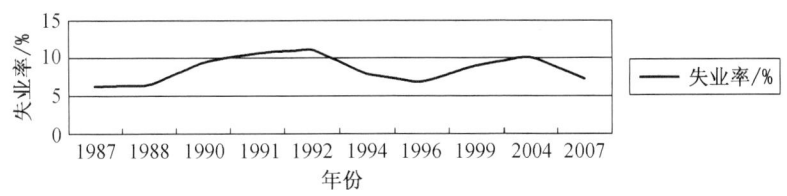

图 4-1 以色列失业率情况

1987 年失业率为 6.1%,1988 年上升到 6.4%,1990 年上升到 9.4%,1991 年上升到 10.6%,1992 年失业率达到顶峰。1999 年,失业率有所回落为 8.9%,2004 年再次升到

---

① 李倩倩.以色列社会保障制度研究[D].西安:西北大学,2011.

10%以上。面对如此严重的失业情况,国家对失业保险作出了调整,更有力地促进就业,保障失业。1977年以后,国家加大了失业保险的力度,不断扩大失业保险范围。据统计,个人领取失业救济金的天数从1981年的75天增加到1986年的88天。1991年,失业保险金增加到失业前工资的70%。而且,全国保险协会的下设机构给失业人员介绍工作时,应尽量介绍其家庭所在地40~60千米范围内适当的工作,且这些失业者可额外获得2个月的福利补贴。同时,为了应对新的经济形势,国家加强了对领取失业补贴金者的年龄和收入的限制。1993年,失业保险规定每年只可从全国保险协会领取一次失业保险金;2000年,国家把最多支付138天的失业补贴金缩短到100天;为了防止年轻人不劳而获,2002年规定25岁以下失业人员最多只可领到50天的失业补贴金。为了进一步缓解失业压力和提高就业,以色列议会于1991年7月通过"商务部门鼓励办法",规定对商业部门雇佣额外劳动力的雇主给予额外的工资补贴。如果雇主在1991年7月1日以前6个月平均雇工人数的基础上增加雇工人数,则可以减除雇主应缴纳的保险金形式的工资补贴。据统计到1994年10月为止,已有9 623名雇主获得12.62亿以色列镑的工资补贴,为19.6万名新移民提供了工作岗位。通过有效促进就业的措施,以色列失业状况得到明显缓解,失业率有所回落,1994年的失业率为7.8%,1996年回落到6.7%。通过对以色列失业保险更合理、更有效地调整,20世纪80年代末雇员家庭在享受保险之前贫困率为11.3%,享受保险后下降到5.4%,贫困率下降了52.2%。失业补贴金的比例也从1990年占平均工资的31%下降到2003年的26%,有效减少了贫困,减轻国家财政负担。

4.1.3 印度的移民政策

印度总统强调各级政府和组织要为农民创造尽可能多的就业机会,并且在农村建设像城市一样便利舒适的生活环境,使农民不但可以从贫困中走出来,而且会主动"回流"到农村,为振兴农业提供血液。印度农村发展部已经相继启动了两个促进就业的大型项目。一个是"工资性就业项目",即在农业领域的一些部门开辟岗位,用项目资金为在这些岗位工作的农民工发放工资。该项目始于2001年9月25日,主要照顾对象为妇女、某些部落成员以及子女曾在危险行业工作过的父母。另一个是"自我雇佣式就业项目",即鼓励农民利用该项目下的资金自助发展。该项目始于1999年4月1日,覆盖了整个农村范围,生活在贫困线以下的家庭是首要扶助对象。

另外,印度人享有充分的流动自由,他们不需要暂住证,可以在任何地方打工,甚至可以在任何繁华地带支个棚子作为落脚的家。印度的法律明确规定:①民工从居住地到工作地所花费的路费,雇主应该予以补助;②当农民工或他们的家人生病时,雇主应该免费提供治疗等。

4.1.4 英国的立法救济

在工业革命后,农民工大规模流动所带来的社会问题不仅影响到农民工自身,最终对资产阶级的利益产生了威胁,资本主义当局也逐渐采取了一些对策,使紧迫的社会问题得到一定程度的解决。

19世纪中期,资产阶级政权开始意识到医疗、工伤保障的继续缺位会对社会稳定造成重大的伤害,他们开始逐步通过立法手段来解决这些问题。

在英国,1817年通过《地方政府法》,成立地方政府部,立即着手对全国各地的公共卫生状况进行视察。1848年通过《公共卫生法》,建立中央卫生局,并授权地方成立卫生局。1866年的《卫生法》要求地方当局采取行动,向包括农民工在内的全部居民供应适合饮用的水,提供清运垃圾和排污的服务。1897年,英国议会通过《工人赔偿法》,规定在某些工作危险较大的特定行业,雇主应对因工伤或丧失工作能力者给予赔偿,随后政府又将该法的使用范围扩大到农业和其他行业。1948年,建立国家保健服务制度,对包括农民工在内的全国居民实行免费医疗保健服务。

4.1.5 法国的农业教育培训计划

法国农业教育归农业部管理,中高等农业学校校长的任命、教育经费的拨发、专业和课程的设置、人员管理均由农业部管理,教育部只负责农业教育文凭和国家基本文凭的对等协调工作和宏观管理工作。这样可以强化农业教育与农业发展的相互关系,充分考虑农业发展对人才培养和技术服务的要求。其次,动员社会各种力量参与培训。国家、私人一同开展农业教育,使农民培训经费有固定的来源,充分调动了各种力量的办学积极性。

4.1.6 德国的劳动力培训与就业政策

德国为改善国内的就业状况,多年来一直致力于劳动力市场政策的改革。在19世纪的德国,大量农民进入城市,成为产业工人。随后,周期性经济危机爆发,大量工人失业,为了解决这一社会问题,德国城市中出现自发援助和照料穷人的活动,以使穷人得到最低生活保障。1855年《穷人权利法规》生效,根据该法规每个地区依据居民人员,对贫困居民实行生活补贴。1927年颁布的《职业介绍法和失业保险法》规定,全体工人和职员,包括农民工都有义务参加失业保险,从而历史性地在法律的高度将农民工纳入失业保险范围之内。

德国在培训与就业方面采取的主要措施:①做好职业介绍工作,在劳工局下增设人员服务公司,并增加专门工作人员;②发放培训券,让失业人员根据需要寻找合适的培训机构,培训机构再拿培训券到当地劳工局换取培训费用;③政府提供创业补贴,鼓励失业人员进行自主创业;④制定一系列优惠政策,鼓励老龄劳动者继续留在劳动力市场,以缓解人口老龄化带来的压力;⑤将联邦政府发放的失业救济金和由地方政府发放的社会救济金合二为一,统一由一个部门发放,为失业人员提供更快捷的一站式服务。

4.1.7 俄罗斯的"失业者俱乐部"和"新起点"计划

为使长期找不到工作的失业者不失去信心,俄罗斯实施了"失业者俱乐部"和"新起点"计划。劳动部门通过对他们进行咨询和专门的培训,使其掌握独立谋求职业的方法和技巧,帮助其克服心理障碍,恢复信心。实践证明,此类计划所需资金量少,结果令人较为满意。同时,为了支持那些有一定才能并希望开创事业的失业者,国家开展了自主就业计划。对相关失业者进行测试和筛选,并对入选者进行相应的培训,帮助其制订计划和办理必要的手续,通过合同提供一定数额的启动资金。①

4.1.8 日本:从农民到市民

日本在二战后也经历了城市化进程,使得大量农民涌进城市工作。不同的是,日本注意保护农民的利益,农民不受歧视,反而享受补助。日本农村的基础教育非常好,农民的孩子高中毕业,就已经是素质良好的劳工。企业招工时,常常是到一个村子,把整个村的高中毕业生全部招进城里,这些人马上就有了终身的工作和福利,以公司为家。这样一来,直接完成了从"农民变市民"的转变过程,使城市化进程明显加速。

现在,中国也在大力进行城市化建设,有点类似于日本二战后的情况。但不同的是,中国农村的基础教育长期落后于城市,甚至从观念上不重视农村的教育,在大量的农民进入城市后,才发现很多农民工的素质和城市有着巨大的差别。

4.1.9 巴西农民和城里人一样有保障

在巴西,农民在医疗、教育和社会保障方面享有与城里人同等的权利,差别只是农村的医疗和教育条件不如城市,而农民进城后则享有与城里人同等的待遇。1990年,巴西正式建立"统一医疗体系",患者在公立医疗机构挂号、看病、拿药、做各种检查和手术完全免费,住院患者食宿也不花钱。当农民工生病、发生工伤事故、休产假、死亡、丧偶时,社保机构会给他们发放工资、补贴或抚恤金。

4.2 国外移民创业政策的主要特征

综合以上分析,国外移民创业具有以下主要特征:第一,立法保障。美国、英国与德国在农民工创业政策上都有庞大且各具特色的法律体系。其中,美国的立法体系最为完善。在融资方面,美国有《小企业投资法》(1958年)、《小企业创新发展法案》(1982年)等法律,旨在帮助中小企业创业和创新;在技能培训方面,对职业培训和职业教育的立法,要求全社会重视并支持人力资源培训;在税收方面,美国有《新市场税收抵免方案》(2000年),旨在鼓励不发达地区的创业投资。还有英国《卫生法》(1866年)、《工人赔偿法》(1897年),德国的《职业介绍法和失业保险法》。第二,政府与社会力量参与。研究发现,以美国为代表的发达国家在经济政策的管理方式上具有"小政府,大社会"的特点,非常重视社会和市场的经济运行中的作用。美国与德国经过多年的努力,均建立起了以发达的资本市场为基础,以民间资金为主力,以私人或独立的创业投资公司为主要中介,以高利润为保证的

---

① 殷秀才.经济转型中我国失业问题再认识与治理新思路[D].武汉:武汉大学,2005.

创业投资机制,以及政府、民间组织与私人合作的创业教育和培训模式。第三,完善的创业教育体系。美国和法国非常重视农民工创业教育和培训工作,建立了完善的创业教育体系,包括"政府+社会组织+私人"的多渠道创业教育资金支持、"政府+学校+培训机构"的多样化创业教育组织机构、"不同学历+不同能力"的完备创业教育课程体系。[①] 第四,社会保障。如德国在1927年颁布的《职业介绍法和失业保险法》,巴西在1990年建立的"统一医疗体系",印度两个促进就业的大型项目。第五,心理疏导。如俄罗斯实施的"失业者俱乐部"和"新起点"计划。

4.3 国外移民创业政策的启示

通过对以上国外农民工创业政策或移民政策的分析发现,各国的扶持政策各具特色,对我国农民工创业政策体系的完善具有重要的借鉴意义。综合各国所长,对比我国农民工创业政策得到如下启示。

4.3.1 健全农民工创业法律制度

为了建立健全农民工创业法律制度,应该尽快修改农民工创业相关的法律制度,以使这些法律制度能够适应农民工创业的需求,为农民工创业活动提供强有力的保障。法律体系应当涵盖税法、担保法、创业教育和人力资源培训法、失业保障法等各个方面,并进行全方位的深化改革和完善。加强税收改革,为农民工的创业提供税收优惠,加强担保法律建设,为农民工创业提供有效的融资帮助,加强创业教育和人力资源培训的法律建设,提高农民工创业与就业的能力,同时,完善失业保障法,将农民工纳入失业保障体系,为他们提供最基础的保障,使之成为"创业梦"拼搏的勇气。如借鉴美国《就业培训合作法》《职业教育法》《新市场税收抵免方案》等法律,通过这些法律,结合政府拨款,调动地方政府与私人机构,包括社会团体参与农民工创业活动的积极性,提高农民工就业创业能力,进而提高农民工创业的积极性和创业成功率。

4.3.2 细分创业行业,明确创业扶持倾向

并非所有行业的创业活动都是应当得到支持和鼓励的,国家对于不同行业的发展持不同态度,因此在农民工创业活动中,国家应当明确细分创业行业,对不同行业的创业者和创业企业制定不同的扶持政策。对于国家鼓励的高新科技、清洁能源以及农林牧渔等产业应给予较大的税收优惠力度,降低市场准入门槛,并给予更多的技术支持;而对于高能耗、高污染、产能过剩的行业,则给予较小的扶持或不扶持,在扶持农民工创业的同时也兼顾国家经济发展规划。

---

① 邓汉慧,刘帆,赵纹纹.美国创业教育的兴起发展与挑战[J].中国青年研究,2007(9):10-15.

4.3.3 拓宽融资渠道,引导社会力量注入

目前,我国对农民工创业的金融扶持主要依赖于政府和国有银行,农民工在创业融资上存在诸多限制,一方面资金规模有限,另一方面贷款多以抵押或担保的形式进行,使得许多农民工创业融不到资、政府的专用资金投不出去,这是政府财政资金运转过程中的弊端。为了解决这一问题,可以借鉴美国政府在支持小企业融资管理方式上"小政府、大社会"的做法,建立以政府为核心、以市场为基础,引导商业机构、民间资本对农民工创业企业贷款或投资,增加农民工创业的市场融资渠道。

4.3.4 完善创业教育和培训体系

从长远角度讲,经济发展的动力在创新,而创新的能力来源于教育和培训。第一,明确创业教育与培训资金来源和资金安排,充分调动社会各方面的积极性;第二,多样化创业教育与培训机构,建立涵盖政府培训机构、普通学校、夜校、民间培训组织的多维教育培训网络;第三,完备创业教育课程体系,针对不同文化程度和处于不同创业阶段的创业者开展差异化的课程,从信息识别、企业开办流程到市场营销、财务、人力资源管理等各个方面培训农民工的创业能力和创业后的管理能力;第四,理论培训结合实地指导,全面提高农民工的综合创业素质。

4.3.5 建立健全农民工失业和创业失败保障机制

美、英、法、德以及巴西、日本等国在农民工或是移民问题上有着更多的平等与包容,他们非常重视农民工或者移民权益的保护,最大限度地消除歧视,使农民工在社会保障方面享有与城里人同等的权利。我国在失业救助与社会保障方面应缩小农民工与市民的差距,使其市民化。此外,我国还应建立农民工创业失败保障机制,成立农民工创业风险基金委员会,负责组织和指导农民工创业风险基金的运作。风险基金的来源由三部分组成:政府财政拨款、相关保险机构、农民工创业企业风险留存金。农民工投保实行自愿制,愿意投保的农民工创业者可提交创业项目策划书,风险基金委员会负责审查创业项目或企业的风险等级,根据创业风险级别确定创业企业缴纳的风险留存金比例,据以确定项目失败后给予的补偿金额。即农民工针对创业失败风险进行投保,若相应项目真的失败,可根据投保额大小获得投保额数倍的风险保障金,并规定投保额上限数额。资金补偿由政府财政拨款、相关保险机构、创业企业投入的保险金共同承担,这样既能消除农民工创业时犹豫不决的心理障碍,提高农民工整体的创业积极性,也能降低因创业失败而产生的资金和心理上的压力,不至于创业失败后连基本生活都无法保障。

第5章 江西省农民工创业的现状与政策实施效果分析

5.1 江西省农民工返乡创业现状

江西省是我国劳务输出大省之一,据统计2009年江西省共有农民工688万人,从2009年8月份以来不断出现农民工返乡潮。截至2010年1月31日,全省农民工共有330.9万人返乡,到2月28日,又返城258万人,留下来72万多人,大约占返城农民工的21.8%,占外出务工人员的11%左右。而从人力资源社会保障厅相关资料获悉,2011年江西省733.7万农民工中,在省外就业的有512.84万人,比上年减少5.94万人,下降1.14%,在省内就业的有220.86万人,同比增加21.34万人,增长10.70%。而2012年春节期间,返乡农民工人数达395万人,相关检测数据显示,截至当年2月6日,返乡农民工返回原就业地的比例达到81.6%,有61.6万农民工留在省内。近三年,农民工回省内就业的比重分别为25.71%、27.78%、30.10%,回流趋势明显[①](见表5-1)。

表5-1 厅驻外劳务管理处监测的农民工春节返乡情况　　　单位:万人

所驻省市	农民工总数	春节期间返乡数	占总数比	春节后返回数	占返乡人数比	数据来源
上海	58	43.30	74.7%	37.80	87.3%	厅驻沪劳务管理处
江苏	33	22.77	69.0%	19.35	85.0%	厅驻苏劳务管理处
浙江	135	121.20	89.8%	108.60	89.6%	厅驻浙劳务管理处
福建	79	63.20	80.0%	49.30	78.0%	厅驻闽劳务管理处
广东	144	84.53	58.7%	58.33	69.0%	厅驻粤劳务管理处

注:截止时点为2012年2月6日。

由于受到金融危机的影响,失去工作返乡的农民工就业问题便成了一个很大的社会问题,同时更是成了江西省以保增长、保民生、保稳定为目标需要亟待破解的难题。为了鼓励返乡农民工创业,江西省各市县级政府从资金、信息、用地、工商登记、纳税服务等方面入手,给予了农民工返乡创业政策扶持。江西作为中部经济欠发达农业大省,不仅农村人口众多,而且县域经济发展不平衡的矛盾也非常突出。

---

① 王林安,罗文,李星.江西:60万返乡农民工就近找工作——主要从事制造业[N].今视网,2012-2-17.

5.2 江西省农民工返乡创业的SWOT分析

SWOT分析法又称为态势分析法。早在20世纪80年代初就由旧金山大学的管理学教授提出来了,它是一种能够较客观、准确地分析和研究一个单位现实情况的方法。SWOT分析方法是一种根据某个单位自身的既定内在条件进行分析,找出企业的优势、劣势及核心竞争力之所在的战略分析方法。其中战略内部因素("能够做的"):S代表strength(优势)、W代表weakness(弱势);外部因素("可能做的"):O代表opportunity(机会)、T代表threat(威胁)。运用SWOT分析法分析江西省农民工返乡创业的现实情况(见图5-1),有助于政府精准制定相关扶持措施,并在建立绩效评价体系时适当选取评价指标。

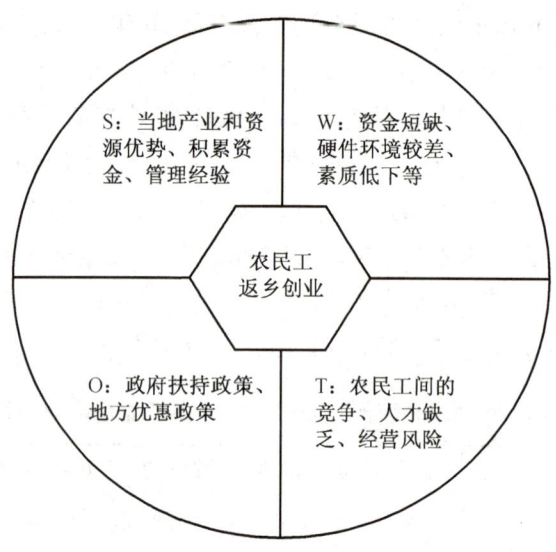

图5-1 农民工返乡创业SWOT分析

返乡创业的农民工有着其自身的一些特点,从其本身的劣势来讲就是缺乏基本文化底蕴,创新意识薄弱,综合素质偏低,这些因素都制约了农民工返乡创业;从其优势来讲,其实践经验及社会阅历较为丰富,具有一定的人际关系网络,在外打工的经历积累了一定的管理经营的技能。从现实来看,农民工返乡创业项目的选择比较盲目,缺乏经济发展规律和市场需求的决策与判断,大多数是家庭式的小作坊,创业模式科技含量不高、品种单一、经营管理水平低下、产品市场竞争力和抗风险能力不强,企业发展后劲明显不足。另外,除了自己打拼所带回来的资金外,融资难,导致创业资金短缺。同时,农民工返乡后,信息堵塞不畅通也成了阻碍创业发展的一个瓶颈。

全球金融危机爆发后,党中央国务院针对大量农民工返乡的现实情况快速反应,及时出台相关政策予以支持,社会各界也给予极大关注。2009年中央"一号文件"在充分认识当前面临的国内外经济形势的基础上,明确提出"积极扩大农村劳动力就业、落实农民工返乡创业扶持政策"和"鼓励农民就近就地创业"的措施,2017年全国21万返乡农民工中,有近10%选择了自主创业。在经济复苏和中国政府良好的政策环境氛围下,为了促进中国农民工这一弱势群体的创业成功,江西省政府也制定了一系列扶持农民工返乡创业的措施。这也成了现今农民工返乡创业的一大机遇,当然,机遇到来的同时也伴随着挑战。农民工选择返乡创业面临着一定的风险,如经营风险、同行业的竞争等。

5.3 江西省政府鼓励农民工返乡创业所采取的政策措施

针对农民工返乡创业过程中的种种障碍,江西省政府相继出台了一系列措施以扶持农民工返乡创业。如简化工商登记手续、信贷扶持、创业培训、信息咨询、税费减免、提供用地优惠、良好生产经营环境、创业项目支持等(见图5-2)。本研究选取了其中主要的相关扶持政策作为调研对象,从而为构建扶持农民工创业政策绩效评价体系提供了基础。

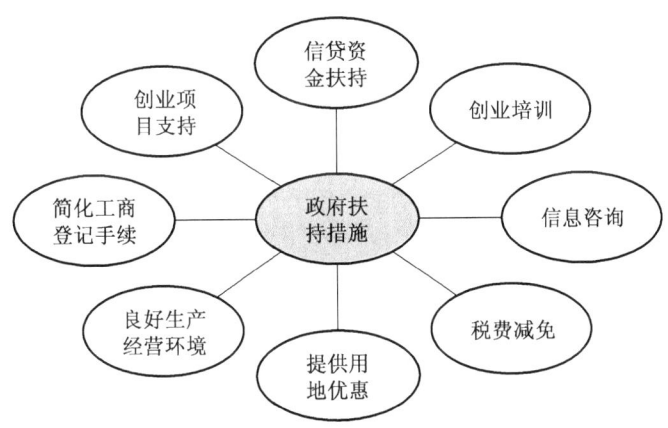

图5-2 江西政府扶持农民工返乡创业所采取的措施

5.3.1 信贷资金扶持

农民工在外打工积累了一定量的资金,但创业还需要更多的流动资金,因此资金短缺成为创业的首要难题。对此,政府加大了信贷资金扶持力度,一般是通过以下几种方式来实现:一是在政府力所能及的前提下,建立农民工创业基金会,这种方式主要是通过争取资金和吸引外界捐助,如乡镇企业的捐助等,对农民工返乡创业给予一定资金支持;二是协调金融部门设立农民工低息或无息贷款,在资金上给予创业充分支持和保障;三是拓宽社会融资渠道,加强对贷款的监管,有效杜绝农村高利贷等不良贷款,防止农民工高息举债创业,从而陷入沉重的债务负担中。

5.3.2 创业培训

由于农民工自身文化水平低下等原因,导致创业过程中缺乏一定的工作技能。因此,政府对症下药,加大了技能培训的扶持力度。其中包括免费提供创业技能培训以及提供就业技能培训技能,从而在解决农民工创业问题的同时也降低其培训员工的人力成本。

5.3.3 信息咨询

由于农村信息网络不畅通,资信不发达,创业信息闭塞,这会加大农民工创业的难度。因此政府搭建信息平台,提供了法律、法规和政策等各类市场信息,使得农民工可以及时并且广泛地了解与创业有关的政策和经营信息。

5.3.4 税费减免

为了鼓励农民工返乡创业并减少其创业的难度,江西省政府把属于地方税种中的一部分返还给企业,同时还减免其他相关费用,如工商管理费、环保费、卫生费等,如对在创业孵化基地创业的企业,自创办之日起,一年内减半缴纳房租费和水电费,三年内免缴物管费、卫生费等。尽量让创业农民工在资金上有所缓冲,并且享受到政府给予的帮助。

5.3.5 提供用地优惠

除了提供信贷资金扶持、创业技能培训、创业信息支持和税费减免外,政府还向返乡创业者提供低于正常市场价的土地资源,其差价由政府财政予以补贴,如政府设立创业孵化基地并优惠提供给创业者,或者帮助从事农业开发的创业者协调土地流转等。

5.3.6 良好的生产经营环境

由于农村硬件环境不够理想,因此政府采取设立创业园区等方式来改善生产经营环境以降低农民工返乡创业的成本,提高创业的成功率。

5.3.7 简化工商登记手续

简化立项、审批和办证手续,使得本身创业知识就不是很丰富的农民工能够简洁快速地办理工商登记,减去了很多繁琐手续;实行绿色通道政策,如公布各项行政审批、核准、备案事项和办事指南,推行联合审批、一站式服务等,使得创业变得更加的便利。

5.3.8 创业项目支持

农民工返乡创业目的性不强,在选择创业项目时往往会遇到不可预知的困难和障碍。江西政府从创业初期至创业过程中持续提供了创业项目上的支持,以鼓励农民工返乡创业,如鼓励和引导创业者进入优先和重点发展的科技型、资源综合利用型、劳动密集型、农副产品加工型等产业或行业。

5.4 江西省农民工创业政策实施效果分析

2004年以来,中共中央、国务院连续12年发布以"三农"为主题的中央一号文件,其中,稳定和促进农民就业、增加农民收入一直是政策的重点内容。江西省作为劳动力输出大省,省政府已把农民工创业工作当作保增长、保民生、保稳定的一项重大任务来抓,出台了一系列税收、财政、金融等方面的优惠政策,引导和帮助农民工回乡自主创业。政府的重视和各项政策的出台客观上促进了江西省农民工创业的发展,但这些政策实施的效果如何,创业者是否满意,政策是否达到了预期目标等问题则需进一步关注。创业政策的效果不仅与创业政策本身的科学性有关,而且在很大程度上依赖于创业政策的贯彻执行,对此,本项研究对江西省农民工创业政策实施效果进行了调查与分析。

5.4.1 样本基本情况

本项研究组成员于2014年1月到2015年12月期间通过问卷调查和访谈方式,分别对江西省南昌市新建县,九江市庐山区,景德镇市浮梁县,上饶市广丰区、德兴市、乐平市,鹰潭市余江县、贵溪市,抚州市临川区,新余市渝水区,宜春市上高县、宜丰县,萍乡市湘东区,吉安市遂川县、新干县,赣州市宁都县、南康区、于都县等各市21县(区)35个乡镇进行抽样调查,调查包括曾经有过创业经历的和正在创业的农民工。其中,农民工定义为户籍仍在农村,在本地从事非农产业或外出从业6个月及以上的劳动者。问卷(见附录1)采用随机抽样的方式进行发放,共计发放524份调查问卷,回收有效问卷470份,有效问卷回收率为89.7%。

调查对象的基本概况主要是从农民工创业者的年龄、文化程度以及打工从事行业三个方面进行统计分析,统计结果如下。

1) 农民工创业者的年龄分布(见表5-2)

表5-2 农民工创业者的年龄分布

年　　龄	频数(人)	百分比
18～25岁	97	20.6%
26～30岁	102	21.7%
31～35岁	136	29.0%
36～40岁	84	17.9%
40岁以上	51	10.8%

从调查对象的年龄分布情况来看,31～35岁的比重最大,占样本总量的29.0%;其次是26～30岁,占比21.7%;40岁以上的占比相对最少,为10.8%。值得关注的是,以26～35岁为主的80、90后新生代农民工创业者占样本总量比重合计高达42.3%,已经成

为江西省创业农民工的主力军。这主要是因为新生代农民工受互联网时代的熏陶较多且更具有冒险精神。

2) 农民工创业者的文化程度分布(见表 5-3)

表 5-3　农民工创业者的文化程度分布

文化程度	频数(人)	百分比
小学及以下	62	13.1%
初中	172	48.6%
高中(含中专等)	149	29.7%
大专	58	6.2%
本科及以上	29	2.4%

从农民工创业者的文化程度来看,绝大多数农民工创业者都是初中、高中学历,占总数的 78.3%,其中又以初中学历为主。这表明当前江西省农民工创业者整体文化程度不高,对农民工创新创业能力、创业后的管理水平存在一定的限制。

3) 农民工创业者打工从事的行业分布(见表 5-4)

表 5-4　农民工创业者打工从事的行业分布

从事行业	频数(人)	百分比
农林牧渔业	23	4.8%
制造业	228	48.6%
建筑业	42	9.0%
批发零售业	67	14.1%
交通运输业	26	5.5%
住宿餐饮业	19	4.1%
其他	65	13.9%

从农民工创业者打工从事的行业来看,以制造业和建筑业为主的第二产业占样本总量的一半以上,其中制造业占比为 48.6%,建筑业占比为 9.0%,第三产业占比也达到了 37.6%,其中批发零售业占 14.1%,交通运输业占 5.5%,住宿餐饮业占 4.1%,其他服务行业共计占 13.9%,而传统的农林牧渔业则只占 4.8%。

5.4.2　创业政策实施状况

1) 政策宣传力度与落实力度

从表 5-5 农民工创业者对相关创业政策的整体知晓度可以看出,仅 12.2% 的农民工创业者对相关创业政策了解大部分或者很熟悉,更多的创业者只是了解一些或者是听说过但不了解,其中听说但不了解的比例最高,占 36.2%,了解一些的也占了 41.3%,10.4%的创业者则表示从未听说过相关创业政策。

表 5-5　农民工创业者对创业政策的整体知晓度

知晓度	频数(人)	百分比
不知道	49	10.4%
听说但不了解	170	36.2%
了解一些	194	41.3%
了解大部分	44	9.4%
很熟悉	13	2.8%

就调查对象对现有途径获取相关创业政策信息的便利程度而言,从表 5-6 可以看出认为获取政策相关信息非常便利的农民工创业者只占 7.4%,比较方便的占 16.0%,而表示便利度一般及以下的占比高达 76.6%。这表明当前农民工对政策信息的获取较不便利。造成这一现象的原因分为两种:一是政府对农民工创业政策的宣传推广力度较低;二是政策宣传方式不当。

表 5-6　农民工创业者对创业政策信息获取的便利度

便利度	频数(人)	百分比
不方便	34	7.2%
不太方便	217	46.2%
一般	109	23.2%
比较方便	75	16.0%
很方便	35	7.4%

从表 5-7 可以看出农民工期望的政策宣传途径中,村干部宣传及互联网模式的呼声最高,分别占比 39.4%、26.8%,而对于广播、报纸杂志宣传途径的期望最低。这一调查结果也正显示了当前社会发展的趋势,互联网在农村地区基本普及,在信息传递中占据着重要的地位。在创业政策信息宣传方式上,政府应紧随大众潮流,利用到、利用好互联网的信息传播优势。同时,作为与农民工联系最紧密的一环,基层干部的培训教育工作需进一步加强,积极发挥其影响作用。

表 5-7　农民工创业者对创业政策信息的获取途径排序

获取途径	频数(人)	百分比
广播	11	2.3%
电视	83	17.7%
报纸杂志	11	2.3%

(续表)

获取途径	频数（人）	百分比
村镇干部宣传	185	39.4%
互联网	126	26.8%
告示或传单	54	11.5%
其他	0	0

从表5-8农民工创业者利用过的创业政策项目来看，在470份有效问卷中，有333位创业者表示利用过相关农民工创业政策，占总数的78.5%。在实际调研中我们发现，不少农民工在创业过程中或多或少利用过农民工创业政策，但由于对政策内容界定不清，误以为从来没有利用过，因此，各调研小组在实际调研中，向受访者详细解释了农民工创业各项政策的具体内涵，并在调查问卷中也对各个政策项目进行了文字说明，从而有效反映了农民工创业政策的实际利用程度。对比各政策项目利用程度，发现信息咨询政策利用度最高，达到30.9%，其次是信贷扶持、税费减免和创业培训政策，利用率分别为30.0%、26.2%、24.7%。而项目扶持政策的利用度最低，仅为7.2%。尽管对创业政策的整体利用度已经达到78.5%，但由于大多数农民工在创业过程中只利用过其中1~2项细分政策，所以最高的细分政策项目利用度也只有30.9%。

表5-8 农民工创业者利用过的创业政策项目分布

政策项目	频数（人）	百分比
创业培训	116	24.7%
税费减免	123	26.2%
信贷扶持	141	30.0%
开通绿色通道	51	10.9%
信息咨询	145	30.9%
项目扶持	34	7.2%
用地优惠	49	10.4%
降低创业门槛	46	9.8%
其他	39	8.3%
从未享受	101	21.5%

从表5-9农民工创业者对创业政策利用的难易度中可以看出，认为创业政策利用比较容易或非常容易的仅占被调查总人数的8.9%，绝大多数被调查者认为政策利用容易度一般或较低。究其原因，当前江西省农民工创业政策的使用门槛较高，导致许多需要政策扶持的农民工创业者只能望政策兴叹。通过查阅江西省2006—2015年的统计年鉴及问卷调查发现，当前江西省农民工创业普遍存在内源资金不足的情况，比如2006年至2015年江西省人均年可支配收入如图5-3所示，江西省农村居民人均年可支配收入逐渐

上涨,由于农村居民收入来源不稳定且从事职业收入较低,与城镇居民收入相比差距显著,家庭收入较低导致拥有较多人口的农村家庭人均年可支配收入较少,创业启动资金不足。尽管政府出台了一系列的扶持农民工创业的金融政策措施,但是由于创业者自身存在创业经验少、管理技能差、信用无保障等方面的问题,使得创业的预期收益存在不确定性,尤其是还贷渠道的不确定性,导致农民工创业的风险较大,因此金融机构要求农民工须有公务员作担保或用房产抵押才可贷款。一方面,大多数农民工缺乏必要的社会关系,其亲友中可能没有公务员,也就无法通过此途径取得贷款;另一方面,由于农民工固有的传统思想,觉得房子是最后的保障,大多不愿意拿房子冒险。相关金融支持政策难以落实到农民工创业这一活动中,使得创业政策与金融支持的脱节,这是亟待解决的难题。

表 5-9 农民工创业者对创业政策利用的难易度

难易度	频数(人)	百分比
难	88	18.7%
比较难	192	40.9%
一般	148	31.5%
比较容易	31	6.6%
容易	11	2.3%

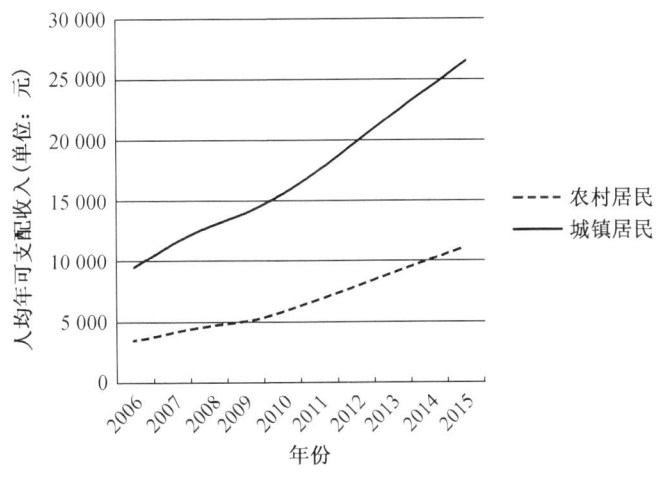

图 5-3 江西省城乡居民可支配收入对比图

2) 政策的影响与创业难度

从表 5-10 农民工创业行业选择上来看,选择批发零售和住宿餐饮这两大行业进行创业的比例分别为 23.8% 和 21.1%,占比近半数;选择种植业和养殖业的人数次之。可以看出,农民工创业选择的行业大多技术含量不高,主要依靠体力劳动,很难做大做强。另外,部分农民工有多个行业的创业经历,或是由于之前创业失败转入其他行业,或是由于企业发展较好进行扩张。

表 5-10　农民工创业选择的行业分布

行业	频数（人）	百分比
住宿餐饮	99	21.1%
批发零售	112	23.8%
种植业	58	12.3%
养殖业	66	14.0%
建筑施工	30	6.4%
纺织服装	33	7.0%
电子电器	41	8.7%
其他	31	6.6%

从表5-11创业政策对农民工创业意愿的影响程度来看，虽然认为创业政策对农民工创业意愿影响很大的比例仅为5.1%，但有75.1%的受访者认为创业政策对农民工创业意愿产生了一定程度的影响或产生了较大影响，认为影响较小或几乎没有影响的只占了样本总量的19.8%。

表 5-11　创业政策对农民工创业意愿的影响程度

影响度	频数（人）	百分比
几乎没有影响	22	4.7%
影响较小	71	15.1%
一般	220	46.8%
影响较大	133	28.3%
影响很大	24	5.1%

从表5-12农民工创业者周边的创业氛围来看，有51.1%的农民工创业者认为自己周边的创业氛围一般，认为创业氛围较差和良好的比例未超过20%，分别为19.6%和13.4%，只有7.0%的受访者认为自己周边的创业氛围很好。

表 5-12　农民工创业者周边的创业氛围

创业氛围	频数（人）	百分比
很差	42	8.9%
比较差	92	19.6%
一般	240	51.1%
良好	63	13.4%
很好	33	7.0%

从表5-13农民工创业面临的突出困难来看，有高达63.4%的农民工创业者选择将

资金缺乏作为自己面临的首要困难,在农民工创业者的第二选择中,市场信息和项目扶持力度这两项排在前两位,分别占34.5%和30.4%。第三选择中所占比重最高的是缺乏管理能力和经验,其值为41.7%。可见现阶段农民工创业所面临的最主要的突出困难是缺乏创业资金、市场信息闭塞、创业项目扶持力度弱以及创业者缺乏所需的管理能力和经验。

表 5-13 农民工创业面临的突出困难排序

创业困难	第一选择	第二选择	第三选择
资金缺乏	63.4%	6.0%	3.2%
技术缺乏	4.9%	19.8%	3.4%
市场信息	13.2%	34.5%	25.1%
项目扶持力度	11.1%	30.4%	18.3%
管理能力和经验	2.8%	3.2%	41.7%
企业负担重	3.4%	5.5%	5.1%
交通不便	1.3%	0.6%	1.1%
其他	0	0.0%	2.1%

3) 政策与服务满意度

从表 5-14 农民工创业者对各项创业政策的满意度来看,对项目支持政策、信息咨询政策和信贷扶持政策的不满意程度最高,所占比例分别为31.5%、29.7%和28.9%,而对各项政策中表示很满意的比例均不高,最高的是绿色通道政策,也仅为11.6%,各项政策的满意度均以一般为主。

表 5-14 农民工创业者对创业政策的满意度

政策类型	不满意	满意度较低	一般	比较满意	很满意
创业培训政策	17.6%	18.7%	28.3%	24.6%	10.8%
税费减免政策	6.5%	18.7%	26.6%	37.6%	10.6%
信贷扶持政策	28.9%	25.0%	19.9%	17.3%	8.9%
绿色通道政策	13.8%	14.8%	35.0%	24.8%	11.6%
信息咨询政策	29.7%	23.8%	21.3%	14.6%	10.6%
项目支持政策	31.5%	22.0%	17.7%	19.9%	8.9%
用地优惠政策	10.6%	13.0%	36.4%	33.5%	6.5%
降低创业门槛政策	19.9%	14.4%	30.9%	25.6%	9.2%

从表 5-15 农民工创业者对政府工作人员服务态度的满意度来看,满意度为比较满意及以上的比例为26.6%,其中仅有6.4%的农民工创业者在创业过程中对政府工作人员的服务态度表示很满意,认为服务态度一般及以下的占了样本总量的73.4%。

表 5-15　农民工创业者对政府工作人员服务态度的满意度

满意度	频数(人)	百分比
不满意	51	10.9%
满意度较低	62	13.2%
一般	232	49.4%
比较满意	95	20.2%
很满意	30	6.4%

从表 5-16 农民工创业者对政府服务机构工作效率的满意度来看，满意度为比较满意及以上的比例为 21.3%，比对政府工作人员服务态度的满意度略高，认为服务机构工作效率一般及以下的占了样本总量的 78.7%。

表 5-16　农民工创业者对政府服务机构工作效率的满意度

满意度	频数(人)	百分比
不满意	95	20.2%
满意度较低	83	17.7%
一般	192	40.9%
比较满意	85	18.1%
很满意	15	3.2%

5.4.3　影响农民工创业政策实施效果的因素分析

根据调查结果分析，创业培训、简化工商登记、税费减免、信贷扶持、信息咨询、用地优惠等政策都是农民工返乡创业最基本的政策需求，其能否有效供给或者供给质量的高低会直接影响农民工返乡创业总体成效。

1）政策信息的获取是农民工创业政策实施的基础

信息资源成为当今重要的创业资源，农民工创业应先对政策进行了解，而政策信息的获取渠道直接影响农民工创业者对政策的了解程度以及创业效果。在实际调研中我们发现，地方政府主要是通过文件、网络和部分当地报纸杂志传播创业政策信息的，与农民工创业者的实际政策获取渠道产生脱节。除了政府官网发布的正式文件内容外，农民工创业者在网上能搜集到的创业政策信息内容多为典型事迹的有关报道，而有关创业政策具体操作的信息则少之又少。此外，不少农民工创业者是通过认识的亲戚朋友来获取创业政策信息的，他们渴望更为快速便捷的政策宣传渠道。

2）政策的落实力度与针对性是影响政策实施效果的关键因素

调查中对农民工创业者进行走访，有的反映一些地方政府举办的农民工培训更像是走形式，根本无法解决创业过程中遇到的实际问题，很多空洞的管理知识和技术知识对这些初创企业并不适用。虽然调查中对各项政策整体满意度都不高,但相对满意度最高的是降低创业门槛政策,其次是信贷扶持政策、绿色通道政策和税费减免政策,这说明,国家政策一方面激发了农民工创业的热情,享受到了实实在在的优惠政策,同时解决了农民工创业过程中急需的资金问题,另一方面执行过程中缺乏精准性,影响农民工创业者对政策的认可程度与执行效果。

3)政策服务满意度是影响政策实施效果的直接因素

创业者对政策的服务满意度有利于促进创业者成长,提高政策实施效果,农民工创业者在创业过程中对政府工作人员的服务态度和相关机构的行政效率满意度一般。比较突出的问题有两点:一是部分机构工作人员的服务态度较为懒散或恶劣,严重影响农民工的创业热情和创业进程;二是行政部门之间职责不清、互相推诿,农民工创办企业手续繁琐、程序复杂,无形中加重了农民工创业的成本和负担。

5.4.4 完善农民工创业政策实施的对策与建议

1)优化创业政策宣传渠道,建立农民工创业信息网络

一方面大力培养各级村镇基层干部政策宣传员,加强相关创业政策内容的培训,然后由他们通俗易懂地宣传和讲解农民工创业政策,普及创业政策的知识,营造创业文化。另一方面建立农民工创业信息网络渠道,构建一个信息资源共享的平台:一是建立农民工创业者登记制度,创建移动手机信息网络平台,以短信的形式向相关创业者发布关于政府创业政策、创业培训以及扶持政策等方面的信息;二是建立农民工创业网站,提供相关创业信息资源,达到创业信息资源的共享,从而优化农民工创业结构。

2)了解创业者实际需求,提升对创业者的精准服务

深入基层,了解创业者的实际需求,落实政府创业培训相关政策,使农民工真正掌握到实际有用的创业知识和技巧。一是加大农民工创业培训,提高农民工创业者基本素质和管理技能。将创业培训纳入政府预算体系,制定合理培训规划,给予创业者持续地指导与帮助,解决创业者在创业过程中实际遇到的各种问题。二是解决农民工在创业之初的最突出问题即是资金的短缺。虽然创业政策已经将资金扶持纳入工作重心,但依然无法满足农民工创业者对资金的实际需求,政府要进一步放开农村地区的金融管制,发展农村互联网金融,建立农民工创业贷款专项担保资金,加大政府引导,降低银行资金流失的风险,消除农民工贷款过程中出现的"身份歧视"现象,同时拓宽农民工贷款担保物的范围,鼓励有一定资金实力和发展潜力的创业者组建创业联盟,在联盟内实现互助担保。

3)建立创业服务平台,降低创业隐性成本

政府作为公共服务部门,其核心职能就是公共服务,因而其制定的创业政策也应体现这一基本内涵。事实上,农民工因为搜索创业信息、咨询创业政策以及办理登记手续消耗了大量不必要的时间和精力,这些隐性成本难以估量。因此,政府应该建立专门的农民工创业服务平台,为农民工创业提供"一站式"服务,简化审批流程,降低手续费用,提供免费

咨询和指导服务,从各个环节为农民工创业提供优质的公共服务。此外,应加强对地方各级政府在创业政策执行过程中的监督和管理,明确各机构部门的职责范围,将农民工创业服务绩效水平纳入部门考核体系,坚决杜绝"三乱"现象,切实维护农民工在创业过程中的合法权益。

4) 加强基础设施建设,保障创业持续发展

农村基础配套设施仍然落后,投资环境较差,大量创业所需的资源难以流向农村地区。因此政府应加大对农村地区的基础设施建设投入,改善农村创业投资环境,进一步带动农民工创业发展。在农民工创业政策实施初期,不少地方兴办农民工创业园区和中小企业创业基地,引导农民工回巢创业,前期投入了大量资金和人力资源,也确实为农民工创业提供了良好的基础条件,但在政策实施的中后期,一些农民工创业园区因资金压力和利益驱动,有的处于闲置,有的改头换面为对外招商引资的工业园区。在加强农村地区基础设施建设的同时,应做好基础建设的长远规划,保证政策实施的正确方向和目标,实现农民工创业的可持续发展。

第6章 江西省城乡统筹发展与农民工创业发展的互动关系研究

按照《国家新型城镇化规划(2014—2020年)》《国务院关于进一步做好新形势下就业创业工作的意见》(国发〔2015〕23号)和《国务院办公厅关于支持农民工等人员返乡创业的意见》(国办发〔2015〕47号)要求,国家发展改革委等十部门发文《关于结合新型城镇化开展支持农民工等人员返乡创业试点工作的通知》(发改就业〔2015〕2811号),要求统筹城乡、融合发展,指出:"鼓励开发乡村、乡土、乡韵潜在价值,鼓励返乡人员共创农民合作社、家庭农场、林场等新型农业经营主体,发展设施农业、规模种养业、农产品加工流通业、休闲农业、林下经济和乡村旅游,促进农村地区一二三产业融合发展,为农民工等人员返乡创业提供更多机会和选择,促进城乡统筹发展。"农民工创业已经成为实现城乡统筹发展一个重要切入点,在城乡统筹发展过程中发挥重要的积极作用,两者在理论上也存在一定的逻辑关系。首先,城乡统筹发展可以推动城乡之间生产要素的自由流动,加快新型工业化、城镇化和农业现代化的步伐,为农民工创业创造良好的环境;其次,农民工创业不但可以促进资本、技术、信息等要素向农村地区流动,加快农村地区产业发展,而且能够创造更多的工作岗位,影响农村地区的社会风气、文化形态,这对于推进社会主义新农村建设和协调城乡关系具有重要的意义。

目前,国内学者多从城乡统筹或农民工创业单一角度进行研究。李岳云等(2004)认为城乡统筹包括城乡关系统筹、城乡要素统筹和城乡发展统筹三个方面的内容,并根据城乡统筹的内涵设计了评价指标体系;张钢等(2009)综合创业评价研究的多重视角,从个体和组织两个维度提出地区创业评价的指标体系,每个维度从数量、频率和活力三个方面来衡量,最终评价得出我国各个地区的创业水平;吴江等(2011)利用重庆市数据,借助经济计量方法对城乡统筹发展与农村人力资源开发的互动关系进行实证分析,并在此基础上提出了推动城乡统筹发展与农村人力资源开发互动的政策建议;苏发金(2012)运用主成分分析法和时间序列分析法对我国改革开放以来工业化与城乡统筹发展的关系进行了实证研究;房宏琳等(2012)对国内外区域创业水平的测量方法进行了梳理,同时对不同方法的利弊结合国情展开分析。这些研究成果对本研究有很重要的启示和借鉴,但目前针对城乡统筹和农民工创业互动关系的研究成果甚少,其中定量分析两者关系的研究成果基本未见。本研究将基于江西省2000—2013年时间序列数据,通过构建VAR模型对江西省城乡统筹与农民工创业的互动关系进行实证研究。

6.1 指标选取、数据来源与研究方法

6.1.1 指标选取

为了揭示江西省城乡统筹与农民工创业的互动关系,拟采用两组指标,一组指标反映城乡统筹状况,一组指标反映农民工创业状况。

1) 城乡统筹状况指标

城乡统筹战略在本质上就是一种缩小城乡之间各种差距的协调性发展战略。中国目前城乡二元结构极为明显,城市和农村在经济发展、基础设施、人力资源等各方面都存在巨大差距。[①] 为了能够综合反映江西省城乡统筹状况,鉴于数据的可获取性和指标选取的基本原则,拟选取城乡居民收入比(X_1)、城乡居民消费水平比(X_2)、城乡居民生活水平比(X_3)、城乡就业比例比率(X_4)和城乡常住人口比(X_5)这5个指标来综合反映江西省城乡统筹状况。X_1以农村居民家庭人均纯收入与城镇居民家庭人均可支配收入的比例来反映城乡居民收入水平差距;X_2以农村居民人均消费支出与城镇居民人均消费支出的比例来反映城乡居民消费水平差距;X_3以城镇居民家庭恩格尔系数与农村居民家庭恩格尔系数的比例来反映城乡居民生活水平差距;X_4以农村就业比率与城市就业比率的比例来反映城乡就业状况差距;X_5以城市常住人口与农村常住人口的比例来反映农村城镇化程度的高低。总体来说,X_1、X_2和X_3这三个指标可以综合反映城乡经济统筹状况,X_4和X_5这两个指标综合反映城乡社会统筹状况。

2) 农民工创业状况指标

对于创业这样复杂的现象,用单一维度进行测量显然无法反映其全貌。鉴于农民工群体自身的特殊性,其创业形式多为私营企业和个体户,拟从创业规模、创业活力和创业比重三个维度来反映江西省农民工创业状况。具体指标包括:乡镇私营企业数目(Y_1)、乡村私营企业就业人数(Y_2)、乡村个体就业人数(Y_3)、乡村私营企业就业人数增长率(Y_4)、乡村个体就业人数增长率(Y_5)和创业比重(Y_6)[②]。其中,Y_1可以反映农民工创业企业的整体规模;Y_2、Y_3、Y_4和Y_5这四个指标可以反映农民工创业的活力,同时也在一定程度上可以反映农民工创业企业的质量。Y_6以乡村私营企业和个体总就业人数占农村总劳动人口的比例来反映农民工创业就业人数占区域总劳动人口的比重。

6.1.2 数据来源

鉴于数据的可获取性和测度的时效性,选取的样本为江西省2000—2013年的时间序

---

① 蔡之兵,周俭初.中国城乡统筹发展模式研究——以江浙两省城乡为例[J].江苏社会科学,2014(3):76-82.
② 高静,张应良.基于1990—2011年统计数据的农户创业、分工演进、交易效率与农村经济增长分析[J].西南大学学报(自然科学版),2014(5):113-119.

列数据,数据均来源于历年的"江西省统计年鉴"和"中国统计年鉴"或据此计算整理而得,其计量分析利用 SPSS 17.0 和 Eviews 6.0 软件完成。

6.1.3 研究方法

综合利用主成分分析法、H—P 滤波法、协整检验法、Granger 因果关系检验法以及脉冲响应分析对江西省城乡统筹和农民工创业的互动关系进行实证研究。首先运用因子分析法中的主成分分析法消除两组指标间的多重共线性,同时可以找出影响变量的主成分实现降维,计算得出江西省城乡统筹水平指标(URHD)和农民工创业水平指标(MWE),接着对这两个指标形成的时间序列进行互动关系研究。具体来说,先通过 H—P 滤波法得到平稳序列 HPTRENDURHD 和 HPTRENDMWE,以便可以运用向量自回归模型分析江西省城乡统筹与农民工创业的互动关系,接着利用 Johansen 协整检验判断两指标变量间是否有长期均衡关系,再用 Granger 因果关系检验对两指标变量的因果关系方向进行判断,最后通过脉冲响应分析考察江西省城乡统筹与农民工创业的动态关系。

6.2 实证研究

6.2.1 主成分分析

1) 数据的标准化

由于各个指标原始数据的性质和量纲不同,会对分析结果的客观性和准确性产生影响,因此在进行主成分分析前,需要对各个指标原始数据进行无量纲化处理。本项研究采用 Z-Score 技术即用公式 $z_i = (x_i - \bar{x})/s$(式中 $\bar{x}$ 为平均值,s 为标准差)对各指标原始数据进行标准化处理。

2) 确定 URHD 和 WME 变量数值

在对某个综合变量进行评价时,通常需要选择一组评价指标进行分析。如果改组评价指标之间线性相关,则该组评价指标就不能准确反映综合变量的变化情况。而选取的两组评价指标之间显然存在着多重共线性问题,为了消除多重共线性对分析结果的影响,通过对两组标准化后的指标值进行主成分分析,进而得到江西省城乡统筹水平(URHD)和农民工创业(MWE)变量数值。

首先,在 SPSS 软件中对标准化处理后反映城乡统筹水平(URHD)的 5 个指标进行主成分分析,以主成分对总方差的累计贡献率大于等于 85% 提取主成分。结果显示,前两个主成分对总方差的贡献率分别为 63.908% 和 32.210%,累计方差贡献率已达 96.118%,因此可以用这两个主成分作为新的变量来代替原有 5 个指标对城乡统筹水平(URHD)进行评价。

然后,将因子载荷矩阵(成分矩阵)抽取的主成分,设为变量 A_1、A_2,对应的特征值设为 K_1、K_2,输入 SPSS 软件中,按照如下表达式转换:$B_i = \dfrac{A_i}{\sqrt{k_i}}$,$i=1,2$。得到新的特征向量 B_1、B_2。用 B_1、B_2 分别乘以城乡统筹水平(URHD)标准化后的 5 个指标值,得到主成分 F_1 和 F_2 的表达式,从而可以转换计算得出江西省城乡统筹水平(URHD)的综合数值:$F = \dfrac{K_1}{K_1+K_2}F_1 + \dfrac{K_2}{K_1+K_2}F_2$。

最后,在 SPSS 软件中对标准化处理后反映农民工创业水平(MWE)的 6 个指标进行主成分分析。结果显示,前三个主成分对总方差的贡献率分别为 55.383%、20.741% 和 18.502%,累计方差贡献率已达 94.626%,因此可以用这三个主成分作为新的变量来代替原有 6 个指标对农民工创业水平(MWE)进行评价。按照确定城乡统筹水平(URHD)综合数值相同的步骤,可以得出江西省农民工创业水平(MWE)的综合数值。

6.2.2 互动关系分析

1) H—P 滤波处理

拟运用向量自回归模型(VAR)来分析江西省城乡统筹与农民工创业的互动关系,而该模型的一个基本要求就是系统中的变量必须为平稳序列。H—P 滤波方法是经常用到的经济变量趋势分解方法,可以将经济变量中的长期趋势变动要素与短期波动要素分离出来,经过其处理的变量具有平稳性。因此,借助 Eviews 6.0 软件对江西省城乡统筹水平(URHD)和农民工创业水平(MWE)变量数值进行滤波处理,所得序列 HPTRENDURHD 和 HPTRENDMWE 为平稳序列,适用于构建 VAR 模型,同时也满足协整检验的要求,具体数据见表 6-1。根据表 6-1 可以绘制出反映江西省城乡统筹状况和农民工创业状况的曲线图,见图 6-1 和图 6-2。

表 6-1 城乡统筹水平值 URHD 及其 H—P 滤波值和农民工创业水平值 MWE 及其 H—P 滤波值

年份	URHD1	URHD2	URHD	MWE1	MWE2	MWE3	MWE	HPTREND URHD	HPTREND MWE
2000	−2.980 3	3.698 5	−0.741 5	−2.000 4	−0.157 9	−0.314 9	−1.267 1	−1.142 4	−1.202 0
2001	−2.118 2	2.545 4	−0.555 0	−1.226 6	0.360 5	−0.352 3	−0.707 9	−1.031 7	−1.016 4
2002	−1.452 7	−0.329 8	−1.076 3	−1.262 3	0.885 5	−0.122 1	−0.568 7	−0.917 1	−0.831 5
2003	−1.497 0	−0.892 6	−1.294 4	−1.546 5	2.295 1	−0.129 0	−0.427 6	−0.789 6	−0.644 8
2004	−0.957 0	−0.366 7	−0.759 2	−1.738 0	−0.783 3	0.167 1	−1.156 3	−0.642 2	−0.451 3
2005	−0.423 2	−0.254 9	−0.366 8	−1.465 6	0.395 4	2.384 1	−0.305 1	−0.472 6	−0.243 7
2006	−0.401 5	−0.512 7	−0.438 8	−1.092 6	0.314 6	2.372 9	−0.106 7	−0.280 0	−0.021 8
2007	0.033 2	−1.399 5	−0.447 0	−0.888 3	0.136 6	1.795 1	−0.139 0	−0.062 3	0.214 0

(续表)

年份	URHD1	URHD2	URHD	MWE1	MWE2	MWE3	MWE	HPTREND URHD	HPTREND MWE
2008	0.654 3	−1.101 6	0.065 7	−0.173 9	1.927 0	−0.191 7	0.283 0	0.180 9	0.462 2
2009	1.550 9	−1.760 2	0.441 0	0.820 0	1.003 3	0.036 2	0.706 9	0.446 3	0.718 3
2010	1.342 6	−1.211 7	0.486 4	2.695 8	0.806 2	−0.088 7	1.737 3	0.729 2	0.975 5
2011	1.713 4	0.305 1	1.241 4	2.224 1	−0.339 2	0.057 2	1.238 7	1.025 1	1.227 1
2012	2.361 6	0.425 6	1.712 6	3.053 8	−0.325 6	0.102 1	1.736 1	1.326 9	1.474 0
2013	2.173 9	0.855 2	1.731 9	2.600 6	−0.982 4	0.236 9	1.353 3	1.629 6	1.717 4

从图6-1和图6-2中可以看出，2000—2013年间，随着代表江西省城乡统筹状况的HPTRENDURHD曲线呈上升趋势，代表农民工创业状况的HPTRENDMWE曲线也呈

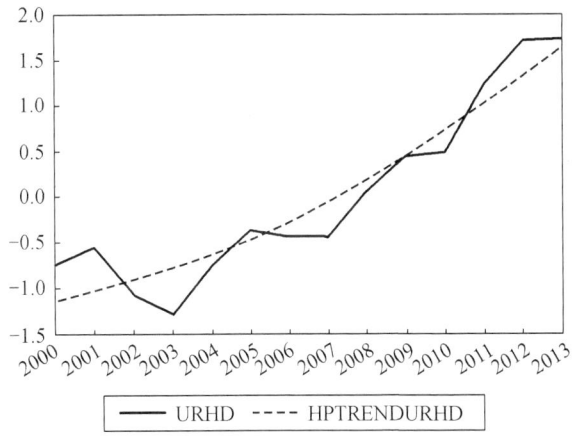

图6-1 江西省城乡统筹水平值及其H—P滤波值曲线图

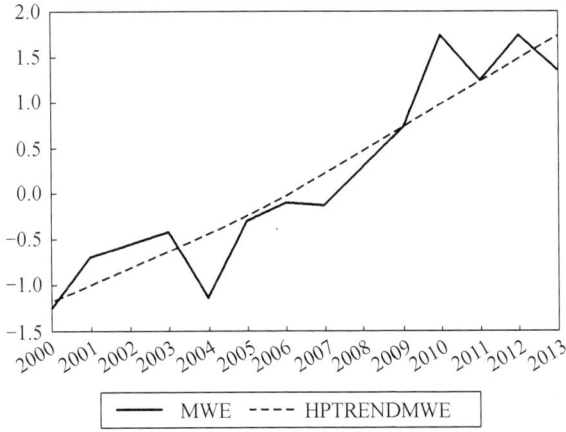

图6-2 江西省农民工创业水平值及其H—P滤波值曲线图

上升趋势。这表明随着农民工创业水平的不断提高,江西省城乡统筹状况整体上趋于好转,城乡差距逐渐缩小。值得注意的是,2008年以后,江西省农民工创业水平得到快速提高,同时城乡差距也在迅速缩小。这是由于金融危机的持续影响和东南沿海产业结构的调整,江西省出现新一轮的"返乡潮",国家和江西省政府陆续出台了一系列农民工创业扶持政策,鼓励创业带动就业,显然这些创业政策取得了初步成效。

2) 协整检验

经过H—P滤波处理的江西省城乡统筹水平(URHD)和农民工创业水平(MWE)数据为平稳序列,可以构建VAR模型。在作进一步分析之前,先对两组变量序列进行协整检验,以确定两者之间是否存在长期均衡关系(协整关系)。协整检验的方法有两种:基于模型回归残差的EG两步法协整检验和基于模型回归系数的Johansn协整检验,本研究采用后一种检验方法,检验结果见表6-2。从表6-2中可以看出,时间序列HPTRENDURHD和HPTRENDMWE具有协整关系,即江西省城乡统筹与农民工创业之间确实存在某种长期均衡关系。但这只能说明两者之间存在某种单向因果关系,不能具体指明其因果关系,因此还需要进一步检验城乡统筹与农民工创业的因果方向关系。

表6-2 HPTRENDURHD 和 HPTRENDMWE 协整检验结果(滞后2期)

原假设个数	特征值	迹统计量	5%临界值	P值	最大特征值	5%临界值	P值
0个	0.9203	29.0726	15.4947	0.0003	27.8255	14.2646	0.0002
最多1个	0.1072	1.2471	3.8415	0.2641	1.2471	3.8415	0.2641

3) Granger 因果关系检验

Granger因果关系检验可以用来确定经济变量之间是否存在因果关系以及影响的方向,其检验思想为:如果变量X的变化引起变量Y的变化,则X的变化应该发生在Y的变化之前。本研究采用Granger因果关系检验法来探究江西省城乡统筹与农民工创业的因果方向,检验结果见表6-3。

根据表6-3可知,在短期内,江西省城乡统筹水平是农民工创业水平的Granger原因,反过来,江西省农民工创业水平也是城乡统筹水平的Granger原因,即两者之间存在一种双向的、互为因果的互动关系。这表明随着国家和江西省政府对城乡统筹发展战略的明确化和具体化,江西省城乡统筹水平的提升将会促进农民工创业的发展。同样,在城乡统筹战略的背景下,国家和江西省政府出台和实施的一系列农民工创业政策促进了江西省农民工创业的发展,从而间接引致城乡统筹水平的提升。

表6-3 Granger 因果关系检验结果

原假设	观测值	F统计量	P值	结论
HPTRENDMWE 不是 HPTRENDURHD 的 Granger 原因	12	279.443	2.E-07	拒绝原假设
HPTRENDURHD 不是 HPTRENDMWE 的 Granger 原因	12	14.2957	0.0034	拒绝原假设

4）脉冲响应分析

协整检验和 Granger 因果关系检验是基于静态分析的研究，为了进一步分析江西省城乡统筹和农民工创业的动态关系，通过构建 VAR 模型，利用脉冲响应分析来解决这一问题。脉冲响应函数用于衡量来自某个内生变量的随机扰动项的一个标准差冲击（称为脉冲）对 VAR 模型中所有内生变量当期值和未来取值的影响。

本项研究先采用 AR 根图示法来验证 VAR(2)模型的稳定性，如图 6-3 所示，模型特征方程根的倒数全部位于单位圆内，说明该模型整体稳定，接着基于 VAR(2)模型对 HPTRENDURHD 和 HPTRENDMWE 进行脉冲分析，结果如图 6-4 所示。其中横轴代表滞后阶数，纵轴代表因变量对解释变量新息冲击的响应程度，实线代表脉冲响应函数计算值，虚线代表正负两倍的标准差偏离带。

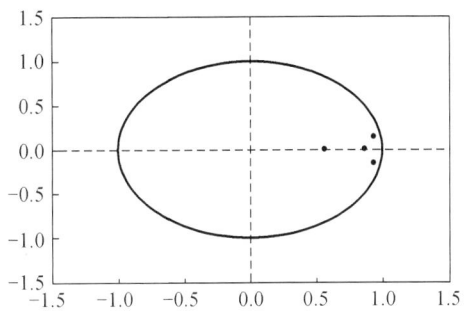

图 6-3　VAR(2)特征根和单位圆

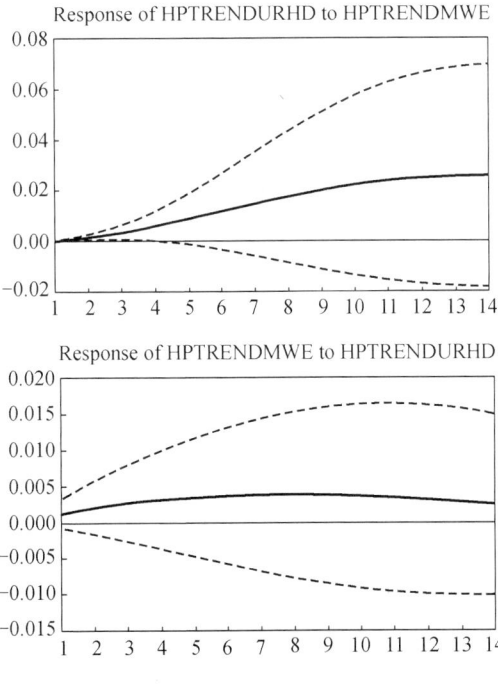

图 6-4　脉冲响应函数曲线图

由图6-4可以看出,江西省城乡统筹发展在受到农民工创业水平一个单位正向的标准差的冲击后,在滞后期内的冲击效应为正,并且这一正的冲击效应还会逐年增强,达到一定水平后趋于稳定。这说明,江西省农民工创业对于城乡统筹发展具有显著的促进作用,并且这一促进作用还具有滞后性和持续性的特点。这与近年来江西省农民工创业水平不断提高的同时,城乡差距特别是城乡收入差距逐渐缩小的现实情况相吻合,同时也验证了前面的理论分析。

反过来,江西省农民工创业在受到城乡统筹水平一个单位正向的标准差的冲击后,在第一期即作出正的冲击效应,在随后的滞后期内,先呈现出缓慢上升的趋势,而后逐渐下降,但整体上在滞后期内冲击效应均为正。这说明在初期,江西省城乡统筹发展确实会对农民工创业水平的提高具有一定的持续促进作用,但后来,这种促进作用会逐渐减小,这可能是因为随着城乡统筹的发展,大量外来的技术、资本等涌入农村,由于农民工创业自身的局限性,会对农民工创业所需的资源产生一定的排挤。

6.3 结论与启示

通过对江西省城乡统筹与农民工创业互动关系进行实证分析,得到如下主要结论:

第一,协整检验表明,江西省城乡统筹和农民工创业存在着某种长期的均衡关系。

第二,Granger因果关系检验表明,江西省城乡统筹和农民工创业之间存在着一种双向的、互为因果的关系。

第三,进一步的脉冲响应分析表明,江西省农民工创业对于城乡统筹发展具有显著的正向促进作用,并且这种促进作用还会逐年增强,达到一定水平后趋于稳定;而江西省城乡统筹发展对农民工创业在早期具有一定的正向促进作用,后来会逐渐减弱,但在滞后期内均呈现正的冲击效应。

进入21世纪后,江西省政府积极响应国家号召,高度重视城乡统筹战略的现实意义,特别是在2008年金融危机后,陆续出台了相关政策扶持农民工创业。显然,这些政策的实践已取得初步成效,不但促进了江西省农民工创业水平的提高,还在一定程度上推动了城乡统筹的发展,城乡差距得以逐渐缩小。但有两点值得我们注意,一是2010年以后江西省农民工创业水平一直处于徘徊状态,二是江西省城乡统筹发展对农民工创业的促进作用在中后期会逐渐减弱。究其原因,一方面,江西省农民工创业政策的出台集中于2008—2009年,政策的落实力度和实施成效缺乏有效的反馈,无法进一步完善农民工创业政策体系,导致江西省农民工创业发展出现乏力;另一方面,虽然城乡统筹会对农民工创业具有一定的促进作用,但同时也会在一定程度上对农民工创业所需的资源产生排挤,导致促进作用逐渐减弱。因此,进一步完善和出台新的农民工创业政策,协调好农民工创业与外来流入要素的利益关系,这些将成为江西省政府今后工作的重点。

第7章 基于农民工满意度创业政策效果分析

课题组成员曾于2014年1月到2015年12月期间进行了相关的调查,为了进一步了解农民工创业者对创业政策的满意度情况,弥补数据的不足,本项研究小组成员于2017年3月至2017年9月对江西省南昌市、九江市、景德镇市、上饶市、鹰潭市、吉安市等11市21县(区)35个乡镇再次进行了调查。调查对象仍然为江西省内有过创业经历的农民工创业者,此次问卷调查同样采用分组取样的方式,要求调查者在进行问卷调查之前先进行口头询问,借此来排除一些不符合调查的对象,确保被调查对象的准确性。此外还要求调查者需在旁边等候被调查者填完问卷并及时回收问卷,确保问卷不遗失。具体调查途径主要有三种:一是前往城市劳务市场和"城中村"的农民工居住地进行问卷调查;二是根据当地人力资源和社会保障局工作人员的介绍,选取若干从事不同行业的农民工创业者进行问卷调查;三是前往创业园和工业园的农民工进行问卷调查。问卷共计发放600份,有效回收问卷504份,问卷有效回收率为84%,问卷调查表格见附录2。

7.1 问卷设计说明与统计性描述

7.1.1 问卷设计说明

本项研究根据农民工满意度测评的指标体系,从我国农民工创业者个体特征、农民工对创业政策的期望、创业政策实施的感知质量、感知价值、对创业政策的满意度、抱怨以及信任7个方面进行问卷设计。满意度测评的量化问题,本项研究采用了李克特(Likert)量表的五级测量态度作为测评标准,即用"1、2、3、4、5"五个数字来表示满意度的级别高低,用于测度问题的量化程度,见表7-1。

表7-1 满意度级别的量化

满意度	赋值
非常满意	5
满意	4
比较满意	3
不满意	2
非常不满意	1

问卷及样本的具体说明如下:

获取了调查数据之后,运用信度分析、因子分析等统计方法通过收集到的数据对问卷及样本进行了信度和效度的分析和检验,确保所研究的概念得到可靠和正确的测量。信度和效度具有相对性,样本均值接近总体均值的程度能够表示信度,极限误差或样本方差能够表示效度。

1) 信度检验

一般而言,采用克朗巴哈 α 系数来评估调查问卷的信度,α 系数大于 0.7 表示问卷的可靠性较高,$0.5<\alpha<0.7$,则认为可靠性一般,可作进一步分析。据此,本项研究运用 SPSS 17.0 统计软件分别对样本数据、政策落实力度、政策的感知质量、政策的反映回馈 3 个潜变量,$X_1 \sim X_7$ 代表 7 个可观测变量进行了信度分析(见表 7-2)。分析结果显示,满意度问卷的测评指标总的 Cronbach 系数为 0.992,大于 0.7;潜变量(政策落实力度、政策的感知质量、政策的反映回馈)Cronbach's α 值分别为:0.928、0.863、0.926,说明各项测量指标的一致性较好,调查问卷同质度较强。此外,还对问卷进行了折半信度分析,得出两部分的 Cronbach 系数分别为 0.985、0.984。由此可以判定创业政策实施绩效的农民满意度调查问卷具有较高的信度。

表 7-2 样本信度、效度及因子分析情况表

潜变量	可观测变量	标准因子载荷	Cronbach's α
政策落实力度	政策宣传力度	0.672	0.928
	政策执行力度	0.666	
政策的感知质量	基础设施	0.504	0.863
	政策的获取	0.508	
	创业氛围	0.573	
政策的反映回馈	政策满意度	0.545	0.926
	服务满意度	0.514	

2) 效度检验

本项研究应用 Likert 量表的五级测量态度作为评价标准,借助 ASCI 满意度评价指标体系来编写问卷。对数据来源进行效度检验,一般来说,巴特利球度检验(Bratlett test of sphericity)以及 KMO(Kaiser-Meryer-Olkin)检验结果可说明问卷的效度。Kaiser 给出了常用的 KMO 度量标准:0.9 以上表示非常适合;0.8 表示适合;0.7 表示一般;0.6 表示不太适合;0.5 以下表示极不适合。数据分析结果表明,本次问卷 KMO 值为 0.912,巴特利球度检验 p 值接近 0,小于 1%,同时,各可观测变量标准因子载荷系数都在 0.6 左右,均大于 0.5,说明各潜变量的结构效度良好。从而证明本研究的测量问项基本可以通过信度与效度检验,满意度维度及测评量表的设计是较为合理的,调查得到的数据可以用于进一步的研究分析。

7.1.2 问卷统计性描述

在504位农民工创业者中,从其年龄分布情况来看,31~35岁的比重最大,占样本总量的28.17%;从农民工创业者的文化程度来看,绝大多数农民工创业者都是初中、高中学历,占总数的66.47%,其中又以初中学历为主;户籍上,农村人口多于非农村人口占到75%;创业者中绝大部分为已婚人士,占到81.55%;返乡创业的农民工兄弟姐妹数一般较多,家庭人口集中在2~3口人;年均收入1万元以上占到90.67%;创业者家庭距离乡镇一般在10公里以内。具体如表7-3所示。

表7-3 农民工创业者基本情况

基本情况	变量	比例	样本量
年龄	18~25	20.44%	103
	26~30	21.43%	109
	31~35	28.17%	142
	36~40	17.86%	90
	40岁以上	12.10%	57
文化程度	小学	13.49%	68
	初中	35.52%	179
	高中	30.95%	156
	大专	12.90%	65
	本科及以上	7.14%	36
户籍	农村	75.00%	378
	非农村	25.00%	126
兄弟姐妹数	0	10.52%	53
	1	19.25%	97
	2	33.33%	168
	3	30.36%	153
	4以上	6.55%	33
距离乡镇远近	5公里以内	26.79%	135
	5~10公里	62.50%	315
	10~15公里	6.94%	35
	15~20公里	3.37%	17
	20公里以上	0.40%	2

(续表)

基本情况	变量	比例	样本量
年均收入	10 000 以下	9.33%	47
	10 000～15 000	26.98%	136
	15 000～20 000	36.90%	186
	20 000～25 000	19.05%	96
	25 000 以上	7.74%	39
打工经历	是	73.21%	369
	否	26.79%	135
婚姻状况	已婚	81.55%	411
	未婚	18.45%	93

从农民工创业者对各项创业政策的满意度优先序来看，对用地优惠政策满意度最低均值为2.86，对信息咨询、税费减免政策的满意程度最高，但均值仅为3.83和3.31，各项政策的满意度均以一般、比较满意为主。具体如表7-4所示。

表7-4 农民工创业者对政策的满意度

变量名称	变量定义	均值	标准差
农民工对创业政策整体满意度(Y)	不满意＝0，满意＝1	0.76	0.428
创业培训(X_1)	非常不满意＝1，不太满意＝2，一般＝3，比较满意＝4，非常满意＝5	3.03	0.987
税费减免(X_2)	非常不满意＝1，不太满意＝2，一般＝3，比较满意＝4，非常满意＝5	3.31	0.811
信贷扶持(X_3)	非常不满意＝1，不太满意＝2，一般＝3，比较满意＝4，非常满意＝5	3.5	0.987
绿色通道(X_4)	非常不满意＝1，不太满意＝2，一般＝3，比较满意＝4，非常满意＝5	2.94	1.105
信息咨询(X_5)	非常不满意＝1，不太满意＝2，一般＝3，比较满意＝4，非常满意＝5	3.83	1.042
项目支持(X_6)	非常不满意＝1，不太满意＝2，一般＝3，比较满意＝4，非常满意＝5	2.89	1.101
用地优惠(X_7)	非常不满意＝1，不太满意＝2，一般＝3，比较满意＝4，非常满意＝5	2.86	1.005
降低创业门槛(X_8)	非常不满意＝1，不太满意＝2，一般＝3，比较满意＝4，非常满意＝5	3.19	1.127

7.2 农民工创业政策满意度影响因素分析

7.2.1 模型的适用性

本研究将采用因子分析法和Logistic分析模型相结合的方法对农民工创业政策满意度影响因素进行分析。因子分析法可以解决各变量的信息重叠及变量之间的共线性问题，同时它确定的权重系数是有数据分析得出的变量之间的内在联系，比其他评价方法更具客观性。然后,利用提取的少数公因子进行 Logistic 模型分析,进一步得到影响农民工创业政策满意度主要因素。

因子分析的基本思想是用少数几个随机变量去描述多个实测变量之间的相关关系,这少数几个随机变量即因子。

因子分析模型形式为:
$$X = a_{i1}F_1 + a_{i2}F_2 + \cdots + a_{im}F_m + \varepsilon_i$$

其中,X_i 是可实测的随机变量,F_i 为公因子,$a_{ij}(i=1,2,\cdots,p;j=1,2,\cdots,m)$ 为因子载荷,为特殊因子。

Logistic 模型是离散选择法模型之一,属于多重变量分析范畴,其优点有以下几个方面:①模型考察了对满意度两种态度定义情况下农民工满意的可能性,即农民工个人特征及创业政策引起的农民工对创业政策满意或者不满意程度。②该模型不仅可以在样本内进行预测,还可以对样本外的数据进行预测。③该模型可以对预测的结果进行比较和检验,克服了以往模型只能解释农民工创业政策满意度的局限性。因此,本项研究把提取的公因子与农民工个人特征作为解释变量进行多元 Logistic 回归分析,进一步研究农民工创业政策满意度的影响因素。

多元 Logistic 回归模型为:
$$\ln(P_i/1-P_i) = \beta_0 + \beta_1 x_1 + \beta_2 x_2 + \cdots + \beta_n x_n$$

其中,P_i 为农民工创业政策满意度的概率;$x_1, x_2, \cdots, x_n$ 为各影响因素;β_0 为常数项;$\beta_1 \cdots \beta_n$ 为回归系数。

7.2.2 模型的建立

1) 因子分析

在因子分析前,首先利用 SPSS 17.0 对数据进行标准化处理,然后对量表进行品质检验,得出 Cronbach's α 系数值为 0.985(>0.9),表明本研究量表具有较好的内在一致性。KMO 与巴特利球形度检验结果显示,KMO 值为 0.922,巴特利球形度检验的统计量为 17 660.077,P 值为 0.000(<0.001),表明表 7-2 中的变量适合做因子分析。

通过因子分析中的主成分分析法提取了特征值大于 1 的两个变量,方差累计贡献率达到 90.683%(见表 7-5)。为了便于因子解释,本项研究直接给出旋转后的因子载荷阵(见表 7-6),各变量的载荷大于 0.5 且无交叉,具有较好的区别效度以及聚合效度。

表 7-5 总方差贡献率

成分	初始特征值		
	合计	方差	累积
1	9.838	61.491%	61.491%
2	4.671	29.193%	90.683%

表 7-6 因子旋转载荷矩阵

变量名称	F_1	F_2
兄弟姐妹数	0.919	
绿色通道	0.907	
降低创业门槛	0.907	
信息咨询	0.897	
创业培训	0.879	
税费减免	0.860	
信贷扶持	0.835	
家庭年均收入	0.823	
项目支持	0.822	
年龄	0.819	
用地优惠	0.812	
文化程度	0.787	
距离乡镇远近	0.786	
户口		0.893
婚姻状况		0.864
打工经历		0.863

从表 7-6 中可以看出，在第一公因子 F_1 中在公因子中因子载荷从高到低依次为兄弟姐妹数、绿色通道、降低创业门槛、信息咨询、创业培训、税费减免、信贷扶持、家庭年均收入、项目支持、年龄、用地优惠、文化程度、距离乡镇远近因子载荷较高；在第二公因子 F_2 中，户口、婚姻状况、打工经历因子载荷较高。

表 7-7 为 SPSS 17.0 输出的成分得分系数矩阵，把其中各变量的因子分析得分系数分别乘以表 7-2 中对应方差贡献率后求和，再除以累积贡献率，就得出了每个指标的因子总得分系数和排名情况。据此，可以得出因子得分综合评价模型：

$$Y = 0.094\,9X_1 + 0.109\,9X_2 + 0.233\,9X_3 + 0.222\,9X_4 + 0.227\,9X_5 + 0.038\,9X_6 + 0.097\,9X_7 + 0.060\,9X_8 + 0.054\,9X_9 + 0.048\,9X_{10} + 0.073\,9X_{11} + 0.044\,9X_{12} + 0.037\,9X_{13} + 0.094\,9X_{14} + 0.093\,9X_{15} + 0.039\,9X_{16}$$

表 7-7 成分得分系数矩阵

变量名称	F_1	F_2	总得分	排名
年龄(X_1)	0.067	0.028	0.094 9	6
文化程度(X_2)	0.041	0.069	0.109 9	4
户口(X_3)	−0.218	0.452	0.233 9	1

(续表)

变量名称	F_1	F_2	总得分	排名
打工经历(X_4)	−0.196	0.419	0.222 9	3
婚姻状况(X_5)	−0.222	0.450	0.227 9	2
兄弟姐妹数(X_6)	0.164	−0.125	0.038 9	14
家庭年均收入(X_7)	0.065	0.033	0.097 9	5
创业培训(X_8)	0.127	−0.066	0.060 9	9
距离乡镇远近(X_9)	0.113	−0.058	0.054 9	10
税费减免(X_{10})	0.138	−0.089	0.048 9	11
信贷扶持(X_{11})	0.100	−0.026	0.073 9	8
绿色通道(X_{12})	0.153	−0.108	0.044 9	12
信息咨询(X_{13})	0.162	−0.124	0.037 9	15
项目支持(X_{14})	0.069	0.026	0.094 9	6
用地优惠(X_{15})	0.068	0.026	0.093 9	7
降低创业门槛(X_{16})	0.160	−0.120	0.039 9	13

从表 7-7 中的各因子总得分系数排名上我们可以看出影响农民工对创业政策满意度因素的优先序。户口、婚姻状况、打工经历、文化程度、家庭年均收入、年龄等个人特征及家庭特征对创业的影响程度较高;政策的影响优先序:项目支持、用地优惠、信贷扶持、创业培训、距离乡镇远近、税费减免、绿色通道、降低创业门槛、兄弟姐妹数、信息咨询。但各因素对农民工创业政策满意度的具体情况和显著性情况仍需进一步分析。

2) Logistic 模型分析

为了进一步分析农民工对创业政策满意度影响因素,我们把公因子与被调查农民工个人特征(控制变量)作为解释变量进行多元 Logistic 分析。通过 SPSS 17.0 对回归模型检验,模型系数检验卡方值为 122.080,显著性水平为 0.000,表明回归方程具有统计学意义;Hosmer-Lemeshow 检验的卡方值为 5,模型预测准确度达 99%,可见模型的整体拟合效果较好。回归结果见表 7-8。

表 7-8 Logistic 回归结果

变量	B	$S.E.$	$Wald$	df	$Sig.$	$\mathrm{Exp}(B)$
年龄	−0.605	0.315	7.050	1	0.008***	4.980
文化程度	0.116	0.368	0.271	1	0.063*	1.123
户口	10.435	0.549	0.390	1	0.000***	1.545
打工经历	20.961	0.418	16.971	1	0.000***	0.000
婚姻状况	0.367	0.803	17.863	1	0.041**	0.693

(续表)

变量	B	S.E.	Wald	df	Sig.	Exp(B)
兄弟姐妹数	1.543	0.258	6.352	1	0.018**	4.678
家庭年均收入	9.729	0.435	15.769	1	0.000**	2.073
距离乡镇远近	−0.328	0.307	3.491	1	0.064*	0.721
创业培训	21.251	0.409	8.384	1	0.025**	1.6969
税费减免	17.471	0.241	11.621	1	0.036**	0.000
信贷扶持	0.425	0.091	7.921	1	0.009***	1.530
绿色通道	−0.401	0.138	3.783	1	0.078*	0.670
信息咨询	2.625	0.253	7.082	1	0.026**	13.805
项目支持	−4.174	0.042	9.605	1	0.055*	0.015
用地优惠	−1.727	0.573	12.356	1	0.077*	0.178
降低创业门槛	18.378	0.824	9.725	1	0.035**	9.5797
Constant	−20.124	0.392	11.574	1	0.007	0.000
常数量	1.152	0.104	122.080	1	0.000	3.165
−2Log likelihood			18.249a			
Cox & Snell R Square			0.656			
Nagelkerke R Square			0.982			
样本量			504			

注：* $P<0.1$，** $P<0.05$，*** $P<0.01$。

7.2.3 结果分析

1) 个体特征的影响

调查结果显示年龄变量在1%的水平上显著，且系数为负，表明随着年龄的不断增加，选择创业的返乡农民工逐渐变少。这可能是因为，年龄越大，对返乡农民工而言，往往家庭负担越重，创业的机会成本则越高。同时，随着年龄增长，往往更趋向于稳定、保守的生活，创业的热情和勇气也会逐渐减弱。

婚姻对返乡农民工创业具有显著正影响，表明已婚的返乡农民工比未婚的更容易创业。这主要是因为返乡农民工的创业行为往往是一个家庭共同决策的结果，追求的是家庭利益的最大化，因而已婚的返乡农民工往往能够得到更多更丰富的物质资本、社会资本和人力资本。

文化程度并不是返乡农民工创业的重要影响因素。模型分析表明，返乡农民工的文化程度普遍较低，超过80%的人为高中或初中水平，因而返乡农民工的文化水平并没有很大的差异性。同时，返乡农民工的创业大多成本低、规模小，对创业者的文化水平要求并不高。

兄弟姐妹数对创业政策的满意度有正向影响,表明家庭人口数越多,兄弟姐妹数越多,农民工的满意度就越高。这可能是因为家庭人口数和兄弟姐妹数越多,在一定程度上表明其社会资本越丰富,社会网络越完善,其获取政策支持的能力越强,得到政府帮助越多。

户口、打工经历、家庭年收入均通过了 0.000 的显著性水平检验,且系数均为正,表明农村户籍的农民工打工经历越多、家庭收入越高越愿意创业。模型显示,返乡农民工创业最需要的就是资金支持,而较高的家庭收入无疑能为返乡农民工提供创业最初期的启动资本。

离乡镇远近对创业政策满意度有显著影响,但其系数为负,表明随着离乡镇的距离越远,农民工创业的积极性就越弱,对农民工创业政策的满意度越低,这可能是因为这类农民工由于交通偏远、信息不畅,难以利用创业政策。

总的来说,在农村,家庭不仅是其成员经济行为的决策单元,更对其成员经济活动的开展起到了重要的支持作用。因而家庭经济和社会资源的"禀赋"优势,能够保障和促进返乡农民工创业活动的顺利开展。

2) 创业政策的影响

通过 Wald 值我们可以看出,创业政策影响的重要程度由高到低依次是信贷扶持、创业培训、税费减免、信息咨询、降低创业门槛、用地优惠、项目支持、绿色通道。信贷扶持政策对农民工创业政策满意度最高,在所有创业政策中具有最高的统计显著性,政策评价的系数显著为正,说明农民工对信贷扶持力度的评价越高,其对创业政策的总体满意度也就越高。创业培训、税费减免、信息咨询、降低创业门槛相关政策均达到了 5% 以下显著性检验,说明在本区域中创业培训、税费减免、信息咨询、降低创业门槛等政策对农民工来说均具有重要影响。用地优惠、项目支持、绿色通道显著性水平达到 10% 以下,对农民工创业政策满意度影响相对较弱,这是由于绿色通道、项目支持、用地优惠政策对满意度影响程度和差异因人而异。

总的结果表明,创业政策满意度具有显著影响的变量有户口、婚姻状况、打工经历、文化程度、家庭年均收入、年龄、项目支持、用地优惠、信贷扶持、创业培训、距离乡镇远近、税费减免、绿色通道、降低创业门槛、兄弟姐妹数、信息咨询;通过 Logistic 模型对变量进行回归分析,得出变量对农民工创业政策满意度影响程度排序依次为:信贷扶持、创业培训、税费减免、信息咨询、降低创业门槛、用地优惠、项目支持、绿色通道。此结果为农民工创业政策满意度评估奠定了基础。

7.3 农民工创业政策绩效影响因素分析

7.3.1 模型的适用性

结构方程模型(SEM)是一种非常通用的线性统计建模技术,是基于变量的协方差矩阵来分析变量之间关系的一种统计方法,所以也称为协方差结构分析。在社会科学研究领域,有时需要处理多个原因、多个结果的关系,或者遇到不可直接观测的变量(潜变量),运用传统的统计方法如回归分析,虽然允许因变量包含测量误差,但需要假设自变量是没有误差的。当自变量和因变量都不能准确测量时,理论上来说,回归方程是不能用来估计变量之间关系的,因为自变量测量误差的发生会导致常规回归模型参数产生偏差,但结构方程模型则能让研究人员在处理测量误差的同时分析潜变量之间的结构关系。

结构方程模型有几个优点:①同时处理多个因变量;②容许自变量和因变量含测量误差。由于态度、行为等变量往往含有误差,因而不能简单地用单一指标测量;③同时估计因子结构和因子关系假设要了解潜变量之间的相关,每个潜变量者用多个指标或题目测量,一个常用的做法是对每个潜变量先用因子分析计算潜变量(即因子)与题目的关系(即因子负荷),进而得到因子得分,作为潜变量的观测值,然后再计算因子得分,作为潜变量之间的相关系数;④容许更大弹性的测量模型。传统上,我们只容许每一题目(指标)从属于单一因子,但结构方程分析容许更加复杂的模型;⑤可以计算不同模型对同一个样本数据的整体拟合程度。估计整个模型的拟合程度在传统路径分析中,我们只估计每一路径(变量间关系)的强弱,在结构方程分析中,除了上述参数的估计外,我们还可以计算不同模型对同一个样本数据的整体拟合程度,从而判断哪一个模型更接近数据所呈现的关系。

本研究由于政策绩效的主观性和模糊性,较难用传统的统计方法进行测量,而结构方程模型的应用则可解决这个问题。

7.3.2 模型的建立

1) 假设的提出

影响农民工创业政策绩效的因素有很多,但每个因素所起作用的大小及作用的机理不尽相同。在参阅文献以及实地调查问卷的基础上初步提出以下假设:

(1) 政策落实力度与创业政策绩效显著正相关。政策的落实力度的强弱直接影响到创业政策绩效的优劣。本研究从政策的宣传力度和执行力度两方面来描述对创业政策绩效的影响。

(2) 政策的感知质量与创业政策绩效正相关。农民工对创业政策的感知质量直接反应了创业政策是否有效和是否落实到位,所以也是呈正相关的。本研究从农民工所在的创业孵化基地配套齐全及交通便利程度、获取相关创业政策及市场信息方便程度、所在地周边的创业氛围环境三方面来描述。

(3) 政策的反映回馈与创业政策绩效有一定的正相关关系。政策的反映回馈越好,说明政策更加有效。反之亦然。本研究从政策满意度和服务满意度两个大方面来具体阐述。

2) 模型建立

第一步,构建自主创业意愿的结构方程理论模型路径图(Structural Equation Modeling,SEM)如图 7-1 所示。

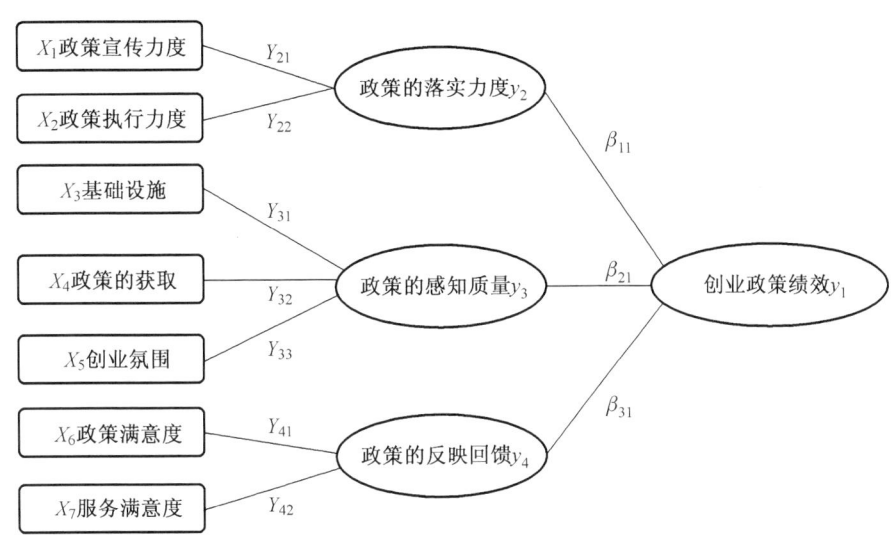

图 7-1 结构方程模型路径图

第二步,建立反映可观测量变量与潜变量之间因果关系的结构方程,该方程由测量方程和结构方程模型两部分构成,具体模型可表述为:

测量方程:

$$X = \Lambda_x \xi + \delta, \quad Y = \Lambda_y \eta + \varepsilon \quad ①$$

结构方程:

$$\eta = \gamma \xi + \beta \eta + \zeta \quad ②$$

Λ_x——生观测变量与外生潜变量直接的关系,是外生观测变量在外生潜变量上的因子载荷矩阵;Λ_y——内生观测变量与内生潜变量之间的关系,是内生观测变量在内生潜变量上的因子载荷矩阵;β——路径系数,表示内生潜变量间的关系;γ——路径系数,表示外生潜变量对内生潜变量的影响;ζ——结构方程的残差项,反映了在方程中未能被解释的部分。

第三步,构建农民工创业政策绩效影响因素的结构方程模型,具体内容如下:

$$y_1 = \beta_{11} y_2 + \beta_{21} y_3 + \beta_{31} y_4 + \zeta_1$$
$$y_2 = \gamma_{21} X_1 + \gamma_{22} X_2 + \zeta_2$$
$$y_3 = \gamma_{31} X_3 + \gamma_{32} X_4 + \gamma_{33} X_5 + \zeta_3$$
$$y_4 = \gamma_{41} X_6 + \gamma_{42} X_7 + \zeta_4$$

其中 y_1、y_2、y_3、y_4 分别表示创业政策绩效、政策落实力度、政策的感知质量、政策的反映回馈 4 个潜变量,$X_1 \sim X_7$ 代表 7 个可观测变量,β 代表潜变量之间的路径系数,γ 为各潜变量与可观测变量之间的载荷系数,ζ 代表残差项。

可观测变量潜变量潜变量

3) 验证性因子分析(CFA)

为了验证路径模型结构的合理性，本项研究运用 AMOS 7.0 软件对调研数据进行因子验证(CFA)。结果表明，可观测变量的 $C.R$ 值均大于临界值 1.96（见表 7-9），说明潜在变量与可观测变量之间的载荷系数估计显著性较高。

表 7-9 路径载荷系数估计结果表

潜变量/可观测变量	路径/载荷系数	潜变量	为标准化路径系数	$C.R$ 值	标准化路径系数
X_1	γ_{21}	政策落实力度	1.516	8.131	0.823
X_2	γ_{22}	政策落实力度	1.317	7.887	0.746
X_3	γ_{31}	政策的感知质量	1.000	5.227	0.372
X_4	γ_{32}	政策的感知质量	1.584	6.727	0.485
X_5	γ_{33}	政策的感知质量	1.911	6.742	0.485
X_6	γ_{41}	政策的反映回馈	1.816	5.952	0.829
X_7	γ_{42}	政策的反映回馈	1.795	5.882	0.758

7.3.3 结果分析

1) 政策落实力度

由表 7-2 可知 X_1（政策宣传力度）和 X_2（政策执行力度）两个可观测变量因子载荷系数分别为 0.672 和 0.666，其中 X_1（政策宣传力度）这一可观测变量因子载荷系数略高于 X_2（政策执行力度），其对农民工创业政策的落实力度影响程度较大。事实上，由于其教育水平所限，农民工本身对信息的接受能力较弱，农村地区劳动力市场发展也不成熟，农民工对市场中的投资机会与创业项目选择、未来前景预期等方面都存在盲区，其创业风险更大。除此以外，部分农村地区公共交通条件较差，信息流通方式落后，许多有创业激情和相似创业想法的农民工无法顺畅地沟通与合作，就很难产生"1+1>2"的积极效应，一些好的创业项目和想法也不能付诸实践。就政策供给而言，政府虽开设信息咨询窗口，但多为工商手续咨询服务，未打造项目与市场信息发布平台，相关信息提供甚少。

2) 政策的感知质量

由表 7-9 可知，X_3（农民工所在的创业孵化基地配套齐全及交通便利程度）、X_4（获取相关创业政策及市场信息方便程度）和 X_5（所在地周边的创业氛围环境）的可观测变量因子载荷系数分别为 0.504、0.508 和 0.573，其中 X_5 这一可观测变量因子载荷系数较高，其对农民工创业政策的感知质量影响程度较大，从调查问卷中第三部分可以体现。由此可以发现，农民工对政策的感知更多的是希望能创造一个良好的创业环境，良好的环境可以为农民工通过创业改变自己命运打开了一扇窗，更为农民工在建设新农村当中提供了用武之地，进而推动农村工业化和农业现代化、城镇化。让农民工看到了自己"创业改变命运"时代的开启和由打工者、管理者向老板华丽转身的可能。

3) 政策的反映回馈

由表 7-9 可知，X_6（政策满意度）和 X_7（服务满意度）的可观测变量因子载荷系数分别为 0.545 和 0.514，其中 X_6 这一可观测变量因子载荷系数较高，其对政策的反映回馈影响程度较大。农民工对创业政策的满意度的评价在问卷调查的最后一部分专门做了调查，分为创业培训、税费减免、信贷扶持、绿色通道、信息咨询、项目支持、用地优惠和门槛降低八类政策。从多元回归分析模型分析结果可以看出，除项目支持政策外，创业培训政策、税费减免政策、信贷扶持政策、绿色通道政策、信息咨询政策、用地优惠政策、降低创业门槛政策都通过了显著性检验。其中，影响最大的是税费减免政策，其标准化回归系数是 0.021；其次是用地优惠政策，其标准化回归系数是 0.020。发现创业培训大部分都比较满意，而像用地优惠、项目支持等满意度较低。这也说明了农民工创业政策还有待进一步研究，更好地将优惠政策落实到行动中来，让农民工对创业政策更加满意。

7.4 基于农民工满意度创业政策实施效果分析

7.4.1 模型的适用性

顾客满意度最初是一个经济心理学概念，要衡量它必须建立测评指标体系与模型，将顾客满意度与一些相关变量联系起来。顾客满意度指数（Customer Satisfaction Index，CSI）是目前被全球许多国家使用的一种新经济指标，是目前质量测评领域和经济领域的一个非常热门而又前沿的课题。自 20 世纪 90 年代，全球许多国家为提高本国企业竞争力，先后开展了全国性的顾客满意度指数测评工作。1989 年，瑞典率先建立起全国性的CSI，即瑞典顾客满意度晴雨表指数（SCSB）；随后是美国与欧盟，相继于 1994 年和 1999 年建立了各自的 CSI，即为美国顾客满意度指数（ACSI）和欧洲顾客满意度指数（ECSI）；紧随其后新西兰、加拿大等国家和中国台湾地区也在几个重要的行业建立了 CSI。

ACSI(The American Customer Satisfaction Index)结构模型是由美国密歇根大学商学院国家质量研究中心科罗斯·费耐尔（Claes Fornell）博士等人在 SCSB 模型的基础上创建的。自 1994 年在美国首次应用以来，ACSI 发展至今已成为该领域内影响最为深刻广泛的模型，它是挪威和欧盟模型的基础，也被新西兰、中国台湾、奥地利多地所采用。该模型认为顾客满意度是由顾客对服务质量的期望、质量的感知以及价值的感知共同决定的。如果顾客对服务质量不满意，抱怨将会产生；而顾客的忠诚取决于顾客的满意程度和执行主体对抱怨的处理。[1] 相比于其他模型，ACSI 的优势主要在于一方面它科学地利用了顾客的消费认知过程，并能客观的反映消费者对服务质量的评价，综合反映顾客的满意

---

[1] 朱国玮，胡伟. ACSI 用于评价政府部门顾客满意度——美国的实践及对中国的启示[J]. Journal of US-China Public Administration，2004(1):1-15.

程度;另一方面,该模型所测算的结果可以在不同行业里为企业改进服务质量提供指导。另外,ACSI 独有的做法是将质量感知从价值感知中分离出来,一是可以清楚地知道各个变量在决定感知质量中所起的不同作用,二是通过比较感知质量和感知价值对顾客满意度的影响,能够比较清晰地分辨出顾客满意的源头所在,是质量制胜还是成本领先,从而为管理者采取相应的管理措施提供引导。

7.4.2 变量选取及指标体系

在本研究中,借用广泛应用在政府公共部门绩效评价中的 ACSI 模型,ACSI 结构模型由顾客满意度、顾客期望、感知质量、感知价值、顾客抱怨和顾客忠诚这六个变量构成。其中顾客满意度是目标变量,顾客期望、感知质量和感知价值是顾客满意度的原因变量,顾客抱怨和顾客忠诚是顾客满意度的结果变量。就农民工创业政策而言,其对象是农民工,因而,可以将农民工视作为政府实施创业政策的"顾客",从而利用 ACSI 模型即可以从农民工满意度这一视角来测度创业政策的绩效。本研究借鉴这一测评模型的设计思路,并结合相关创业政策和满意度的具体内容,整理出了一套初步的基于农民工的创业政策满意度测评指标体系,该指标体系包括三个层次,一级指标为"农民工满意度",二级指标包括"农民工对创业政策的期望""农民工对创业政策的感知质量""农民工对创业政策的感知价值""农民工对创业政策的抱怨""农民工对创业政策的信任"共五个方面,每项二级指标下面又进行了细分,即问卷的具体问题,从而形成了总共 21 项三级指标体系,具体见表 7-10。

表 7-10 变量选取及指标体系

一级指标	二级指标	三级指标
农民工满意度（A）	农民工对创业政策的期望（B_1）	农民工创业财政支持力度 B_{11}
		农民工创业金融信贷服务 B_{12}
		创业孵化基地等平台建设 B_{13}
		公平公正的创业政策环境 B_{14}
		组织创业能力培养拓展 B_{15}
	农民工对创业政策的感知质量（B_2）	创业孵化基地配套齐全及交通便利 B_{21}
		服务机构能专业及时地提供相关市场信息 B_{22}
		农民工周边创业氛围 B_{23}
		政策经办人员服务态度 B_{24}
		服务机构行政效率 B_{25}
	农民工对创业政策的感知价值（B_3）	农民工创业成功率 B_{31}
		农民工创业规模 B_{32}
		创业企业平均资产额 B_{33}
		创业企业平均利润额 B_{34}

(续表)

一级指标	二级指标	三级指标
农民工满意度（A）	农民工对创业政策的抱怨（B_4）	基层政府服务机构的政策掌握水平 B_{41}
		创业政策组织宣传力度 B_{42}
		创业政策利用难易度 B_{43}
	农民工对创业政策的信任（B_5）	农民工创业意愿程度 B_{51}
		创业政策对农民工的作用 B_{52}
		农民工对政府创业政策实施的信心 B_{53}
		政策落实的公正性与透明度 B_{54}

7.4.3 满意度测评

1）农民工满意度测算

本项研究运用多级模糊综合评价法问卷中定性指标评分值进行标准化处理，采用功效系数法对其中的定量指标数据进行计算，继而得到满意度指标数值。

2）指标权重测算

要测算农民工满意度必须先算出各指标的权重。常用方法主要是主观赋权法和客观赋权法。其中客观赋权法包括直接比较法、对偶比较法和德尔菲法以及层次分析法等。

层次分析法是一种处理具有多目标、多准则、多因素、多层次的复杂问题的决策分析与综合评价的简单、实用且有效的方法，是一种定性和定量分析相结合的系统分析与评价方法。它能定量描述具体指标的满意度和总体满意度，各指标重要程度由专家打分的判断矩阵计算得出，在深入分析所面临的问题之后，根据问题的性质和所要达到的总目标，将问题分解为不同的组成因素，并按照这些因素间的相互关联影响以及隶属关系将因素按不同层次聚集组合，形成一个多层次分析结构模型，最后将该问题归结为最低层相对最高层（总目标）的比较优劣的排序问题。层次分析法极大地避免了主观臆测的可能性，适用范围广，运用灵活且操作性强，本研究采用层次分析法，各项指标权重见表 7-11，部分数据来自附录 1 与统计年鉴。

表 7-11 基于农民工满意度的创业政策绩效指标权重

一级指标	二级指标	权重	三级指标	权重
农民工满意度（A）	农民工对创业政策的期望（B_1）	0.078 6	农民工创业财政支持力度 B_{11}	0.160 2
			农民工创业金融信贷服务 B_{12}	0.417 4
			创业孵化基地等平台建设 B_{13}	0.263 4
			公平公正的创业政策环境 B_{14}	0.061 5
			组织创业能力培养拓展 B_{15}	0.097 5

(续表)

一级指标	二级指标	权重	三级指标	权重
农民工满意度（A）	农民工对创业政策的感知质量（B_2）	0.222 1	创业孵化基地配套齐全及交通便利 B_{21}	0.126 3
			服务机构能专业及时地提供相关市场信息 B_{22}	0.378 1
			农民工周边创业氛围 B_{23}	0.055 7
			政策经办人员服务态度 B_{24}	0.220 0
			服务机构行政效率 B_{25}	0.220 0
	农民工对创业政策的感知价值（B_3）	0.485 6	农民工创业规模 B_{31}	0.385 4
			农民工创业成功率 B_{32}	0.385 4
			创业企业平均资产额 B_{33}	0.087 1
			创业企业平均利润额 B_{34}	0.142 2
	农民工对创业政策的抱怨（B_4）	0.135 1	基层政府服务机构的政策掌握水平 B_{41}	0.163 4
			创业政策组织宣传力度 B_{42}	0.297 0
			创业政策利用难易度 B_{43}	0.539 6
	农民工对创业政策的信任（B_5）	0.078 6	农民工创业意愿程度 B_{51}	0.141 1
			创业政策对农民工的作用 B_{52}	0.455 0
			农民工对政府创业政策实施的信心 B_{53}	0.141 1
			政策落实的公正性与透明度 B_{54}	0.262 7

3) 满意度测算及结果分析

通过对上述模型的分析，本研究将顾客满意度指数模型引入到对创业政策实施绩效的农民工满意度分析中。满意度指标体系即源于对顾客满意度指数模型的运用，同时运用层次分析法对指标权重进行了测算，采用加权平均值测度农民工的满意度水平，计算得出江西省创业政策实施绩效的农民工满意度指数为 3.304 3，折合成百分制为 66.09，属于中等偏上水平，各项具体满意度分值见表 7-12。

表 7-12 基于农民工满意度的创业政策绩效评分汇总

一级指标	得分	二级指标	得分	三级指标	得分
农民工满意度（A）	66.09	农民工对创业政策的期望（B_1）	64.22	农民工创业财政支持力度 B_{11}	71.67
				农民工创业金融信贷服务 B_{12}	60.56
				创业孵化基地等平台建设 B_{13}	66.11
				公平公正的创业政策环境 B_{14}	70
				组织创业能力培养拓展 B_{15}	58.89

(续表)

一级指标	得分	二级指标	得分	三级指标	得分
农民工满意度（A）	66.09	农民工对创业政策的感知质量（B_2）	60.87	创业孵化基地配套齐全及交通便利 B_{21}	76.67
				服务机构能专业及时地提供相关市场信息 B_{22}	57.78
				农民工周边创业氛围 B_{23}	57.22
				政策经办人员服务态度 B_{24}	63.89
				服务机构行政效率 B_{25}	55
		农民工对创业政策的感知价值（B_3）	69.38	农民工创业规模 B_{31}	84.00
				农民工创业成功率 B_{32}	56.55
				创业企业平均资产额 B_{33}	62.69
				创业企业平均利润额 B_{34}	68.60
		农民工对创业政策的抱怨（B_4）	60.05	基层政府服务机构的政策掌握水平 B_{41}	72.78
				创业政策组织宣传力度 B_{42}	62.22
				创业政策利用难易度 B_{43}	55
		农民工对创业政策的信任（B_5）	72.74	农民工创业意愿程度 B_{51}	63.89
				创业政策对农民工的作用 B_{52}	71.11
				农民工对政府创业政策实施的信心 B_{53}	80.56
				政策落实的公正性与透明度 B_{54}	76.11

作为政策的受惠者,对其实施状况的满意程度实际上也侧面反映了农民对政策的需求程度以及政策的实施绩效效果。通过上述各项指标的满意度测评可知农民满意度水平并不是十分理想,虽然在少数的调研项目中,体现出来的农民工满意度较高,但就整体而言,创业政策相关的落实状况还有待进一步加强,与农民工的预期相比,强化对农民工创业金融信贷服务需要引起政府相关人员的重视。在政策的感知质量上,创业政策等信息的提供与传递以及经办人员的服务态度与效率需要得到强化。农民工创业成功率很高,但大部分规模不大,需要政府能够提供更多的支持来帮助农民工创业之路走得更远且更扎实。虽然农民工对政府政策还是抱有较高的信任,但其抱怨也不能忽视。在这样的形势下,更加要求政府重视对农村的投入与关注,加大力度将出台的各项创业政策落实到位,发挥最大的功效,从而使农民工创业取得更好的成就。

7.4.4 基于农民工满意度的创业政策实施绩效分析

1) 对创业政策的期望

从问卷调查结果可以看出接受调查者(农民工创业者)对国家惠农政策期望程度较高。其中期望最高的选项有:加大农民工创业财政支持力度,提供公平公正的创业政策环境等,经过调研有高达63.4%的农民工创业者选择在面临创业时的首要困难是由于资金的缺乏；另外,提供公平公正的创业政策环境这一选项的期望也是居于高位,调研发现,相比其他身份的创业者,虽然政府出台了一系列的农民工创业扶持政策,但却没有很好地与实际接轨。譬如,由于农民工创业者往往自身经验较少、各项技能薄弱,在金融机构中信用得不到保障,社会人脉关系网不广,上述等等原因都会致使农民工的信贷业务形同虚设。农民工无法贷到创业运营资金的款项,这无疑使得不少有意愿创业的农民工失去创业的机会；除此之外创业政策到了基层地方就存在"变样、缩水"的可能性,以及基层干部较低的素质等的影响,这些都从侧面反映了农民工创业以及创业政策落实的期盼。

2) 对质量的感知

质量感知是农民工在参与到创业政策实施中的实际切身感受。农民工对创业政策的感知质量的满意度为中等水平,其中,除去创业孵化基地优良配备满意度较高,得分76.67,其他都不是十分理想。在调研中显示,市场信息较为闭塞而致使部分农民工创业途中受到一定的阻力,然而,相关机构平台并不能及时地提供市场信息,该项得分仅为57.78,处于中等偏下水平。另外,农民工对政策经办人员的工作效率满意度较差,整体得分仅为55,部分受调查者也反映经办人员的服务态度较差。政府需要听取政策第一使用者的心声,对创业政策给予更多地关注,督促基层办事人员提高自身的职业素养,简化业务办理流程。

3) 对价值的感知

基于 ACSI 模型,从顾客满意度上衡量的是所购买商品的性价比,那么对于农民工而言,对价值的感知则更多地表现为创业政策带给农民工的实惠程度和受益程度,这更多体现在农民工创业的成功率及规模大小等几个方面。在该项上,农民工对价值的感知的满意度属于中等偏上水平,得分为 69.38。具体来看,这主要是在两个方面,一是"创业规模"这一指标上,这项满意度主要是创业企业的数量来反映,统计数据表明,自 2004 年响应中共中央号召以来,江西省农民工创业政策的出台集中于 2008—2009 年,之后也陆陆续续有新的文件出台,经过多年的积淀农民工创业企业的数量呈逐年上升趋势并且形成了一定的集体规模；二是"创业成功率",虽然得分仅为 56.55,但农民工创业成功率要远高于大学生平均创业成功率,这也侧面体现了创业的质量,虽然农民工创业企业从单个规模、赢利等各方面看还处于初步发展阶段,但实际上仍是比在乡务农或外出打工要好得多。

4) 抱怨

抱怨是农民工对创业政策实施过程中政府组织机构的业务水平、宣传推广及政策利用难易度等的评价,这进而影响到农民工创业者对创业政策的评价。值得关注的是对政策利用难易度的评分仅为 55,调研中发现,认为政策比较容易或容易利用的仅为 22.2%,绝大多数的调查者认为政策利用容易度一般以下。究其原因,大多为政策供给与实际利用脱轨,不便于利用,或是门槛较高等。此外,在信息传递中,虽然在调查中发现,农民工创业政策组织宣传力度的满意度处于中等水平,但仍有部分农民工对政策的知晓程度较低,对政策很熟悉亦或是了解大部分的占比较小,约为 12.2%。一些新政策或者是相关的创业信息更多地还是靠亲朋好友间的口耳相传,如此看来,仍然需要有关部门对这方面不断地完善,拓宽宣传渠道,丰富宣传方式,加大宣传力度,进一步提升农民工的满意度。

5) 信任

信任主要是表现为农民工对政府实施创业政策的信任,以及对政府未来持续扶持政策实施的保障。调查结果显示,农民工对政府创业政策实施的信心这一项中,表示非常信任或信任的分别占 36.1% 和 38.9%,并且该项的综合满意度评分是最高的,达到了 72.74,由此可见江西省农民工创业者对政府实施创业政策以及落实创业政策方面表现出较高的信任度。

7.5 小结

本章深入研究了基于农民工满意度创业政策效果相关内容,以农民工满意度与创业政策效果为研究对象,通过对基于农民工满意度创业政策效果进行实证分析,总结出我国农民工满意度创业政策效果的影响因素以及程度,为后续评价指标的体系建立提供了基本的依据。结果分析如下:第一,农民工个体特征对农民工创业满意度具有显著的影响。第二,八大政策对农民工创业者满意度影响除项目支持政策外,其余七大政策都通过了显著性检验,其中影响最大的是税费减免政策,其次是用地优惠政策。第三,通过 Logistic 模型实证分析政策的满意度影响因素排序依次为,信贷扶持、创业培训、税费减免、信息咨询、降低创业门槛、用地优惠、项目支持、绿色通道。第四,对创业政策绩效影响因素,政策落实力度与创业政策绩效显著正相关,其中政策宣传力度和政策执行力度对农民工创业政策的落实力度影响程度较大;政策的感知质量与创业政策绩效正相关,其中农民工所在地周边的创业氛围环境对政策的感知质量影响程度较大;政策的反映回馈与创业政策绩效有一定的正相关关系,政策满意度对政策的反映回馈影响程度较大。第五,江西省创业政策实施绩效的农民工满意度属于中等偏上水平,与农民工的预期相比,需加大农民工创业财政支持力度,提供公平公正的创业政策环境等;在政策的感知质量上,创业政策等信息的提供与传递以及经办人员的服务态度与效率需要得到强化;农民工对政府政策抱有较高的信任,但其抱怨也不能忽视。

第 8 章　城乡统筹背景下农民工创业政策绩效评价指标体系的构建

农民工创业政策涵盖多项领域,政策内容本身错综复杂,各项领域之间联系紧密,这为选取能够准确衡量政策绩效的有效指标增添了难度。同时,农民工创业与城乡统筹之间的互动关系也决定了建立的指标体系中要能体现城乡统筹的理念和内涵,因此,在以政策目标的核心的基础上,需要按照一定的标准与原则来选取一套多层次的指标体系,以保证指标体系构建过程中的合理性、准确性、有效性。

8.1　农民工创业政策绩效评价的标准界定

农民工创业政策绩效评价指标体系的构建是以一定的评价标准为出发点的,评价标准的界定决定了评价内容的规范性和最终评价结果的准确性。绩效评价标准分为定量标准和定性标准。其中,定量标准包括历史标准、客观标准、预算标准、经验数据标准。评价标准是在一定的条件下应运而生的,随着全球经济的发展和社会的进步以及各种环境的变化,绩效评价的目的、范围和出发点也会发生变化,而作为评价优劣的参照物的评价标准也会发生相应的变化。当然,在特定的时间和范围内,评价标准具有一定的稳定性。国内外学者具体界定的标准不尽相同,但本质区别相差不大。通过第 2 章对政策绩效评价的标准理论研究可知,既要考虑政策效果、效率、充足性、公平性、回应性等标准,还要考虑政策制定过程各相关利益主体的参与性、政策的公平性与系统性等标准。农民工创业政策对象是农民工创业者,目标是为了带动农民工更好地创业和就业,提高创业存活率,营造创业氛围。农民工创业政策绩效评价的标准主要包括以下四个方面。

8.1.1　政策效应标准

一项政策的实施必须使其效用达到最大化,一般可用政策成本与政策效益的对比分析来进行评价,包括直接效应与间接效应,这种效应是以一定时期政策目标的实现程度为衡量标准的。政策效应具体体现为政策的政治效应、社会效应和经济效应,政治效应指政策实施过程中所产生的政治影响,社会效应是指在政策实施过程中对社会各方面发展所产生的影响,经济效应是指政策执行后在经济上带来的直接和间接的收益。农民工创业政策的实施对象是农民工群体,其政策效应主要体现在经济效应和社会效应两方面,因此,在选取评价指标时,重点考虑反映经济效应的定量指标和反映社会效应的定性指标。

8.1.2 政策效率标准

政策效率是指政策制定、宣传推广等一系列过程中所投入的成本与实际产生的效益的比例。政策投入的成本表现为政策取得成效所必须消耗的资源数量,这既包括了政府投入的成本,也包括了企业、社会公众等参与群体所投入的成本,严格来说,外部成本也是必须考虑的因素。在实际操作中,由于数据的可获取性,往往只能以经济成本来代替整个投入成本,实现绩效评价的量化处理。

事实上,在农民工创业政策的制定和实施过程中,政府部门投入了大量资金、物力和人力来保障政策的顺利执行。此外,农民工创业者作为政策对象也投入了自己所拥有的资源来享受创业政策,政策效率的研究对于衡量最终的政策绩效具有非常重要的价值。遗憾的是,在实际调研中,我们发现,由于农民工创业企业多为小微企业和个体工商户,加上有关部门缺乏对有关农民工创业企业的数据统计,要想在指标体系中反映政策效率这一标准是非常困难的,特别是专门针对农民工创业政策的成本投入尚没有有效的官方统计数据来支撑。

8.1.3 政策公平标准

政策的公平性标准体现了政策绩效评价对政策价值取向的重视程度。政策作为政府的某项制度安排,其目标不仅表现为相关利益群体的既得利益,更体现在对社会公平和公共利益的维护上。因此,政策绩效评价须在考虑相关利益群体价值观念的基础上,对政策成效是否体现公平性给予准确的评价。事实上,政策公平标准就是指在一定的资源投入的基础上,最终的政策成效是否保证了各项资源在相关利益群体间得到了公正合理的分配。

在我国弱势群体中,农民工占有相当大的比例,其创业过程注定充满艰辛。因此,若针对农民工群体的相关创业政策未能结合农民工实际需求给予额外的帮助和补偿,农民工对于资源的利用效率将大打折扣,政策的公平性也将缺失,最终对社会的稳定运行和经济发展带来负面影响。

8.1.4 政策回应标准

政策的回应程度决定了政策最终的有效程度和接受程度,即使政策在宣传和执行过程中体现出较高的效率,但若未符合公众的最终诉求,也很难说政策是有所成效的。整个政策系统是一个输入到输出的循环系统,而推动整个系统持续不断循环的动力就是受众群体的反馈,通过反馈,政府可以获悉政策在实际操作中是否有效满足了受众对象的偏好和需求,进而指导政策的进一步完善和落实,提高政策执行过程中的整体效率。

具体到农民工创业政策,依据政策回应标准,在政策绩效评价过程中测得农民工群体对相关创业政策以及政府工作的满意程度,对于系统评价农民工创业政策绩效具有重要现实意义。因此在第 7 章的实证研究中重点分析了农民工创业者对政策及其实施效果的满意度,对指标的确定具有重要的作用。

8.2 农民工创业政策绩效评价指标体系的构建原则

根据评价标准,农民工创业政策绩效评价指标体系的选择和构建需要遵循的基本原则包括以下几个方面。

8.2.1 科学性原则

农民工创业政策绩效评价指标体系应该遵循当地经济发展规律和农民工创业特点,通过科学的方法和手段,确保选取的指标数据可以通过调研、访谈和官方统计等途径有效获取,最终评价得出的绩效结果应该能够全面地、科学地体现出政府扶持农民工创业政策绩效评价的内涵特征。同时指标选取要有一定的代表性,能覆盖核心内容的指标,能够把要评价的政策绩效标准凸显出来。

本研究在构建评价指标体系时,最初是通过查阅大量文献资料,结合农民工创业及相关政策特点,初步构建一套绩效评价指标体系。为了能对初步构建的指标体系作进一步检验和修正,研究组通过专家访谈、调查问卷和企业访谈等形式,先后通过描述性统计、实证分析等多次对指标体系进行修改和完善,以期最终构建的指标体系和相关数据具有科学依据。

8.2.2 系统性原则

在构建指标和指标选取上,要遵守系统性原则。由于不同指标的敏感性不同,有些指标变化缓慢,有些指标变化较快,因此在构建指标体系的时候要注意指标之间的平衡,尽量考虑各个指标在体系中的合理构成,以及它们之间的关系和关联,努力做到保持指标间相对均衡统一,实现系统的最优化。

首先,本研究从政策落实力度、政策实施成效和政策反应回馈三个方面考察农民工创业政策绩效,在每一层指标下又细分多个指标,力求能构建一套相对完整的、有效的绩效评价指标体系。其次,指标体系的构建应紧紧围绕政策对象和目标。就本研究而言,政策对象是农民工创业者,政策目标是为了带动农民工更好地创业和就业,提高创业存活率,营造创业氛围。因此,整个指标体系构建过程中始终都不能脱离这两项根本,否则评价结果将失去信度和效度。最后,指标选取应做到简捷有效。简洁性是指应选取具有代表性的,能覆盖核心内容的指标,对于繁琐的而又意义不大的指标应果断舍弃。有效性是指选取的指标之间相关性不能较大,最好能够独立表达评价内涵的实质。

8.2.3 可操作性原则

指标的选取要简便实用、便于操作、易于度量。第一,指标设计力求简化,选取重要的核心指标,易于操作。只要能保证整个指标体系的完整性,一些影响甚微的指标可以剔除,保留那些重要的核心指标,力求指标体系的简化。第二,指标之间具有可比性和不可替代性。各个指标应当能够独立反映农民工创业政策绩效所包含的信息,不能被彼此所替代,同时各级指标间既可以进行横向比较,又可以作纵向比较,最终使整个指标体系达到动态和稳定的统一。第三,数据易于获取,评价方法简便易用。

综合已有文献,我们发现国内学者对政策绩效评价的研究尚不成熟,虽然在理论研究上已取得大量成果,但定量研究还处于尝试阶段,加上有关农民工创业的官方统计数据甚少,这些现状为农民工创业政策绩效评价带来很大难度,因此,如何在确保指标数据易于获取的同时保证整个指标体系的完整性和准确性成为本研究的重点。

8.2.4 动态性原则

农民工创业政策的颁布是为了能够长期激励和促进农民工创业,其政策绩效往往具有滞后性和长期性,因此,在选择评价指标时,既要能够准确反映出政策颁布实施后某一阶段的绩效现状,又要可以对今后的发展趋势作出预测和指导。指标体系的构建和完善是一个动态的过程,随着农民工创业政策的不断落实,绩效评价指标体系也应依据实际不断优化,而优化的最终目的还是为了能够更好地反映绩效水平和完善政策,从而产生良性循环。

现有研究构建的政策绩效评价指标体系主要是基于2015年之前颁布的一系列农民工创业政策,而最新颁布的一系列农民工创业政策其实施成效还有待今后进一步探讨,评价过程将是一个动态化的优化与不断完善的过程。后续将逐步跟进与完善本研究,力求从多方位进行评价,使评价体系更为完整。

8.3 农民工创业政策绩效评价指标体系的初步构建

8.3.1 框架研究

理论上,一个完整的政策绩效评价应该包括事前、事中和事后评价三个层面,然而现实条件限制难以对农民工创业政策进行完整、精确的评价,究其原因,主要有以下三点:

第一,回顾农民工创业政策制定过程,无论是在国家层面还是在地区层面,政策多出台于2008年金融危机期间,当时也是基于大批农民工受到金融危机的冲击从沿海城市返乡就业这样的一个客观现实,而政策一旦颁布进行事前评价也就失去依据。因此,本研究对农民工创业政策进行绩效评价主要是从政策实施过程和实施结果两个视角来审视的。

第二,通过对相关创业政策文件进行汇总,我们不难发现,农民工创业政策的制定缺乏系统性和规划性,往往是基于现实需求的应急性政策占据多数。政策内容包括了金融、用地、技术等多个方面,涉及的部门更是种类繁多,这就导致政策内容难以整合,跨部门沟通难以协调,从而给整体上把握农民工创业政策绩效带来了困难。

第三,农民工创业在最近几年才被上升到国家战略层面,相关支持体系还没有系统建成,特别是现有官方统计体系难以提供精准的相关数据,加上农民工创业类型多为私营小企业和个体工商户,要想对农民工创业政策绩效进行精确的定量化分析显然不太现实。

因此,在缺乏数据支撑和城乡统筹的大背景下,本研究以政策"宣传—执行—成效—反馈"四个环节为逻辑主线,根据第 7 章中对影响创业政策绩效因素的分析,重点考察农民工创业政策的落实力度、创业政策取得的成效、农民工创业群体总体的满意度以及与城乡统筹发展的促进作用。通过对这些问题的思考初步构建出城乡统筹背景下农民工创业政策绩效评价指标体系框架,如图 8-1 所示。

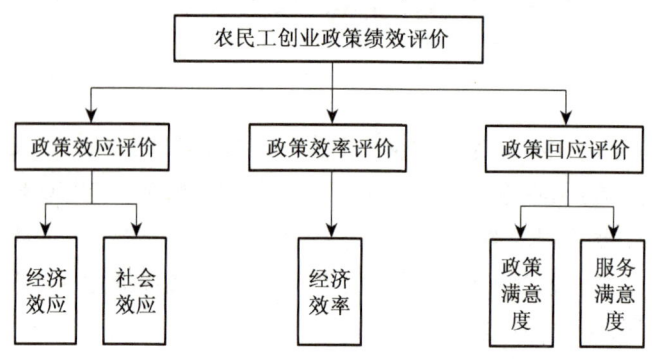

图 8-1 农民工创业政策绩效评价指标体系框架

该指标体系框架主要由政策效应评价、政策效率评价、政策回应评价三部分组成,其中,政策效应评价是为了测得农民工创业政策从宣传到执行过程中取得的效应,政策效应主要从经济效应和社会效应两个层次构建,综合得出事前、事中和事后评价的效应结果;政策效率评价是从经济学的角度考察政策的经济效率,运用成本—效益法通过对比政策的投入成本和实际经济成效衡量创业政策的经济性和有效性;政策回应评价是以农民工创业者对政策的接受度和满意度为测评标准,体现政策绩效评价过程中价值取向的重要程度,农民工创业者在享受政策的过程中,其对政策的理解和认可在一定程度上会受相关服务机构及其工作人员的影响,因此,政策回应度包括政策满意度与服务的满意度两个层次。

8.3.2 农民工创业政策绩效评价指标体系初步构建

在评价指标体系框架的基础上,借鉴政策绩效评价指标的选取标准与原则,从城乡统筹发展的战略高度出发,具体从政策落实力度、政策实施成效和政策反应回馈三个层次构建农民工创业政策绩效评价指标体系,在每一层指标下又细分多个指标,力求构建的指标体系可以综合评价政策"宣传—执行—成效—反馈"各个环节的成效,同时在一定程度上反映城乡统筹发展水平。值得注意的是,本研究所构建的农民工创业政策绩效评价指标体系并非直接反应城乡统筹发展水平的,而是在指标体系的政策经济成效和社会成效两个子准则层中选取可以反映农民工创业水平的多项指标,这些指标的选取也与第 6 章中的农民工创业水平衡量指标相对应,从两者互动关系的分析中可以通过所构建的农民工创业政策绩效评价指标体系反映出农民工创业发展水平,进一步间接反映出城乡统筹的发展水平。指标体系如表 8-1 所示。

表 8-1　城乡统筹背景下江西省农民工创业政策绩效评价指标体系

目标层	准则层	子准则层	指标层
城乡统筹背景下江西省农民工创业政策绩效评价指标体系 A	政策落实力度 B_1	政策宣传力度 B_{11}	政策知晓度 C_{111}
			获取便利度 C_{112}
		政策执行力度 B_{12}	政策利用度 C_{121}
			利用难易度 C_{122}
	政策实施成效 B_2	经济成效 B_{21}	创业规模 C_{211}
			创业成功率 C_{212}
			创业企业平均资产额 C_{213}
			创业企业平均利润额 C_{214}
			创业企业创造 GDP C_{215}
		社会成效 B_{22}	创业企业平均从业人数 C_{221}
			创业比重 C_{222}
			创业意愿 C_{223}
			创业氛围 C_{224}
		经济效率 B_{23}	成本效益比 C_{231}
	政策反映回馈 B_3	政策满意度 B_{31}	创业培训 C_{311}
			税费减免 C_{312}
			信贷扶持 C_{313}
			绿色通道 C_{314}
			信息咨询 C_{315}
			项目支持 C_{316}
			用地优惠 C_{317}
			门槛降低 C_{318}
		服务满意度 B_{32}	工作人员服务态度 C_{321}
			服务机构行政效率 C_{322}

8.4　农民工创业政策绩效评价指标体系的优化

为了能够确保构建的农民工创业政策绩效评价指标体系的科学性和可操作性,课题组通过专家咨询和企业访谈的方式,尝试对指标体系进行修正和优化。

2014年年末调研团队对江西省九江市、吉安市等地农民工创业园进行了实地调研,并选取一些具有代表性的创业企业作为访谈对象,希望可以进一步了解农民工创业的实际现状并为指标体系的优化提供现实依据。通过企业访谈,结合各调研小组在江西省其他主要劳务输出基地县的预调研情况,针对指标体系的优化达成以下几点认识:

第一,政策经济效率和创业企业创造GDP这两项指标虽然在理论上具有重要意义,但在实际调研中我们发现,无论是当地政府统计部门还是创业园区办公中心都很难提供政策实施以来成本投入和实际产出的相关数据,而这些数据通过问卷调查的方式也无法获取。

第二,由于是以整个江西省农民工创业政策体系为实例进行绩效评价,而江西省政府官方统计资料中尚没有就农民工创业单独提供有关经济效益或社会效益类数据,因此,对于指标体系中创业规模、创业企业就业人数、创业比重这三项指标,借鉴高静、张应良(2014)对农民工创业水平的测定方法,用乡镇私营企业和个体工商户有关统计数据来近似定量化。

第三,虽然将农民工创业政策细分为8大类政策,以实现对各细分政策的满意度测评和进一步优化,但大部分受访创业者并不是十分清楚细分政策的内容和彼此间的区别,甚至是许多利用过创业政策的受访者也对自己到底利用过哪类政策感到疑惑,为了避免此类问题给政策绩效评价结果产生影响,在设计调查问卷时,需要在问卷中对每一类细分政策的含义给出具体的说明。

经过修正和优化,城乡统筹背景下农民工创业政策绩效评价指标体系最终可以确定下来,如表8-2所示。

表8-2 修正后的城乡统筹背景下江西省农民工创业政策绩效评价指标体系

目标层	准则层	子准则层	指标层
城乡统筹背景下江西省农民工创业政策绩效评价指标体系A	政策落实力度 B_1	政策宣传力度 B_{11}	政策知晓度 C_{111}
			获取便利度 C_{112}
		政策执行力度 B_{12}	政策利用度 C_{121}
			利用难易度 C_{122}
	政策实施成效 B_2	经济成效 B_{21}	创业规模 C_{211}
			创业成功率 C_{212}
			创业企业平均资产额 C_{213}
			创业企业平均利润额 C_{214}
		社会成效 B_{22}	创业企业平均从业人数 C_{221}
			创业比重 C_{222}
			创业意愿 C_{223}
			创业氛围 C_{224}

(续表)

目标层	准则层	子准则层	指标层
城乡统筹背景下江西省农民工创业政策绩效评价指标体系 A	政策反映回馈 B_3	政策满意度 B_{31}	创业培训 C_{311}
			税费减免 C_{312}
			信贷扶持 C_{313}
			绿色通道 C_{314}
			信息咨询 C_{315}
			项目支持 C_{316}
			用地优惠 C_{317}
			门槛降低 C_{318}
		服务满意度 B_{32}	工作人员服务态度 C_{321}
			服务机构行政效率 C_{322}

8.5 指标说明

构建的农民工创业政策绩效评价指标体系中共包括 22 个指标因子,既有定性指标,又有定量指标。弄清楚各指标因子的具体含义对于各项指标的数据收集和处理工作具有重要的指导意义。

8.5.1 政策宣传力度

政策宣传是政策"宣传—执行—成效—反馈"这一系列环节中的初始环节,政策宣传力度可以有效衡量政府机构在农民工创业政策制定后是否取得了一定的宣传效果,让更多的政策对象可以了解到自己所需要的创业优惠信息。政策宣传力度可以用以下两个指标因子进行评价。

(1) 政策知晓度是指农民工创业者在实际创业过程中是否了解或熟悉政府发布的创业政策内容。如果政策知晓度高,那么说明政府自上而下地对农民工创业政策做了大力宣传,将优惠政策信息传递给广大基层群众。

(2) 获取便利度是指通过现有的农民工创业政策宣传渠道,农民工创业者是否可以及时获悉自己所需要的创业优惠信息。如果获取便利度低,那么说明政府所采取的农民工创业政策宣传途径与农民工创业者的实际需求产生脱节,政策宣传缺乏有效性。

8.5.2 政策执行力度

政策执行是农民工创业政策能有效落实到创业者身上的重要保障,政策的强有力执行决定了农民工创业者在创业过程中对创业政策的利用程度以及利用的难易程度。包括以下两个指标。

(1) 政策利用度是指农民工创业者是否享受过相关创业政策。政策利用度高,说明政府大力推广农民工创业政策,积极引导政策的施行。

(2) 利用难易度是指政策推广过程中农民工创业者利用政策的便利程度,反映了利用创业政策的过程中实际消耗的资源与农民工创业者心理预期之间的差值。政策利用难度低,说明政府积极为农民工创业搭建服务平台,将创业政策落实到实处。

8.5.3 经济成效

经济成效反映了农民工创业政策对推动区域经济发展所产生的影响,包括各种直接或间接的效应。在指标选取的过程中考虑到农民工创业对城乡统筹发展的影响,结合第6章对两者互动关系的研究,主要通过以下四个指标对政策绩效给予评价。

(1) 创业规模。严格意义上讲,农民工创业企业数目体现农民工创业的整体规模。基于数据的缺乏和农民工创业形式多为私营企业及个体户这两点考虑,本实证研究将用乡镇私营企业和个体工商户数目来衡量江西省农民工创业的整体规模。该项指标可以反映江西省农民工创业政策在激励创业方面发挥的作用。

(2) 创业成功率。创业成功率是一项以结果为导向的定量化指标,是指创业成功的农民工创业企业数占农民工创业企业总数的比率。本研究将通过选取一定样本利用调查问卷的形式来获取该项指标的具体数值。

(3) 创业企业平均资产额是指农民工创业企业资产总额的平均值。该项指标可以在一定程度上反映农民工创业质量,根据这些创业企业的成长绩效情况考察创业政策的整体绩效水平。

(4) 创业企业平均利润额是指农民工创业企业利润总额的平均值。创业是否成功在很大程度上取决于创业企业的盈利状况,通过对农民工创业企业盈利能力的考察,可以更为全面地反映创业质量。

8.5.4 社会成效

制定农民工创业政策的主要目的之一就是为了能够以创业带动就业,在全社会营造良好的创业氛围,鼓励和推动更多的农民工实现创业和就业。显然,农民工创业政策的社会成效不容忽视,主要体现在对就业的吸纳和创业氛围的构建这两大方面。结合城乡统筹与农民工创业的互动关系,本研究通过以下四个指标对社会成效给予评价,指标数据由统计文献和问卷调查获取。

(1) 创业企业平均从业人数是指江西省农民工创业企业所吸纳的平均从业人数。该项指标可以很好地衡量农民工创业企业在带动就业方面作出的贡献,同时反映出江西省农民工创业企业的活力。

(2) 创业比重是指农民工创业企业就业人数占农村总劳动人口的比例,该项指标考察的是农民工创业企业吸纳农村劳动力就业的贡献程度,也能反映出城乡统筹的发展状况。

（3）创业意愿是指拥有不同社会背景的农民工对于自己或合伙创业的态度和倾向。

（4）创业氛围是指农民工对自己周边环境中有关创业的精神面貌的感受。创业氛围的改善不但可以吸引更多的农民工投身创业活动，而且能够整合社会资源，促使更多的优质资源流向农民工创业环境中，为农民工提供更多的创业机会，提高农民工整体创业水平。

8.5.5 政策满意度

政策满意度考察农民工创业者对相关创业政策的接受程度。政府作为公共服务部门，其指定的政策绩效评价以服务对象的满意度为标准，符合现今行政管理的服务理念。探究农民工创业者对创业政策的满意程度，既可以反映政策的实施成效，又可以为政策的改善明确方向。根据前面分析，现将农民工创业政策体系细分为八类政策，用以了解农民工创业政策对各项细分政策的满意程度，最后得到对创业政策的整体满意程度。这八类细分政策包括创业培训政策、税费减免政策、信贷扶持政策、绿色通道政策、信息咨询政策、项目支持政策、用地优惠政策、降低创业门槛政策。

8.5.6 服务满意度

政府是政策实施的主体，政府机构的工作效率和服务质量很大程度上决定了农民工对创业政策的利用效率。现用工作人员服务态度和服务机构行政效率这两个指标因子考察农民工创业者对地方政府创业政策配套服务的满意程度。两项指标因子的数据可以通过调查问卷的方式获得。

第9章 城乡统筹背景下农民工创业政策绩效评价模型的建立

构建的农民工创业政策绩效评价指标体系中,既有可以直接获取数据的定量指标,也有许多定性指标,这些定性指标如果用传统的数学方法难以定量化处理,而各项指标之间又交叉着多种因素的相互作用。因此,对农民工创业政策绩效进行综合评价,需要使用模糊综合评价的方法实现对定性指标的定量化处理,最终对受多种因素影响的农民工创业政策作出全面系统的绩效评价。

9.1 模糊数学综合评价法

9.1.1 模糊数学综合评价的基本模型

设 $U=\{u_1,u_2,\cdots,u_m\}$ 为评价对象 P 的 m 种因素(或指标),$V=\{v_1,v_2,\cdots,v_n\}$ 为 n 种评价等级的集合。单层综合评价模型设为 $B=A\cdot R$,其中,$B=\{b_1,b_2,\cdots,b_n\}$ 是 V 上的一个模糊子集,反映了对一个事物的总体评价;$A=\{a_1,a_2,\cdots,a_m\}$ 是 U 上的一个模糊集,满足 $\sum a_i=1$;$R=(r_{ji})_{m\times n}$ 称为综合评判矩阵,r_{ji} 表示 u_j 对 v_i 的隶属度,即将模糊指标进行量化的过程。

根据以上分析,模糊数学综合评价的基本模型由 U、V、A 三个要素构成,其具体评价步骤如下:

(1) 根据评价目的确定评价因素集合:
$$U=\{u_1,u_2,\cdots,u_m\}$$

(2) 明确评价等级集合:
$$V=\{v_1,v_2,\cdots,v_n\}$$

每一个评价等级与一个模糊子集相对应。农民工创业政策绩效是一个模糊概念,用具体数值显然难以对其进行描述,本研究将农民工创业政策绩效评价集合定义成5个等级,即{差,低,中,良,优},相应的赋值系数集合定义为{20、40、60、80、100}。

(3) 建立单因素模糊关系矩阵 R。计算基于单个评价指标相对评价等级的隶属度($R\mid u_i$),将所有评价因素的单因素评价结果集合可以得到模糊关系矩阵:

$$R=(r_{ji})_{m\times n}=\begin{bmatrix} R\mid u_1 \\ R\mid u_2 \\ \cdots \\ R\mid u_m \end{bmatrix}=\begin{bmatrix} r_{11} & r_{12} & \cdots & r_{1n} \\ r_{21} & r_{22} & \cdots & r_{2n} \\ \cdots & \cdots & \cdots & \cdots \\ r_{m1} & r_{m2} & \cdots & r_{mn} \end{bmatrix} \qquad (9-1)$$

其中，r_{ij} 表示的是评价对象基于因素 u_i 相对评价等级 v_j 的隶属度。

（4）确定各评价指标的权重：

$$W = \{\mu_1, \mu_2, \cdots, \mu_m\}$$

各评价指标在整个评价指标体系中的重要程度不同，最终会对评价结果产生不同的影响。确定的指标权重 μ_i 需满足：$\sum \mu_i = 1$。

（5）进行单因素模糊综合评价。对于权重系数集合 $W = \{\mu_1, \mu_2, \cdots, \mu_m\}$，通过与模糊关系矩阵 $R = (r_{ji})_{m \times n}$ 进行合成运算，可以得到综合评判集：

$$S = W \circ R = (\mu_1, \mu_2, \cdots, \mu_m) \circ \begin{bmatrix} r_{11} & r_{12} & \cdots & r_{1n} \\ r_{21} & r_{22} & \cdots & r_{2n} \\ \vdots & \vdots & \vdots & \vdots \\ r_{m1} & r_{m2} & \cdots & r_{mn} \end{bmatrix} \quad (9-2)$$

其中，"$\circ$"为模糊合成算子，最基本的是 $M(\wedge, \vee)$ 算子：

$$s_k = \bigvee_{j=1}^{m} (\mu_j \wedge r_{jk}) = \max_{1 \leq j \leq m} \{\min(\mu_j, r_{jk})\}, \quad k = 1, 2, \cdots, n \quad (9-3)$$

（6）分析模糊评价向量，得出结论。最后分析所得的模糊评判向量 S，得到最终的评价结果。模糊评判向量的评价原则主要有以下三种：

第一种，最大隶属原则。根据最大隶属度原则，评判等级集合 $V = \{v_1, v_2, \cdots, v_n\}$ 中哪个评价等级相对模糊评判集 S 中的隶属度最高，那么就将该评价等级定为最终的综合评价结果。即

$$M = \max(S_1, S_2, \cdots, S_n) \quad (9-4)$$

第二种，加权平均原则。为了使等级连续化，构造如下表达式：

$$u^* = \frac{\sum_{i=1}^{n} \mu(v_i) \cdot s_i^k}{\sum_{i=1}^{n} s_i^k} \quad (9-5)$$

其中，k 为待定系数（$k = 1$ 或 2），目的是控制较大的 s_i 所起的作用，当 $k \to \infty$ 时，加权平均原则就是最大隶属原则。

第三种，模糊向量单值化。模糊向量单值化的目的是为了将多个评价结果进行排序比较，表达公式为：

$$c = \frac{\sum_{i=1}^{n} c_i \cdot s_i^k}{\sum_{i=1}^{n} s_i^k} \quad (9-6)$$

其中，c_i 是评价等级的赋值分数，k 为待定系数（$k = 1$ 或 2）。

根据以上三种原则均可以将最终的评价结果综合成一个数值,但考虑到农民工创业政策绩效的研究不仅是为了得到最终的绩效评价综合结果,还希望可以对各子标准层的绩效进行评价,从而为政策的全方位优化提供理论依据,故本研究将根据模糊向量单值化原则得到评价结果。

9.1.2 模糊数学综合评价模型的改进

$M(\wedge, \vee)$ 算子模型具有很好的代数性质,但是也存在较为明显的缺陷。当评价指标体系中含有较多的指标因子时,如果各指标因子的权重必须满足 $\sum \mu_i = 1$,将会导致各指标因子所分得的权重较小,以至于 $\mu_j \leqslant r_{jk}$,由于 $s_k = \bigvee_{j=1}^{m}(\mu_j \wedge r_{jk})$,于是丢掉 $R = (r_{ji})_{m \times n}$ 的很多信息。因此,可以将原模型中的算子 $(\wedge, \vee)$ 改用其他算子:

1) $M(. , \vee)$ 算子

$$s_k = \bigvee_{j=1}^{m}(\mu_j \cdot r_{jk}) = \max_{1 \leqslant j \leqslant m}\{\mu_j \cdot r_{jk}\}, \quad k = 1, 2, \cdots, n \tag{9-7}$$

与原 $M(\wedge, \vee)$ 算子模型接近,μ_j 是在考虑多因素时 r_{jk} 的修正值,与主要原因无关,忽略了次要因素。

2) $M(\wedge, \oplus)$ 算子

$$s_k = \bigoplus_{j=1}^{m}(\mu_j \wedge r_{jk}) = \min\left\{1, \sum_{j=1}^{m}\min(\mu_j, r_{jk})\right\}, \quad k = 1, 2, \cdots, n \tag{9-8}$$

其中,$\oplus$ 代表有界和的意思,即 $a \oplus b = \min(1, a+b)$。

3) $M(. , \oplus)$ 算子

$$s_k = \bigoplus_{j=1}^{m}(\mu_j \cdot r_{jk}) = \min\left(1, \sum_{j=1}^{m}\mu_j r_{jk}\right), \quad k = 1, 2, \cdots, n \tag{9-9}$$

结合基本模型中 $M(\wedge, \vee)$ 算子,对四种算子模型的特点从不同维度加以比较,考虑到农民工创业政策绩效评价的综合性,本研究选择 $M(. , \oplus)$ 算子模型。

表 9-1 模糊综合评价各算子模型的特征比较

特点	算子			
	$M(\wedge, \vee)$	$M(. , \vee)$	$M(\wedge, \oplus)$	$M(. , \oplus)$
体现权数作用	不明显	明显	不明显	明显
综合程度	弱	弱	强	强
利用 R 的信息	不充分	不充分	比较充分	充分
类型	主因素决定型	主因素突出型	主因素突出型	加权平均型

9.1.3 多级模糊综合评价模型

在处理实际问题时,可能会遇到影响的因素较多而权重的分配又比较平均的情形,这时如果只进行单因素综合评价,往往会使评价失去现实意义。这时可以将各因素划分为具有相互联系的多个层级,对低层级指标进行单因素综合评价,然后再根据评价结果进行层级之间的评价。下面以两个层级的模型即二级模型为例说明其评价步骤:

设第一级评价因素集为:

$$U = \{u_1, u_2, \cdots, u_m\}$$

各评价因素对应的权重集为:

$$W = \{\mu_1, \mu_2, \cdots, \mu_m\}$$

第二级评价因素集为:

$$U_i = \{u_{i1}, u_{i2}, \cdots, u_{ik}\}, i = 1, 2, \cdots, m$$

各评价因素对应的权重集为:

$$W_i = \{\mu_{i1}, \mu_{i2}, \cdots, \mu_{ik}\}$$

相应的单因素模糊关系评判矩阵为:

$$R_i = (r_{lj})_{k \times n}, l = 1, 2, \cdots, k$$

设评判等级赋值向量为:

$$D = \{d_1, d_2, d_3, d_4, d_5\}$$

作二级综合评判,得:

$$B = W \circ \begin{pmatrix} W_1 \circ R_1 \\ W_2 \circ R_2 \\ \vdots \\ W_m \circ R_m \end{pmatrix}, \quad PB = BD^T \tag{9-10}$$

9.2 确定评价指标的权重

9.2.1 层次分析法及其步骤

层次分析法最早是由美国运筹学家撒汀等人提出的,为了能够用一种简洁高效的方法对复杂问题作出合理决策。主要思路是通过构造递阶层次结构将一个复杂问题结构化,然后用两两比较的方式来确定层次中各因素的相对重要性。

主观赋值法和客观赋值法都可以用来确定指标权重,由于指标体系中可以获得的数据资料十分有限,若采用客观赋权法显然会给评价结果带来较大误差,考虑到层次分析法所具有的系统性、层次性和简明性等特点,现选择层次分析法来给各层指标赋予权重。层次分析法流程如图 9-1 所示。

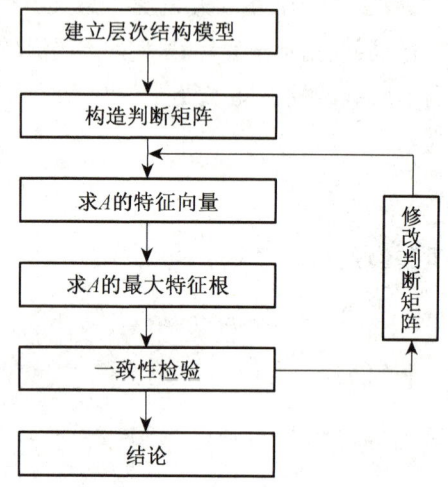

图 9-1　层次分析法流程图

层次分析法确定权重可分为以下四个步骤:

1) 构建递阶层次结构

应先弄清问题的实质、包含的因素及其相互关系等内容,在此基础上,把解决的问题分为若干因素,然后根据属性的不同将这些因素划分为若干组,从而建立递阶层次结构。为有效评价农民工创业政策绩效构建了 4 个层级的层次结构。

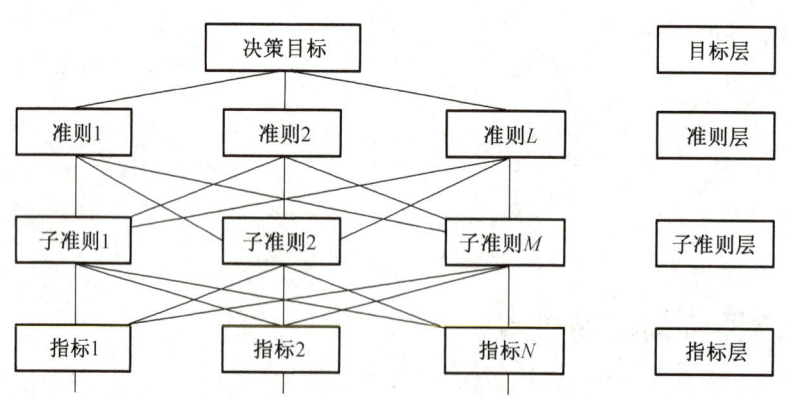

图 9-2　递阶层次结构图

2) 构造判断矩阵

上下层级之间各因素的隶属关系确定后,接下来要对每一层级因素的相对重要性进行两两比较,从而得到构造判断矩阵。例如,某一层次的各因素 $B_1, B_2, \cdots, B_n$ 对于上一

层中某一因素 A 的相对重要性,用两两比较的方法可以得到判断矩阵 $A = (a_{ij})_{n \times n}$,其中 a_{ij} 的取值方法是 $1 \sim 9$ 的比较比例标度,各标度含义如表 9-2 所示。

表 9-2　$1 \sim 9$ 比例标度及其含义

标度值	含义
1	表示两个元素相比,具有同等重要性
3	表示两个元素相比,一个元素比另一个元素稍重要
5	表示两个元素相比,一个元素比另一个元素明显重要
7	表示两个元素相比,一个元素比另一个元素强雷重要
9	表示两个元素相比,一个元素比另一个元素极端重要
2,4,6,8	如果成对事物的差别介于两者之间时,可取上述相邻判断的中值
上述各数的倒数	若元素 i 与元素 j 的重要性之比为 a_{ij},则元素 j 与元素 i 重要性之比为 $a_{ji} = 1/a_{ij}$

3) 层次单排序及一致性检验

(1) 层次单排序的关键是求出矩阵 A 的最大特征值 $\lambda_{\max}$,再根据方程 $AW = \lambda_{\max} W$ 解出对应的特征向量 W,最后对向量进行归一化处理。

特征向量 $W = (w_1, w_2, \cdots, w_n)$ 的近似计算方法常用和法和根法,本研究采用根法进行计算,即

$$W_i = \sqrt[n]{\prod_{j=1}^{n} a_{ij}} \quad (i \text{ 表示行号}, i = 1, 2, \cdots, n) \tag{9-11}$$

再将 W 归一化后,判断矩阵 A 的最大特征值 $\lambda_{\max}$ 可由如下公式近似得到:

$$\lambda_{\max} = \frac{1}{n} \sum_{i=1}^{n} \frac{(AW)_i}{W_i} \quad (i = 1, 2, \cdots, n) \tag{9-12}$$

(2) 一致性检验。在进行两两比较判断时,比较过程的主观性可能会对结果产生较大误差,因此要对判断矩阵进行一致性检验。CI(一致性指标)可以用来判断矩阵是否一致:

$$CI = \frac{\lambda_{\max} - n}{n - 1} \tag{9-13}$$

为了弄清楚判断矩阵的不一致程度在什么范围内,引入随机一致性指标 RI,对于不同 n 阶判断矩阵其对应的 RI 值如表 9-3 所示。

表 9-3　n 阶判断矩阵的 RI 值对照表

矩阵阶数	1	2	3	4	5	6	7	8	9	10	11
RI	0	0	0.52	0.89	1.12	1.26	1.36	1.41	1.46	1.49	1.52

计算随机一致性比例:

$$CR = \frac{CI}{RI} < 0.10 \tag{9-4}$$

当 $CR < 0.10$ 时,说明判断矩阵的不一致性可以接受,否则必须调整原判断矩阵。

4) 层次总排序及一致性检验

衡量方案层(指标层)中各因素相对目标层重要程度的过程,称为层次总排序。设某一层 A 中包含 m 个因素 $A_1, A_2, \cdots, A_m$,它们关于上一层中某个因素 G 的权重为 $a_1, a_2, \cdots, a_m$;其下一层 B 中包含 n 个因素 $B_1, B_2, \cdots, B_n$,它们关于 A_i 的权重为 $b_{i1}, b_{i2}, \cdots, b_{in}$;那么 $B_1, B_2, \cdots, B_n$ 关于 G 的权重为 $c_1, c_2, \cdots, c_n$,其中:

$$c_j = \sum_{i=1}^{m} a_i b_{ij}$$

层次总排序需要通过一致性检验。设 B 层的 n 个因素 $B_1, B_2, \cdots, B_n$ 关于 A_i 的层次单排序一致性指标为 c_i,随机一致性指标为 R_i,那么 $B_1, B_2, \cdots, B_n$ 关于 G 的组合一致性指标为:

$$CR = \sum_{i=1}^{m} a_i C_i \bigg/ \sum_{i=1}^{m} a_i R_i \tag{9-15}$$

当 $CR < 0.1$ 时,我们即认为总排序结果具有满意的一致性。

9.2.2 指标权重计算及其一致性检验

在确定城乡统筹背景下农民工创业政策绩效评价的指标体系后,研究组通过多种渠道有幸获得江财飞扬教育负责人胡经理、中国 SIYB 项目创业培训导师傅老师等多位江西省创业研究领域专家的联系方式,并通过电子邮件的方式邀请专家们对各项指标的权重进行打分。

研究组共回收到 11 份有效的专家评分问卷(见附录 5),通过层次分析法对评分问卷的数据进行统计分析,从而确定各项指标的权重。在专家群组决策的过程中,不同专家的评判矩阵具有差异性,为了实现计算过程的简便化,忽视给出的评判矩阵之间在可信度上的差异。同时在取值时根据多数为准和无多数取中值的原则,经数据处理和检验后,得到各层级的评判矩阵(见附录 6)。

根据各层级的评判矩阵可以计算出各指标权重,下面以附录 6 中评判矩阵 7 为例,根据前文介绍的层次分析法步骤来计算该层级各项指标的权重。

表 9-4 经济成效评判矩阵

指标	C_{211}	C_{212}	C_{213}	C_{214}
C_{211}	1	1	4	3
C_{212}	1	1	4	3
C_{213}	1/4	1/4	1	1/2
C_{214}	1/3	1/3	2	1

(1)
$$R = \begin{pmatrix} 1 & 1 & 4 & 3 \\ 1 & 1 & 4 & 3 \\ 1/4 & 1/4 & 1 & 1/2 \\ 1/3 & 1/3 & 2 & 1 \end{pmatrix}$$

(2) 计算评判矩阵 R 中各行元素的乘积：
$$M_1 = 12 \quad M_2 = 12 \quad M_3 = 1/32 \quad M_4 = 2/9$$

(3) 计算 M_i 的 n 次方根 ($n = 4$)：
$$W_1 = \sqrt[4]{M_1} = \sqrt[4]{12} = 1.861\,2$$
$$W_2 = \sqrt[4]{M_2} = \sqrt[4]{12} = 1.861\,2$$
$$W_3 = \sqrt[4]{M_3} = \sqrt[4]{1/32} = 0.420\,4$$
$$W_4 = \sqrt[4]{M_4} = \sqrt[4]{2/9} = 0.686\,6$$

(4) 对向量 $\boldsymbol{W} = (1.861\,2, 1.861\,2, 0.420\,4, 0.686\,6)^{\mathrm{T}}$ 作归一化处理：
$$W_1 = \frac{1.861\,2}{1.861\,2 + 1.861\,2 + 0.420\,4 + 0.686\,6} = 0.385\,4$$
$$W_2 = \frac{1.861\,2}{1.861\,2 + 1.861\,2 + 0.420\,4 + 0.686\,6} = 0.385\,4$$
$$W_3 = \frac{0.420\,4}{1.861\,2 + 1.861\,2 + 0.420\,4 + 0.686\,6} = 0.087\,1$$
$$W_4 = \frac{0.686\,6}{1.861\,2 + 1.861\,2 + 0.420\,4 + 0.686\,6} = 0.142\,1$$

得到所需的权重向量 $\boldsymbol{W} = (0.385\,4, 0.385\,4, 0.087\,1, 0.142\,1)^{\mathrm{T}}$。

(5) 计算评判矩阵的 $\lambda_{\max}$：
$$\lambda_{\max} = \frac{1}{n}\sum_{i=1}^{n}\frac{(RW)_i}{W_i} (n=4) = 4.020\,6$$

(6) 进行一致性检验：
$$CI = \frac{\lambda_{\max} - n}{n - 1} = \frac{4.020\,6 - 4}{4 - 1} = 0.006\,9$$

查表可得，当 $n = 4$ 时，随机一致性指标 $RI = 0.89$，则：
$$CR = \frac{CI}{RI} = \frac{0.006\,9}{0.89} = 0.007\,7 < 0.1,$$

通过一致性检验，该评判矩阵可以接受。

同理，可以计算出各层级评判矩阵的指标权重：

矩阵 1，准则层评判矩阵：
$$\lambda_{\max} = 3.018\,3, 权重向量 = \begin{pmatrix} 0.122\,0 \\ 0.558\,4 \\ 0.319\,6 \end{pmatrix}, CR = 0.017\,6。$$

矩阵 2，政策落实力度评判矩阵：

$$\lambda_{\max} = 2, 权重向量 = \begin{pmatrix} 0.6667 \\ 0.3333 \end{pmatrix}, CR = 0。$$

矩阵 3，政策实施成效评判矩阵：

$$\lambda_{\max} = 2, 权重向量 = \begin{pmatrix} 0.6667 \\ 0.3333 \end{pmatrix}, CR = 0。$$

矩阵 4，政策反映回馈评判矩阵：

$$\lambda_{\max} = 2, 权重向量 = \begin{pmatrix} 0.8000 \\ 0.2000 \end{pmatrix}, CR = 0。$$

矩阵 5，政策宣传力度评判矩阵：

$$\lambda_{\max} = 2, 权重向量 = \begin{pmatrix} 0.7500 \\ 0.2500 \end{pmatrix}, CR = 0。$$

矩阵 6，政策执行力度评判矩阵：

$$\lambda_{\max} = 2, 权重向量 = \begin{pmatrix} 0.5000 \\ 0.5000 \end{pmatrix}, CR = 0。$$

矩阵 7，经济成效评判矩阵：

$$\lambda_{\max} = 4.0206, 权重向量 = \begin{pmatrix} 0.3854 \\ 0.3854 \\ 0.0871 \\ 0.1421 \end{pmatrix}, CR = 0.0077。$$

矩阵 8，社会成效评判矩阵：

$$\lambda_{\max} = 4.0206, 权重向量 = \begin{pmatrix} 0.1991 \\ 0.3598 \\ 0.3598 \\ 0.0813 \end{pmatrix}, CR = 0.0077。$$

矩阵 9，政策满意度评判矩阵：

$$\lambda_{\max} = 8.0593, 权重向量 = \begin{pmatrix} 0.1433 \\ 0.2374 \\ 0.2374 \\ 0.1433 \\ 0.0510 \\ 0.0510 \\ 0.0510 \\ 0.0856 \end{pmatrix}, CR = 0.0060。$$

矩阵 10，服务满意度评判矩阵：

$$\lambda_{\max} = 2, 权重向量 = \begin{pmatrix} 0.5000 \\ 0.5000 \end{pmatrix}, CR = 0。$$

经计算,可以得到城乡统筹背景下江西省农民工创业政策绩效评价体系的指标权重,如表9-5所示。

表9-5 城乡统筹背景下江西省农民工创业政策绩效评价的指标权重

目标层	准则层	权重	子准则层	权重	指标层	权重
城乡统筹背景下江西省农民工创业政策绩效评价指标体系 A	政策落实力度 B_1	0.1220 W_1	政策宣传力度 B_{11}	0.6667 W_{11}	政策知晓度 C_{111}	0.7500 W_{111}
					获取便利度 C_{112}	0.2500 W_{112}
			政策执行力度 B_{12}	0.3333 W_{12}	政策利用度 C_{121}	0.5000 W_{121}
					利用难易度 C_{122}	0.5000 W_{122}
	政策实施成效 B_2	0.5584 W_2	经济成效 B_{21}	0.6667 W_{21}	创业规模 C_{211}	0.3854 W_{211}
					创业成功率 C_{212}	0.3854 W_{212}
					创业企业平均资产额 C_{213}	0.0871 W_{213}
					创业企业平均利润额 C_{214}	0.1421 W_{214}
			社会成效 B_{22}	0.3333 W_{22}	创业企业平均从业人数 C_{221}	0.1991 W_{221}
					创业比重 C_{222}	0.3598 W_{222}
					创业意愿 C_{223}	0.3598 W_{223}
					创业氛围 C_{224}	0.0813 W_{224}
	政策反映回馈 B_3	0.3196 W_3	政策满意度 B_{31}	0.8000 W_{31}	创业培训 C_{311}	0.1433 W_{311}
					税费减免 C_{312}	0.2374 W_{312}
					信贷扶持 C_{313}	0.2374 W_{313}
					绿色通道 C_{314}	0.1433 W_{314}
					信息咨询 C_{315}	0.0510 W_{315}
					项目支持 C_{316}	0.0510 W_{316}
					用地优惠 C_{317}	0.0510 W_{317}
					门槛降低 C_{318}	0.0856 W_{318}
			服务满意度 B_{32}	0.2000 W_{32}	工作人员服务态度 C_{321}	0.0500 W_{321}
					服务机构行政效率 C_{322}	0.0500 W_{322}

9.3 指标数据的获取及其标准化处理

指标体系中既有定性指标,也有定量指标,各项指标所指代的内容不同,量纲和量级也不相同,因此在同一个指标体系下各项指标之间难以进行比较。这就需要对各项指标进行标准化处理,使各项指标之间可以进行比较和运算,本研究设定各项指标标准化后的取值区间为[0,100]。

9.3.1 定性指标数据的获取和标准化处理

根据国际上通用的绩效评价定性指标获取方法,现采用问卷调查法获取相关定性数据,问卷内容详见附录1。调查问卷中涉及定性指标的内容依据李克特5点量表设计,调查对象为江西省内有过创业经历的农民工创业者。

调查问卷共分四大部分:第一部分是"基本信息",对农民工创业者的个人基本情况进行了解并依据调查对象排除无效问卷;第二部分是"政策宣传与执行力度",对应指标体系中的政策落实力度评价;第三部分是"政策实施成效",对应政策实施社会成效和经济成效中的部分评价指标;第四部分是"政策反映回馈",对应的是政策满意度和服务满意度的评价指标。定性指标相关数据获取后,根据前文介绍的模糊综合评价法步骤对定性指标做标准化处理,从而得到各指标分值。

9.3.2 定量指标数据的获取和标准化处理

本研究中的定量指标数据主要来源于统计年鉴、官方文件及实际调研等途径,各定量指标均为正向指标,即指标数值越大,最后的绩效评价得分越高。但各定量指标的原始数据需要通过一定的数学方法转换为指标计算值,再通过无量纲处理实现数值的标准化,标准化后的各项指标才可以进行统一的评价。现主要采用功效系数法对定量指标数据进行计算。

功效系数法是绩效评价中一种常用的定量分析方法,通过满意值和不允许值的设定来计算指标得分。功效系数法的具体评价步骤如下。

(1) 确定反映评价对象总体特征的各项评价指标: $x_i (i = 1, 2, \cdots, n)$。

(2) 确定评价指标的满意值 x_i^h 和不允许值 x_i^s,满意值与不允许值之差即为评价指标的允许变动范围。

(3) 计算评价指标的单项指标得分:

$$d_{ij} = \frac{x_{ij} - x_i^s}{x_i^h - x_i^s} \times 40 + 60 \tag{9-19}$$

其中, d_{ij} 表示第 i 个指标第 j 期的单项指标得分, x_{ij} 表示第 i 个指标第 j 期的实际值,40 和 60 为既定常数。

(4) 根据指标各期权重,计算 n 期指标总得分:

$$P_i = \frac{\sum_{j=1}^{n} d_{ij} w_{ij}}{\sum_{j=1}^{n} w_{ij}} \tag{9-17}$$

其中, P_i 表示 n 期指标总得分, w_{ij} 表示第 i 个指标第 j 期的单项指标权重。

9.4 计算总评分

在确定各项指标的权重和评分后,可以采用加权平均法计算出指标体系中每一层的评分值。设第 $n+1$ 层中共有 m 个指标,那么第 n 层中第 q 个指标的评分值为:

$$f_{nq} = \sum_{i=1}^{m} w_{(n+1)qi} f_{(n+1)i} \tag{9-18}$$

其中,$w_{(n+1)qi}$ 表示第 $n+1$ 层中第 i 个指标对第 n 层中第 q 个指标的权重,$f_{(n+1)i}$ 表示第 $n+1$ 层中第 i 个指标的评分值。

依据此公式按照指标层到子准则层再到准则层的顺序,依次求出各层评分值,最后计算出江西省农民工创业政策绩效总评分。

第10章 城乡统筹背景下江西省农民工创业政策的绩效评价实证研究

江西省农民工创业政策体系的形成和丰富主要集中在两个阶段：第一个阶段是为应对金融危机对沿海产业的冲击，江西省在2008—2009年间颁布了一系列农民工返乡创业扶持政策；第二个阶段是在举国大众创业、万众创新的浪潮中，江西省在2015年进一步出台相关创业政策促进农民工创业。本章在收集相关统计数据和调研资料的基础上，对城乡统筹背景下江西省农民工创业政策绩效进行评价，以验证上一章中所建立的农民工创业政策绩效评价模型的准确性和实用性，并结合城乡统筹的目标和要求，对江西省农民工创业政策提出针对性建议。

10.1 江西省农民工创业政策绩效评价过程

10.1.1 定量指标的数据处理

定量指标的数据处理是为了计算出政策经济成效和社会成效的指标分值，本研究采用功效系数法对定量指标进行数据处理，计算出单项指标评分，即 $d_{ij} = \frac{x_{ij} - x_i^s}{x_i^h - x_i^s} \times 40 + 60$，其中 x_{ij} 为实际数值，x_i^s 和 x_i^h 分别为不允许值和满意值，一般取自行业的最差值和最优值。

表 10-1 经济成效指标原始数据及其分值

指标	创业规模（万家）	创业企业平均资产额（万元/家）	创业企业平均利润额（万元/家）
实际值	15.20	11.40	4.30
不允许值	14.00	5.00	0.00
满意值	16.00	100.00	20.00
分值	84.00	62.69	68.60

数据来源：问卷调查统计数据、《2014年江西省统计年鉴》和政府网站数据整理获得。

表 10-2 社会成效指标原始数据及其分值

指标	创业企业平均从业人数（人/家）	创业比重
实际值	6.20	0.18
不允许值	3.00	0.06

(续表)

指标	创业企业平均从业人数(人/家)	创业比重
满意值	12.60	0.33
分值	73.33	77.78

数据来源:问卷调查统计数据、《2014 年江西省统计年鉴》和政府网站数据整理获得。

10.1.2 定性指标的数据处理

定性指标数据来源于问卷调查统计结果,本研究运用多级模糊综合评价法对"政策落实力度"和"政策反映回馈"项目中定性指标评分值进行计算,下面以"政策反映回馈"评价分值的计算过程为例。

(1) 确定各层级指标相对权重。

子准则层相对准则层权重:

$$W_3 = (0.800\ 0,\ 0.200\ 0)$$

指标层相对子准则层权重:

$$W_{31} = (0.143\ 3,\ 0.237\ 4,\ 0.237\ 4,\ 0.143\ 3,\ 0.051\ 0,\ 0.051\ 0,\ 0.051\ 0,\ 0.085\ 6)$$

$$W_{32} = (0.500\ 0,\ 0.500\ 0)$$

(2) 根据调查问卷统计结果,构建单因素评判矩阵。

$$R_{31} = \begin{pmatrix} 0.223 & 0.186 & 0.296 & 0.237 & 0.058 \\ 0.109 & 0.164 & 0.365 & 0.263 & 0.099 \\ 0.190 & 0.201 & 0.299 & 0.208 & 0.102 \\ 0.139 & 0.128 & 0.358 & 0.274 & 0.101 \\ 0.146 & 0.241 & 0.318 & 0.215 & 0.080 \\ 0.102 & 0.204 & 0.405 & 0.226 & 0.063 \\ 0.161 & 0.128 & 0.332 & 0.307 & 0.072 \\ 0.135 & 0.146 & 0.365 & 0.237 & 0.117 \end{pmatrix}$$

$$R_{32} = \begin{pmatrix} 0.131 & 0.138 & 0.476 & 0.207 & 0.048 \\ 0.128 & 0.159 & 0.430 & 0.231 & 0.052 \end{pmatrix}$$

(3) 求出评判向量 $[M(\,.\,,\oplus)$ 算法$]$。

政策满意度评判向量:

$$B_{31} = W_{31} \circ R_{31} = (0.155\ 3,\ 0.173\ 4,\ 0.336\ 4,\ 0.243\ 5,\ 0.091\ 5)$$

服务满意度评判向量:

$$B_{32} = W_{32} \circ R_{32} = (0.129\ 5,\ 0.148\ 5,\ 0.453\ 0,\ 0.219\ 0,\ 0.050\ 0)$$

政策反映回馈综合评判向量：

$$B_3 = W_3 \circ R_3 = (0.800\ 0, 0.200\ 0) \circ \begin{pmatrix} 0.155\ 3 & 0.173\ 4 & 0.336\ 4 & 0.243\ 5 & 0.091\ 5 \\ 0.129\ 5 & 0.148\ 5 & 0.453\ 0 & 0.219\ 0 & 0.050\ 0 \end{pmatrix}$$
$$= (0.150\ 1, 0.168\ 4, 0.359\ 7, 0.238\ 6, 0.083\ 2)$$

（4）计算指标评分。

令评判等级赋值向量为 $D = (20, 40, 60, 80, 100)$，则：

$$P_{31} = B_{31}D^T = (0.155\ 3, 0.173\ 4, 0.336\ 4, 0.243\ 5, 0.091\ 5)(20, 40, 60, 80, 100)^T$$
$$= 58.86$$

同理，$P_{32} = B_{32}D^T = 58.23$，$P_3 = B_3 D^T = 58.73$。

即政策反映回馈总体评分为58.73，参照评判等级｛差，低，中，良，优｝，指标分值介于40～60之间且接近60，故江西省农民工创业政策的反映回馈评价等级为中。

通过对指标体系中定量数据和定性数据的综合处理，可以得出城乡统筹背景下江西省农民工创业政策绩效的评价结果，各项评分数据如表10-3所示。

表10-3 城乡统筹背景下江西省农民工创业政策绩效的评分汇总

目标层	得分	准则层	得分	子准则层	得分	指标层	得分
城乡统筹背景下江西省农民工创业政策绩效评价指标体系 A	64.38	政策落实力度 B_1	55.03	政策宣传力度 B_{11}	52.45	政策知晓度 C_{111}	50.48
						获取便利度 C_{112}	58.34
				政策执行力度 B_{12}	60.19	政策利用度 C_{121}	72.10
						利用难易度 C_{122}	48.28
		政策实施成效 B_2	69.65	经济成效 B_{21}	69.38	创业规模 C_{211}	84.00
						创业成功率 C_{212}	56.55
						创业企业平均资产额 C_{213}	62.69
						创业企业平均利润额 C_{214}	68.60
				社会成效 B_{22}	70.19	创业企业平均从业人数 C_{221}	73.33
						创业比重 C_{222}	77.78
						创业意愿 C_{223}	63.44
						创业氛围 C_{224}	58.76
		政策反映回馈 B_3	58.73	政策满意度 B_{31}	58.86	创业培训 C_{311}	54.42
						税费减免 C_{312}	61.58
						信贷扶持 C_{313}	56.62
						绿色通道 C_{314}	61.40
						信息咨询 C_{315}	56.84
						项目支持 C_{316}	58.88

(续表)

目标层	得分	准则层	得分	子准则层	得分	指标层	得分
城乡统筹背景下江西省农民工创业政策绩效评价指标体系A	64.38	政策反映回馈B_3	58.73	政策满意度B_{31}	58.86	用地优惠C_{317}	60.02
						门槛降低C_{318}	61.10
				服务满意度B_{32}	58.23	工作人员服务态度C_{321}	58.06
						服务机构行政效率C_{322}	58.40

10.2 江西省农民工创业政策绩效评价结果分析

10.2.1 政策落实力度评价

江西省农民工创业政策落实力度的评价得分为 55.03 分,分值介于 40～60 之间,参照评判等级可以确定该项评价结果为中。显然,江西省农民工创业政策尚未完全落实到位,政策宣传和执行力度有待加强,推广渠道亟须进一步优化。

1) 政策宣传力度

该项指标得分为 52.45 分,是所有子准则层中得分最低的一项,政策宣传并没有达到理想效果。包含的两项指标中,"政策知晓度"得分仅为 50.48 分。从该项得分可以看出,江西省农民工创业者对相关创业政策的知晓程度还是很低的。另一项指标"获取便利度"得分为 58.34 分,政策获取渠道的不便利直接影响到农民工创业者对政策的了解程度。如 5.4.2 所述,在实际调研中我们发现,地方政府传播创业政策信息的方式与农民工创业者的实际政策获取渠道产生脱节。

2) 政策执行力度

该项指标得分为 60.19 分,介于 60～80 之间,基本上完成了对政策执行状况的要求。其中,"政策利用度"的得分达到 72.10 分,可见,在调研的农民工创业群体中,利用过创业政策的人并不少。值得注意的是,虽然"政策知晓度"得分仅为 50.48 分,但在实际调研中,不少创业者并不清楚自己是否利用过创业政策,在了解政策的具体内容后才明白自己在创业过程中享受过哪些创业政策。究其原因,还是因为政策的宣传力度不够。"利用难易度"得分是所有指标中最低的,仅为 48.28 分,表明创业政策在推广过程中仍存在较大阻力,农民工在实际利用创业政策的过程中面临诸多困难。

10.2.2 政策实施成效评价

江西省农民工创业政策实施成效的评价得分为 69.65 分,介于 60～80 分之间,是准则层三项指标中得分最高的,评价等级达到良好。无论是在经济效应层面,还是在社会效应层面,江西省农民工创业政策的实施都取得了良好的效果。

1) 经济成效

评价等级为良好,得分为 69.38 分。经济成效取得良好的成绩主要体现在两个方面:一是创业企业的数量,反映在"创业规模"这一指标上,得分高达 84 分,统计数据表明,江西省农民工创业政策发布以来,农民工创业企业的数量呈逐年上升趋势,在江西省主要劳动力输出基地现已形成一定规模;二是创业企业的质量,体现在"创业成功率""创业企业平均资产额"和"创业企业平均从业人数"这三个指标上,得分分别为 56.55 分、62.69 分和 68.60 分。"创业成功率"得分虽然仅为 56.55,但农民工创业成功率要远高于大学生平均创业成功率。在调研的农民工创业企业中,个体工商户和私营企业占绝大多数,其平均资产额和平均利润额虽然离满意值还有一定差距,但与外出打工相比,农民工创业可以带来更多的财富收益。

2) 社会成效

评价等级为良好,得分为 70.19 分。在带动就业方面,江西省农民工创业政策取得良好成效,"创业企业平均从业人数"和"创业比重"两项指标得分均超过 70 分。农民工创业在吸引资金流向农村地区的同时,可以使更多的人力资源向农村流动,提高了江西省对农村剩余劳动力的吸纳能力。与此对比的是,江西省农民工创业政策在创业激励方面所产生的成效则稍显不足,"创业意愿"和"创业氛围"两项指标分别得到 63.44 分和 58.76 分,反映江西省整体创业环境尚需改善,以进一步提高和强化农民工创业意愿及创业动机。

10.2.3 政策反映回馈评价

江西省农民工创业政策反映回馈的评价得分为 58.73 分,评价等级为中,反映出农民工创业者对政策本身和政府服务质量的认可程度并不高。

1) 政策满意度

评价等级为中,得分为 58.86 分。通过对各项细分政策的满意度调查,可以比较出农民工创业者对不同创业政策类型的评价程度。具体来说,满意度最低的是农民工创业培训政策,得分为 54.42 分。不少农民工创业者在访问中反映,一些地方政府举办的农民工培训更像是走形式,根本无法解决创业过程中遇到的实际问题,很多空洞的管理知识和技术知识对于这些初创企业并不适用。满意度最高的税费减免政策,评价得分为 61.58。虽然在调研的农民工创业群体中,享用过信贷扶持政策的人要多于享用税费减免政策的人,但对政策满意度的评价程度却正好相反。这说明,农民工创业可以贷款的数额很小,加上贷款难度较大,其带来的经济实惠要低于税费减免,从而影响农民工创业者对政策的认可程度。其他六项政策的满意程度从高到低依次是:绿色通道政策、门槛降低政策、用地优惠政策、项目支持政策、信息咨询政策和信贷扶持政策。由第 7 章分析得知,影响农民工满意度最重要的因素是信贷扶持政策,最弱的因素是绿色通道政策,对此加强关键影响因素的政策扶持力度。

2) 服务满意度

与"政策满意度"得分接近,评价等级为中,农民工创业者在创业过程中对政府工作人员的服务态度和相关机构的行政效率满意度一般。比较突出的问题有两点:一是部分机构工作人员的服务态度较为懒散或恶劣,严重影响农民工的创业热情和创业进程;二是行政部门之间职责不清、互相推诿,农民工创办企业手续繁琐、程序复杂,无形中加重了农民工创业的成本和负担。

10.2.4　城乡统筹背景下政策绩效评价总结果

城乡统筹背景下江西省农民工创业政策绩效评价总分为64.38分,指标得分介于60～80分之间且接近于60分,依据评判等级{差,低,中,良,优},政策总体评价等级为中。第6章对江西省城乡统筹和农民工创业互动关系的研究结果已经表明,城乡统筹的发展会在一定程度上促进农民工创业的发展,但这种促进作用会持续减弱,因此,农民工创业政策能否体现城乡统筹的理念和目标,从而推动农民工创业自身发展显得尤为重要。

具体来看,首先,农民工创业政策的落实力度评分较低,由于政策落实不到位,与其他创业群体相比,农民工在城乡融合的潮流中对各项创业资源的利用显然处于劣势。需求与供给之间的矛盾,也导致了农民工对创业政策的满意度较低。其次,从创业政策所带来的社会效应来看,江西省政府出台的一系列农民工创业政策,确实体现出城乡统筹发展的内涵和目标,也让农民工群体深刻感受到了创业政策所带来的社会变化。无论是在就业的带动方面,还是在创业氛围的改善方面,现阶段创业政策的实施卓有成效,这对于进一步统筹城乡发展,推动城乡融合有着重要的现实意义。

总之,江西省农民工创业政策自实施以来已取得阶段性成果,尤其是在经济和社会层面发挥了重要作用,但在前端的政策落实层面和受众群体的满意层面,江西省农民工创业政策还需作进一步调整和完善,以更好地迎合受众群体的实际需求。

10.3　政策建议

10.3.1　加大政策落实力度,提高政策满意程度

为了能够从根本上解决农民工创业政策难以落实的问题,建议将农民工创业工作纳入地方政府的绩效考核范围,通过制定明确的考核指标,强化对创业政策的执行和监督。地方政府可提供的农民工创业相关数据严重不足,应进一步完善农民工创业工作的统计制度,为政策绩效以及政府绩效的评估提供数据支持。在具体的实施过程中,一方面,应改善政策的宣传渠道,及时把握农民工创业者的实际需要,采用农民工喜闻乐见的宣传方式深入农村地区展开宣传工作,加大对成功创业案例和政策解读的宣传力度,吸引更多农民工参与就业。另一方面,为了能够最大限度地调动农民工创业的积极性和提高农民工创业的满意度,创业政策应根据不同地点,不同时间的农民工需求,在不违背政策基本精

神的前提下,因地制宜,因势利导,灵活地满足不同层次的农民工需求。而政府工作部门也应进一步改善服务态度和行政效率,将农民工的满意度纳入个人考核标准中,减少农民工创业道路上的阻碍。

10.3.2 优化创业融资渠道,加大资金扶持力度

农民工在创业之初的最突出问题即是资金的缺乏,虽然江西省农民工创业政策已经将资金扶持纳入工作重心,但依然无法满足农民工创业者对资金的实际需求。首先,政府要进一步放开农村地区的金融管制,学习国外农村金融机构发展的成功经验,大力发展以乡镇中小企业为服务核心的金融机构体系,从而吸引更多的资金为农民工创业提供有力支持。其次,建立农民工创业贷款专项担保资金,加大政府的介入力度,降低银行资金流失的风险,消除农民工贷款过程中出现的"身份歧视"现象。同时拓宽农民工贷款担保物的范围,鼓励有一定资金实力和发展潜力的创业者组建创业联盟,在联盟内实现互助担保。最后,对处于不同行业、不同发展阶段的企业区别征税,引导农民工的创业资源向国家鼓励的行业流动,同时加大对企业用工和基础建设等方面的财政补贴力度。

10.3.3 明确创业培训需求,提升创业实战技能

创业培训需求的缺失和脱节暴露出培训制度和农民工创业者两大主体的问题,一方面,农民工创业培训制度本身形式主义色彩较为严重,部分地方政府是基于完成"任务"走走过场,农民工很难掌握到实际有用的创业知识和技巧。另一方面,许多农民工创业者培训需求较低,只重视眼前利益,对于创业管理等方面的培训内容毫无兴趣。因此,江西省政府应在明确农民工创业者培训需求的基础上,制定好培训制度的短期规划和长期规划,将创业培训纳入政府预算体系。在短期内,给予创业指导和帮助,解决创业者在创业过程中实际遇到的各种问题,将创业政策的精神内涵有效传递给广大农民工创业者。长远来看,应加强对农民工基本素质和管理技能的培训,邀请那些经过培训创业成功的优秀农民工企业家分享经验,调动农民工创业的积极性。重庆市的创业培训模式就很有借鉴意义,重庆市根据农民工不同层次的创业培训需求,合理扩大农民工创业培训的项目范围,将有创业意愿的农民工纳入GYB(产生你的企业想法)补贴范围,对农民工分类开展GYB、SYB(创办你的企业)、IYB(提升你的企业)等创业培训,按规定给予创业培训补贴。

此外,如第5章所述,还需要建立创业服务平台,降低创业隐性成本;加强基础设施建设,保障创业持续发展。

第11章 基于结构功能视角农民工创业政策绩效全过程评价

11.1 结构功能视角

为了弥补前面分析方法的缺陷,本研究从"结构—功能"视角出发,对农民工创业政策各过程中存在的影响绩效的因素进行进一步深入探讨。农民工创业政策体系的过程结构,从根本上来说是政策行为者之间的相互作用,这种相互作用和发展决定政策功能的实现与否,而功能是否有效发挥又进一步影响政策绩效。因而,本研究采取结构功能理论,在前面的分析基础上对农民工创业政策绩效进行全方位、全过程的评价。立足政策目标,结合政府、政策受众与社会公众的利益诉求,以政策过程为主线,对政策制定、执行、结果输出、监控与考核等完整的政策过程进行评价,不仅关注政策的结果,而且注重完整的政策过程评价。

另外,以往对于公共政策的评估一直强调投入,直到20世纪40年代末期,胡佛委员会旗帜鲜明地表示政府应当将成本融入公共财政领域,预算编制要重视产出,而不是投入。尼克松和卡特时期,致力于提高政府的效率与效益,这是财政改革的主要方面,并取得很大的成效。由此可以看出,长期以来公共政策"效"的性质一直大受关注,其"政"的特性却被忽视。直到1993年发生了转变,美国政府的行政管理评估从以往的"投入—产出"模式转化为"目标—结果"模式。公共政策的目的是解决政策问题,只评价政策产生的结果或"投入—产出"关系,对政策目标与过程的绩效不能准确评估[1],而且分析所得结论较为宏观,无法直接反应在政策制定、执行、监控与考核的细节过程中去,实用性不强。在此基础上,本研究从"目标—过程—结果"着手,对农民工创业政策全过程作绩效评价,摒弃传统的注重减投入、增产出,转而向公共价值倾斜,更加注重政策目标实现程度、公平性、参与性、回应性等政策性绩效[2]。

---

[1] 汪辉勇.公共价值凸出的现代背景[J].北京行政学院学报,2010(1):94-98.
[2] 乔永忠.公共政策评价基本问题研究综述[J].理论前沿,2008(16):47-48.

11.2 农民工创业政策绩效的分析框架

在确定本研究的理论框架之前,需要确认政策过程的阶段划分。阿尔蒙德(Almond, Gabriel Abraham, 1987)认为政策可以划分为利益表达、利益综合、政策制定和政策执行四个过程①,具体示意图如图 11-1 所示。

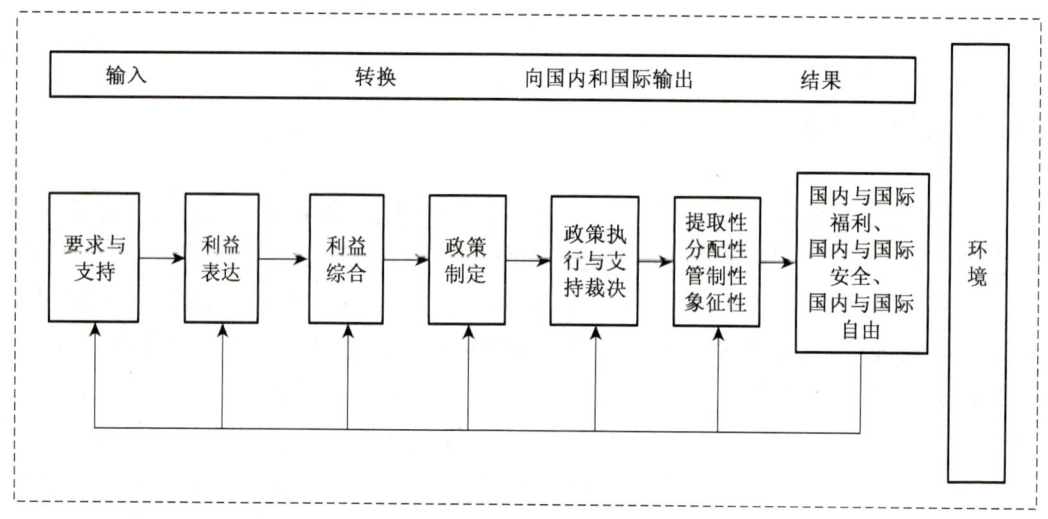

图 11-1　阿尔蒙德政治过程结构图

根据阿尔蒙德对政治过程结构的描述,可以对政策过程进行细分。安德森(1985)认为政策过程可以划分为政策议程设定、政策制定、选择、执行和评估的循环过程②。从国外的现有研究来看,各派学者对于政策过程的划分其实质趋同,只是表述各有不同。我国学术界研究者主要借鉴国外已有研究,并做了更符合我国实际的表述,将政策过程划分为政策制定、执行、评价和监控几个阶段③。本研究也采用这一概念,将农民工创业政策划分为政策制定、政策执行、政策结果输出、政策监控与考核四个过程结构。其中,政策制定结构的优劣直接影响政策执行、监控、考核以及政策结果,政策执行结构通过政策监控与考核结构反映到政策制定结构中去,进行新一轮的政策循环,任何过程结构都会通过直接或间接的方式影响其他过程。

根据政策过程阶段论,从政策制定、执行、结果输出、监控与考核四个环节确定评价标准并建立农民工创业政策绩效评价的理论框架,详见图 11-2。

在政策制定过程中,主要关注目标明确性、公平性、参与性、合理性、可行性以及系

---

① 〔美〕加布里埃尔·阿尔蒙德、宾厄姆鲍威尔. 比较政治学:体系过程和政策[M]. 曹沛霖,等译. 上海:上海译文出版社,1987.
② Anderson J E. Public policy making an introduction[M]. New York: Houghton Mifflin, 2003.
③ 陈振明. 政策科学:公共政策分析导论[M]. 北京:中国人民大学出版社,2003:481.

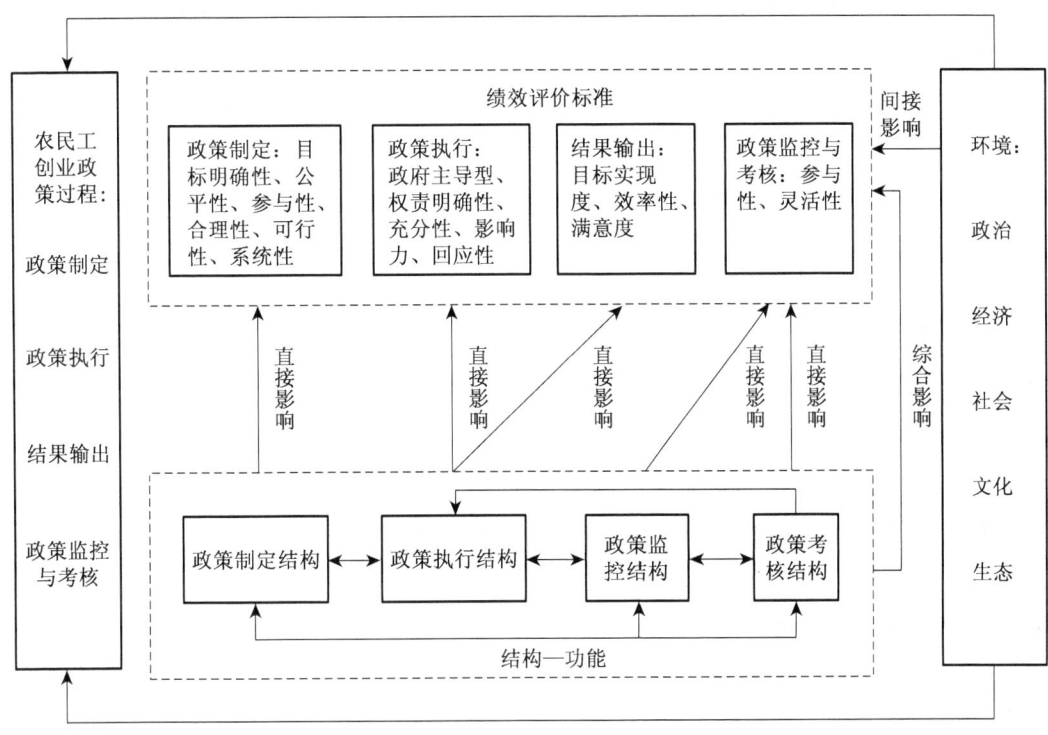

图 11-2 农民工创业政策绩效分析框架

性;政策执行过程中主要关注政府主导型、权责明确性、充分性、影响力、回应性;政策结果输出阶段主要关注政策目标实现度、效率性、满意度;政策监控与考核过程主要关注参与性、灵活性。

1) 政策制定过程

（1）目标明确性。对于政策制定环节的评价,应先关注政策制定的出发点,即目标。政策的出台,毋庸置疑,是为了解决某一社会问题,解决问题就要做到先分析问题,进而确定政策目标,根据目标制定和选择与之配合的政策体系。农民工创业政策的目标应是优化农民工创业环境、解决农民工创业过程中遇到的问题、提高农民工创业率和创业成功率、增加农民工收入。

（2）公平性。公平性标准体现了政策绩效评价对政策价值取向的重视程度,即最终的政策成效是将有限的资源能够投入到农民工创业利益群体,保证资源公正合理地分配。在我国,农民工由于学历低、经验少、资金缺乏、政策意识不强等因素,创业道路充满坎坷,因此农民工创业政策需要切合农民工实际需求,给予相应的扶持,不然就会出现农民工创业需求得不到满足,资源利用效率低。政策的公平性就有失偏颇,不利于社会稳定和经济发展。因此,在政策制定过程应结合实际情况,保障其公平性。

（3）参与性。参与性衡量的是创业农民工参与创业扶持政策的制定过程的程度,包括政策利益表达、政策方案建议等。

(4) 合理性。政策制定的合理性是指政策目标设置是否合理，目标是否可分解，是否针对性地解决问题。

(5) 可行性。政策制定的可行性包括两个方面，一是政策内容是否可行，如政策内容与当地经济社会发展、政策目标是否协调。二是政策实施的可行性，如技术可行性、经济可行性、政治可行性等。

(6) 系统性。系统性是指政策体系的制定是否兼顾整体与个体、兼顾公共性与效率性，各项子政策是否相互协调、相互配合。

2) 政策执行过程

(1) 政府主导型。政府主导型标准是指农民工创业政策的执行和监控应以政府的投入和执行力为主导力量，及时有效地利用政策信息。

(2) 权责明确性。权责明确性标准要求根据政策需求进行分工，明确各组织机构及个人的工作职责，并制定相应的奖惩措施，做到奖罚分明。

(3) 充足性。充足性标准是指农民工创业政策相应人力、物力、财力安排是否充足、到位，政策内容是否得到充分有效的执行。

(4) 影响力。影响力标准是指政策的执行对创业氛围及政策受众创业意愿的影响程度。

(5) 回应性。回应性是指政策受众对政策执行情况的反映与回馈。

3) 政策结果输出

(1) 目标实现度。目标实现度是指对目标实现情况的考核标准。

(2) 效率性。效率性是指政策投入、产出效率情况。

(3) 满意度。满意度主要是指政策受众对政策实施结果的评价。

4) 政策监控与考核

(1) 参与性。参与性是指政策受众、社会公众以及媒体等政府之外的利益相关主体是否有效参与了政策的监督与考核。

(2) 灵活性。灵活性是指是否能够及时发现政策偏差并予以调整。

11.3 江西省农民工创业政策绩效过程评价

11.3.1 指标选取

在建立了农民工创业政策绩效评价理论框架的基础上，我们对多位农民工、政府及相关机构工作人员进行实地访谈，了解政策各个过程的价值追求、过程特点与实际情况，听取他们对于农民工创业政策绩效考核指标选取的建议，形成农民工创业政策绩效评价的指标体系，详见表11-1。

表 11-1 农民工创业政策绩效评价的指标体系

领域层	标准层	指标层	指标来源/依据
政策制定	目标明确性	1 政策目标明确	袁辉等
	公平性	2 给农民工创业者"额外"的帮助	
	参与性	3 政策主体参与政策制定	赵莉晓、郑方辉等
	合理性	4 政策目标无交叉重叠、冲突	SMART、李金珊等
		5 政策目标可分解	SMART、李金珊等
		6 针对性的解决问题	SMART、李金珊等
	可行性	7 内容可行性	鲍斯特、郑方辉等
		8 实施可行性	鲍斯特、郑方辉等
	系统性	9 兼顾整体与部分	袁辉等
		10 各项子政策相互协调	
政策执行	政府主导型	11 以政府为主、其他组织机构为辅	袁辉等
	权责明确性	12 权责明确	袁辉等
	充足性	13 政策得到充分执行	鲍斯特、赵莉晓等
	影响力	14 政策对农民工创业氛围的影响力	赵莉晓、李金珊等
		15 政策对农民工创业积极性的影响力	赵莉晓、李金珊等
	回应性	16 政策受众对政策执行的反映与回馈	邓恩、何艳玲等
政策结果输出	目标实现度	17 政策目标实现程度	SMART、郑方辉等
	效率性	18 人力、财力、物力利用效率	
	满意度	19 政策受众对政策的满意度	赵莉晓、李金珊等
政策监控与考核	参与性	20 政策主体参与监督	张凤合①、郑方辉等
	灵活性	21 及时发现并调整政策偏差	张凤合、郑方辉等

由于上述农民工创业政策绩效评价指标体系是在文献研究和与政府部门、基层工作组织、农民工创业园区工作人员、农民工创业者实地访谈的基础上形成的,在一定程度上有效地反映了与政策直接相关的利益主体的价值追求,比较好的考核了政策各个过程阶段的绩效。

11.3.2 数据来源

江西省农民工创业政策绩效各项评价指标数据来源如表 11-2 所示,主要有四大途径:
第一,问卷调查。研究小组于 2014 年 1 月至 2015 年 12 月对江西省 11 市 21 县(区)

---

① 张凤合.公共政策的价值要义及其存在形态——以当下我国的价格听证会为例[J].人文杂志,2011(04):174-181.

35个乡镇进行问卷调查(详见附录1)。

第二,实地访谈。为了进一步了解江西省农民工创业政策的详细情况,调查小组成员在2016年3~5月间对江西省内10个农民工返乡创业试点区县、8个创业园区、7个基层农民工创业服务机构等工作人员及30位创业农民工进行了实地访谈,访谈内容主要包括政策各过程环节的执行情况、存在的主要问题以及农民工创业园区、基层工作组织、农民工创业者对政策制定、落实、考核情况的意见或建议等(附录3)。

第三,政策梳理。从江西省政府公开信息网站获取江西省已有的农民工创业政策并对其内容进行细致梳理,主要用于分析当前江西省农民工创业政策制定的导向性、合理性、公平性、可行性与系统性。

第四,江西省统计年鉴。主要获得江西省政府对农民工创业扶持活动投入的人力、财力、物力的客观数据,用于测算政策效率。

表11-2 江西省农民工创业政策绩效评价指标数据来源

领域层	标准层	指标层	数据来源/依据
政策制定	目标明确性	1 政策目标明确	访谈、政策梳理
	公平性	2 给农民工创业者"额外"的帮助	政策梳理、访谈
	参与性	3 农民工参与政策制定	问卷调查
	合理性	4 政策目标无交叉重叠、冲突	政策梳理
		5 政策目标可分解	政策梳理、访谈
		6 针对性的解决问题	政策梳理、访谈
	可行性	7 内容可行性	政策梳理、访谈
		8 实施可行性	政策梳理、访谈
	系统性	9 兼顾整体与部分	政策梳理、访谈
		10 各项子政策相互协调	政策梳理、访谈
政策执行	政府主导型	11 以政府为主,其他组织机构为辅	访谈
	权责明确性	12 权责明确	政策梳理
	充足性	13 政策得到充分执行	问卷调查、访谈
	影响力	14 政策对农民工创业氛围的影响力	问卷调查
		15 政策对农民工创业积极性的影响力	问卷调查
	回应性	16 政策受众对政策执行的反映与回馈	问卷调查
政策结果输出	目标实现度	17 政策目标实现程度	政策梳理、江西省统计年鉴、访谈
	效率性	18 人力、财力、物力利用效率	江西省统计年鉴
	满意度	19 政策受众对政策的满意度	问卷调查
政策监控与考核	参与性	20 政策主体参与监督	访谈
	灵活性	21 及时发现并调整政策偏差	访谈

11.3.3 政策绩效评价

1) 政策制定过程

(1) 目标明确性、合理性与可行性。通过对江西省农民工创业政策的梳理,发现当前江西省农民工创业各项政策特征如表 11-3 所示。

表 11-3 江西省农民工创业政策的目标导向性、合理性、可行性一览表

文件名称	目标导向性	合理性	可行性
《江西省人民政府关于促进全省经济平稳较快发展的若干意见》	目标不明确	欠合理:只有扶持手段,无明确措施与标准	可行性较差
《关于推进小额担保贷款扶持返乡农民工自主创业的实施意见》	目标明确	不合理:贷款额度小;担保方式不合理;贷款利率偏高	可行性较差
《关于扶持返乡农民工就业创业的若干意见(试行)》	目标明确	合理	可行性较差
《江西省人民政府关于进一步做好为农民工服务工作的实施意见》	目标明确	合理	可行性较差
《江西省人民政府关于大力推进大众创业万众创新若干政策措施的实施意见》	目标明确	合理	可行性较差
《江西省人民政府办公厅关于支持农民工等人员返乡创业的实施意见》	目标明确	合理	可行性较差
《江西省人力资源和社会保障厅关于开展大众创业万众创新督导工作的通知》	目标明确	合理	可行性较差
《江西省政府办公厅关于加快构建大众创业万众创新支撑平台的实施意见》	目标明确	合理	可行
《江西省人民政府关于印发江西省加快推进"互联网+政务服务"工作实施方案的通知》	目标明确	合理	可行

从时间特征上可以看出,江西省农民工创业扶持政策的出台时间主要集中在 2008—2009 年及 2015—2016 年。前期的创业政策涉及的内容包括培训支持、政府补贴、税费减免、金融支持、绿色通道、信息服务、用地优惠等,涉及面极广。该阶段主要是农民工创业政策的萌芽阶段,是政策内容的构建期。2015 年以后,随着国家新一轮创业高峰,江西省政府积极出台落实国家关于大众创业、万众创新的意见的政策,这一时期的扶持政策有了较大的发展,是农民工创业政策的完善期。具体表现在扶持力度加大、政策手段更为合理。整体来看,江西省农民工创业政策制定的目标明确,合理性程度较高,但部分政策,如金融扶持、项目扶持等政策,有待进一步完善。政策可行性较差,主要表现在实施性和可行性方面,大部分政策措施均由多个机构、部门共同负责,部门间职责权限未明确划分,极

易出现相互推诿、扯皮的现象,从而导致政策措施难以落地。

(2) 农民工创业扶持力度弱,政策公平性不足。在我国弱势群体中,农民工占有相当大的比例,其创业过程必定充满艰辛,为保障政策公平性,就需要结合农民工实际需求给予额外的帮助和补偿。但在实际执行中,资源利用上与其他创业者相比处于劣势。

第一,用地难。由于农民工返乡创业大部分是与农业相关的产业领域,创业投资资金比较小,创业风险比较大,创造的财政收入与税收普遍又比较小,因此地方普遍不愿意提供用地指标,在基础设施建设、地力培肥、产业发展投入上也存在一定的顾虑。

第二,融资难。在城镇创业拿到地就可以抵押创业,但是返乡创业却难以获得抵押贷款;在创业贷款额度上,江西省给予符合条件的大学生创业者10万元的小额担保贷款额度,二次创业的限额提高到30万元,大学生合伙创业的担保贷款额度最高可为50万元,但农民工的相应标准仅为5万元、10万元、20万元;在贷款贴息优惠上,对大学生创业的扶持力度也较大,例如对于入驻江西省国家级双创基地的大学生创业者最高可取得10万元的财政全额贴息贷款;从创业补贴上,江西省对于大学生创业有额外的补贴(毕业5年内创业的给予一次性补贴5 000元),但对农民工则无额外补贴。相对较弱的创业支持力度在一定程度上影响了农民工创业的积极性。另外,在金融领域,政府部门和金融机构的资金以培训农民工就业技能为主,在返乡农民工创业方面资金支持偏少。从创业园区来看,江西省大学生创业园区数量明显高于农民工创业园区数量且扶持力度更大。入驻针对大学生的双创基地的大学生创业者可享受诸多优惠政策;一对一模式的创业辅导和系统性的创业培训;给予能源费用所耗80%的补贴;优惠的公寓租赁费用等。

第三,人才短缺严重。许多农民工返乡创业者想组建创业团队,要聘用技术和管理人才,但他们的创业领域大都处于农村,收入低、条件差、基础设施落后、服务条件不完备,没有人才储备,而对于各类人才引进又缺乏足够的吸引力。因此作为创业的弱势群体之一,农民工拥有的"额外"帮助并不多,政策的公平性没有得到全面的表达,资源在不同主体之间的分配有一定的差距。

(3) 政策主体参与度较低。在实地访谈过程中询问受访者是否直接或间接地参与农民工创业政策的制定过程,包括政策方案提议或方案表决,30位受访农民工均表示未直接参与过政策制定,绝大多数农民工表示不知道自己是否间接地参与了这个过程。在对出台农民工创业政策的相关部门工作人员访谈过程中,发现农民工创业政策制定过程的实际参与者主要包括行政机构和专家,政策受众及其他利益相关主体的参与度均较低。

(4) 政策系统性不强。经过第3章政策梳理及与各项政策制定机构工作人员的访谈,发现江西省人民政府在制定农民工创业扶持政策时对于各项政策作为一个整体系统的特性考虑不全面,缺乏政策系统性规划,各项政策相对孤立。虽在2015年制定政策过程中明确由省人民政府牵头,统一布局、协调下属部门负责各项工作,但只设定整体目标为优化农民工创业环境,激发农村创业活力,但未明确各责任部门目标;虽已开始注重农民工信息调研工作,但尚未建立完善的信息共享机制、配套考察机制、长效推动机制,难以保障各部门在实现各自责任目标的基础上相互配合协调,以实现整体政策目标。部分政策内容、手段之间存在一定程度的交叉重叠就是政策欠缺系统性考虑的表现之一。

综上所述,在江西省农民工创业政策制定过程中存在的主要问题包括金融扶持政策措施不合理,农民工参与程度较低,政策系统性不强。研究发现江西省农民工创业政策制定都是自上而下的,农民工与政策制定者之间没有形成有效的互动机制,难以有效参与到政策的制定过程中,而且农民工对民主参政、维护自身权利的意识十分淡薄,大部分农民工对政策参与表示无所谓,认为不会起作用,几乎都是被动接受政策。因此,政府需要在引导农民工有效表达自身需求、政策制定的针对性和系统性等方面下功夫。

2) 政策执行过程

(1) 基层人力资源不足,相关政策执行力度弱。充足性主要表现在各项政策责任主体是否安排充足的人、财、物用于支持政策执行,政策内容是否得到充分有效的执行。在2016年3~5月份的实地访谈过程中,发现江西省农民工创业工作机构基层人力资源相对不足。部分农民工创业工作部门或机构工作人员表示人员不够,政策事务繁多,许多政策内容,如项目支持、信息咨询等受到人力资源的限制,根本无法充分有效执行。另外,项目支持政策需要专业人才作为指导,但江西省整体经济发展水平比较落后,基层政府部门工作人员待遇不高,高端专业人才不愿到基层服务。人力的匮乏必然导致相关政策执行力度较弱。例如创业培训,当前农民工创业培训内容多局限于课堂理论知识讲解,未能实现现场教学,因地施教,提供有效的个性化服务。有的服务部门形同虚设,如九江市庐山区农民工创业工作办事处时发现该办公处已废弃多年,询问其他相关部门工作人员得到的答案多是"不归我们管,具体情况不太了解"。

其直接结果就是江西省农民工创业者对相关创业政策的整体知晓度和利用度均不高(见第5章表5-5和表5-8),仅12.2%的农民工创业者了解大部分或者很熟悉相关创业政策,大多数创业者只是了解一些或者是听说过但不了解,10.4%的创业者则表示从未听说过相关创业政策。利用程度最高的子政策也仅有30.9%,部分农民工同时利用多项政策。

(2) 政策对创业氛围及农民工创业积极性的影响力均一般。调查数据还显示目前的农民工创业政策对农民工周边的创业氛围和农民工创业积极性影响力均一般(见第5章表5-11和表5-12)。仅有20.4%的受访者认为农民工创业政策对创业氛围的影响力较大。绝大多数人认为对创业氛围的影响力一般或较小。认为创业政策对农民工创业积极性影响较大的比例为32.4%。46.8%的被调查者表示农民工创业意愿在一定程度上受到政府创业政策的影响。表示影响力较小甚至几乎没有影响的占调查样本总量的23.5%。利用李克特五级评分法对江西省农民工创业政策对于创业氛围及农民工创业积极性的影响力程度分别赋予分值,按照各分值等级的百分比进行综合评分,对创业氛围与农民创业积极性影响的得分分别为2.9、3.1,分值均不高,表明当前江西省农民工创业政策影响力一般。在调查过程中了解到创业农民工认为自己身边创业氛围没有得到较大改善的主要因素包括创业机会匮乏、创业人数少、创业成功率低等,究其根本是当前创业政策制定不合理,没有充分反映农民工创业需求,政策执行不充分,利用率较低,导致其功能未有效发挥。

(3) 政策获取便利度、利用容易度较低,对执行工作满意度不足。回应性主要考察政策受众,即农民工对政策执行情况的反映与回馈。就调查对象对现有途径获取相关创业政策信息的便利程度而言(见第5章表5-6),表示获取政策相关信息非常便利的农民工创业者只占7.4%,比较方便的占16.0%,而表示便利度一般及以下的占比高达76.6%。这表明当前农民工对政策信息的获取较不便利。

对于政策宣传途径(见第5章表5-7),村干部宣传及互联网模式的呼声最高,分别占比39.4%、26.8%,而对广播、报纸杂志宣传途径的期望最低。这一调查结果也正显示了当前社会发展的趋势,互联网在农村地区基本普及,在信息传递占据着重要的地位。

在政策利用难易度调查中(见第5章表5-9),认为创业政策利用比较容易或非常容易的仅占被调查总人数的8.9%,绝大多数被调查者认为政策利用容易度一般或较低。究其原因,当前江西省农民工创业政策部分政策使用标准设置不合理,导致许多需要政策扶持的农民工创业者因不满足相应标准只能望政策兴叹。譬如,农民工创业者缺乏创业资金,尽管政府出台了扶持农民工创业的金融政策措施,但是由于农民工创业者自身存在信用无保障、缺乏必要的社会关系担保、不愿意用房子抵押贷款等方面的问题,虽然有相关金融扶持政策,难以落实到农民工创业这一活动中,使得创业政策与金融支持的脱节,这是亟待解决的一大问题。

农民工对执行工作满意度包括两个方面,对政府工作人员服务态度(见第5章表5-15)和效率的满意度(见第5章表5-16)。从对政府工作人员服务态度和服务效率来看,满意度也均较低。综合来看,农民工对政府服务的整体满意度较低,政府应树立正确的服务态度,立足于江西省农民工创业现状制定政策扶持体系,提供优质服务,提高工作效率。

综上所述,江西省农民工创业政策执行过程绩效一般,存在的主要问题包括:基层人力资源匮乏,相关政策执行不充分;政策对创业氛围及农民工创业积极性影响力均一般;政策获取便利度、利用容易度较低,政策执行满意度不足。导致政策执行过程绩效一般主要有两点原因,一是各个执行主体权责不明确,二是各项创业政策无专项资金预算、专项管理。针对江西省农民工创业的各项政策,执行部门少则三五个,多则十几个(详见表11-4),政策执行部门职能过于分散,职责没有明确划分,很容易出现各个部门都消极执行的现象。另外没有专项资金预算也使得一些政策措施难以落实。在实际调查、访谈及统计信息搜集过程中发现当前江西省农民工创业各项细分政策无明确的专项资金预算或管理制度。省、市级统计年鉴财政预算支出分为一般公共支出、教育、就业与社会保障支出、医疗卫生、农林水务、其他等几大类,没有细分各项支出具体有多少是用于农民工创业工作的,部分县级部门工作人员表示县财政收入极少,只有几千万,能够用于农民工创业工作的资金量更小,使得部分政策没有得到有效实施。

表 11-4 各级政府农民工创业政策执行部门

省级政府	市级政府	县级政府	乡镇政府	村组织
人社厅	农业局	经济和信息化局	财政局	党支部
农民工工作领导小组办公室	林业局	科技局	农业经济局	村委会
发改委	发改委	民政局	社会事务管理局	
农业厅	科技局	地方税务局	综合管理执法局	
扶贫和移民办	商务局	住房城乡规划建设局	生态环境建设服务中心	
教育厅	质量监督局	水利局		
科技厅	食品药品监管局	农业局		
财政厅	旅发委	林业局		
住房城乡建设厅	文广局	环保局党委		
商务厅	工信委	海洋与渔业局		
安全生产监督管理局	政府金融办	国土资源局		
总工会	人行各中心支行	供销社		
团委	银监分局	畜牧兽医局		
妇联	人社局	农民工综合服务中心		
民政厅	卫计委	统计局		
住房城乡建设厅	民政局			
商务厅	教育局			
人行南昌中心支行	城管局			
国税局	公安局			
地税局	信访局			
工商局	电子政务办			
政府法制办	邮政管理局			
法院	交通局			
卫生计生委	建设局			
公安厅	环保局			
国土资源厅	政府金融办			
国家统计局江西调查总队	财政局			

3) 政策结果输出

(1) 目标实现度：整体上农民工创业率明显提高、创业成功率较低、带动就业效应良好，局部发展不均衡。

江西省农民工创业政策的目标归纳起来包括营造良好的创业氛围、提高农民工创业率和创业成功率、以创业带动就业，实现农民工增收。根据第 10 章实证研究农民工"创业规模"，即农民工创立企业数量，得分高达 84 分。自农民工创业政策颁布以来，江西省农民工创立企业的数量呈现出明显的逐年上升趋势，已形成一定规模；农民工"创业成功率"指标得分 56.55 分，"创业企业平均资产额"指标得分 62.69 分，表明当前江西省整体上农民工创业质量不高、创立企业规模明显偏小，主要为私营企业和个体工商户，但与外出务工相比，创业可以获得更多的财富和生活幸福感；"创业企业平均从业人数"指标得分 73.33 分，表明当前农民工创立企业在就业带动方面表现良好，显著提高了江西省对当地农村剩余劳动力的吸纳能力。

但从省内各地区来看，农民工创业活动局部发展不均衡。九江市德安县塘山乡政府为实现农民增收，结合当地本土特色，组织当地农民工养殖高山原生态黄牛，并牵头成立黄牛专业合作社。合作社养殖小组组长冯牛得说："全乡的黄牛统一养殖管理、统一预防疾病、统一销售。"很好地解决了单个农户缺乏养殖技术、管理经验、销售渠道等方面的问题，这样村民养殖黄牛就风险小、收益高。合作社成立不久就有 67 个农民工从事养殖土黄牛，并取得了可观的收入。在走访南昌市新建县农民工综合服务中心时，发现该服务中心除了几个工作人员基本没有农民工前来咨询或寻求帮助。工作人员解释称该服务中心已经成立三年了，一直以来都无人问津，绝大多数求职的农民工还是聚集在北郊菜场路口，因此还造成交通拥堵乱象，受到周围居民投诉，令服务中心处境十分尴尬。

(2) 纯技术效率较高，规模效率不足。基于 DEA-BCC 模型，对江西省农民工创业政策效率进行实证分析，采用年度面板数据，样本区间为 2003—2015 年。投入要素即政府在扶持农民工创业过程中投入的人力、财力、物力，结合江西省农民工问卷调查结果（创业资金不足、创业项目扶持力度弱、市场信息不畅、缺乏经验和管理能力是江西省农民工创业面临的突出困难）选取农民工创业贷款余额、农民工综合服务中心数量、培训创业农民工人数三个指标作为江西省农民工创业政策投入的成本。其中，农民工创业贷款余额是指农民工为创业目的而在金融机构贷款的年末余额，不包括民间借贷；因农民工综合服务中心规模难以测量，以个数衡量该项政策投入力度；培训创业农民工人数是指政府或其授权机构免费提供农民工创业培训人次。输出指标选取农民工创办企业数量、农民工创办企业增加值、农民工创办企业吸纳劳动力占农村劳动力比重三个指标分别代表农民工创业率、农民工创业效益、农民工创业带动就业情况。农民工创办企业吸纳劳动力占农村劳动力比重以农民工创办企业吸纳劳动力数量占农村劳动力资源数量比重表示。相关数据主要来源于《江西省统计年鉴》(2004—2016 年)、《中国统计年鉴》(2004—2016 年)、江西省人民政府公开信息及江西省人力资源与社会保障厅相关工作人员或由此计算而得，详见表 11-5。

表 11-5　江西省农民工创业政策效率输入输出数据

项目 年份	输出数据			输入数据		
	农民工创办企业数（个）	农民工创办企业增加值（万元）	农民工创办企业吸纳劳动力占农村劳动力比重	农民工创业贷款余额（万元）	农民工综合服务中心（个）	培训创业农民工人数（万人）
2003	77 198	4 592 512	1.03%	701 845	0	0.00
2004	78 110	5 542 260	1.09%	781 635	0	0.00
2005	78 963	7 027 664	1.16%	952 681	0	0.00
2006	87 985	8 588 808	1.25%	1 031 870	0	0.00
2007	53 248	7 592 512	1.32%	997 485	0	0.00
2008	82 593	15 767 001	1.70%	3 338 681	0	0.00
2009	108 102	18 944 155	2.10%	4 121 411	0	0.00
2010	113 571	15 201 225	2.81%	3 476 838	0	5.60
2011	122 395	17 280 421	2.84%	3 512 060	11	5.80
2012	140 154	19 801 206	3.08%	5 321 595	17	4.60
2013	151 686	22 038 410	2.88%	5 410 907	23	6.95
2014	164 391	25 403 102	3.06%	6 684 635	25	—
2015	168 315	26 709 312	4.47%	9 086 573	25	9.17

注：—表示数据缺失。

利用 SPSS 17.0 软件对上述江西省农民工创业政策绩效输入、输出数据进行相关性检验，结果如表 11-6 所示：除了农民工创办企业增加值与培训创业农民工人数在 0.05 的水平（双侧）上显著相关，其他各投入变量与各产出变量分别在 0.01 的水平（双侧）上显著相关，且均为正相关关系。

表 11-6　相关性检验

项目	相关性检验	农民工创办企业数量	农民工创办企业增加值	农民工创办企业吸纳劳动力占农村劳动力比重
创业农民工贷款余额	Pearson 相关性 显著性（双侧） N	0.928** 0.000 13	0.968** 0.000 13	0.951** 0.000 13
农民工综合服务中心数量	Pearson 相关性 显著性（双侧） N	0.919** 0.000 13	0.835** 0.000 13	0.830** 0.000 13
培训创业农民工人数	Pearson 相关性 显著性（双侧） N	0.906** 0.000 12	0.801* 0.002 12	0.937** 0.000 12

注：** 表示在 0.01 水平（双侧）上显著相关；
　* 表示在 0.05 水平（双侧）上显著相关。

表 11-7 2003—2015 年江西省农民工创业政策技术效率与规模效率一览表

年份	CR	VR	SE
2003	0.265	1.000	0.265 irs
2004	0.211	1.000	0.211 irs
2005	1.000	1.000	1.000
2006	0.958	1.000	0.958 drs
2007	0.302	0.349	0.865 irs
2008	1.000	1.000	1.000
2009	0.201	0.245	0.821 irs
2010	1.000	1.000	1.000
2011	0.455	0.490	0.929 drs
2012	0.180	0.236	0.763 drs
2013	1.000	1.000	1.000
2014	0.793	1.000	0.793 irs
2015	1.000	1.000	1.000

注:CR= technical efficiency from CKS DEA;VR= technical efficiency from VRS DEA;SE= scale efficiency=CR/VR。

利用 DEAP2.1 软件求解 DEA 模型,得到江西省农民工创业政策的综合效率值、纯技术效率值、规模效率值,详见表 11-7。在本模型中,Crste 的技术效率基本假设前提是规模报酬不变,即假设该年度的创业农民工规模差异对政策效率不构成影响;Vrste 的技术效率和规模效率是以规模报酬可变为假设前提的,即 Vrste 的技术效率表示剔除了规模报酬这一因素的影响后的纯政策投入效率,规模效率则表示创业农民工规模的变化所产生的效率。若效率值等于 1,则该决策单元为 DEA 有效。否则,为 DEA 无效。从表 11-7 中可以看出,从 2003—2015 年江西省农民工创业政策效率处于不断波动的状态,且近几年政策效率均较高。其中 2005 年、2008 年、2010 年、2013 年以及 2015 年度总体政策投入效率等于 1,处于 DEA 有效前沿;其他年度均小于 1,均为 DEA 无效。纯政策投入效率在这些年度整体处于较高水平,但规模效率一直较低,表明是创业农民工规模效率的不足,是导致总体政策效率不足的关键原因,要想增大总体政策效率需从扩大规模技术效率入手。

深入分析江西省农民工创业现状发现,当前农民工创业的领域主要集中于畜牧业、餐饮业、零售业等技术含量低的行业,这些行业的特点是规模小、容量低,既缺乏创新性,又具有排斥性,即创业机会有限,每一地区创业人数的容纳量有限,就业促进的作用不明显。为了改变这一现状,只有响应国家号召,顺应时代发展的潮流,转变农民工创业发展方式,鼓励创新创业,一方面鼓励创办低耗高值的绿色产业,鼓励互联网创业,另一方面支持和引导产业链发展模式,积极扩大创业的容纳量和带动效应,通过政策扶持的质变带动量的飞跃式发展,从而提升江西省农民工创业政策绩效。

(3) 农民工对各项政策满意度均一般。从农民工对各项政策实施情况的满意度角度来看(见第 5 章表 5-14),利用李克特五级量表评分法得出各项政策评分,对"非常不满意""不太满意""一般""比较满意""非常满意"分别赋值 1 分、2 分、3 分、4 分、5 分,然后对各项政策进行评分。其中,被调查者对信贷扶持、信息咨询、项目扶持的评分最低,评分较高的税费减免、绿色通道用地优惠也仅得分为 3.3 分、3.1 分、3.1 分,可以看出农民工对各项政策满意度均不高,与第 7 章实证结果也是相符合的。

综上所述,江西省农民工创业政策结果输出环节绩效一般。主要表现在:目标实现程度不高,虽提高了农民创业率,但创业成功率偏低,政策效率有待提高,农民工对各项政策满意度均一般。

4) 政策监控与考核

(1) 内部监控机制不健全,农民工对监控工作不关心,第三方监控力度弱。江西省农民工创业政策的监控途径包括自查、写工作报告、审计等,但在具体实施时,主要为内部监督,外部监控力度较弱。在实地访谈过程中,30 位受访农民工大多未参与政策监督,且表示不太在乎对政府的监督,认为"老百姓监督没什么用",他们甚至对政策规定如何,各部门是否按照规定办事都不了解。另外,上级政府或财政专项主管部门对政策资金拥有组织权和评价权,第三方评估机构权利受限,仅仅行使资金使用评价的实施权。第三方机构受相关部门委托对专项资金的使用情况进行评价,受专项资金管理部门提供信息的真实性和完整性影响,评价结果与实际情况存在偏离,其监督作用大打折扣。

(2) 考核制度不明确,考核信息不足。细读江西省关于扶持返乡农民工创业的 8 个文件,虽提出省农民工工作领导小组负责每年督查上报重要工作和突出问题,省政府对贯彻落实情况进行监察,对工作不力的追究相关人员责任,但均未提及考核时间、考核办法、考核标准,也未明确对工作不力的相关人员的处罚措施,考核奖惩机制有待健全。

(3) 灵活性有待提高。政策监控与考核的灵活性在于能否及时发现并纠正政策执行过程中出现的偏差。而政策执行过程存在基层人力资源匮乏,政策执行力度、影响力不充足,政策获取便利度、政策使用容易度均较低,政府工作人员服务态度与工作效率一般等诸多问题,但均未得到及时反馈与有效的解决,主要是因为当前政策监控力度较弱,农民工与第三方未有效发挥其监督作用,政府考核机制不完善,奖惩措施不明确,导致政策监控与考核的灵活性不能有效发挥。

综上所述,江西省农民工创业政策监控与考核过程绩效较差,存在的问题主要包括监控与考核机制不健全,灵活性有待提高。

5) 政策整体层面

在对江西省农民工创业政策的各过程进行绩效分析时,发现农民工创业政策整体层面上也存在着一些问题急需解决:第一,农民工创业领导小组权责不清晰,各级政府部门关于农民工创业扶持工作的职能相互交叉,难以有效促进政策落实。第二,农民工创业政策相关信息管理制度不健全。虽然农民工创业活动已有 10 年历史,也建立了农民工工资管理大数据云平台,但主要用途是解决农民工讨薪难的问题,而缺少对农民工创业相关数据的收集、统计、管理等工作,导致全面系统的定量化研究工作难以进行。第三,创业资金专项预算管理制度不完善。农民工创业政策单项资金预算执行进度不理想、项目执行效果不佳、资金使用效益未能有效发挥,缺少预算执行情况分析,不能及时发现问题、解决问题。

第 12 章 城乡统筹背景下江西省农民工创业政策体系优化建议

根据前面几章从各个不同的视角对江西省农民工创业政策绩效进行了评价,总体上政府十分重视农民工的返乡回流创业,推出了一系列优惠政策引导和促进农民工创业,也取得一定的阶段性成果,涌现出一批创业人才,形成了农民工创业的社会氛围,促进了城乡统筹的发展。但是从上述分析来看,农民工对创业政策的期望与政策的落实情况间还是存在一定差距的,在对价值的感知上虽然取得了较好的满意度回馈,但对质量的感知满意度有待提高,现实中存在资源分配的不均衡等。从整体来看,现阶段创业政策实施绩效的农民工满意度处于中等偏上水平,但还须进一步提高,为了更好地落实创业政策,使农民工创业群体得到更多的实质帮助与实惠,提出以下创业政策优化体系建议。

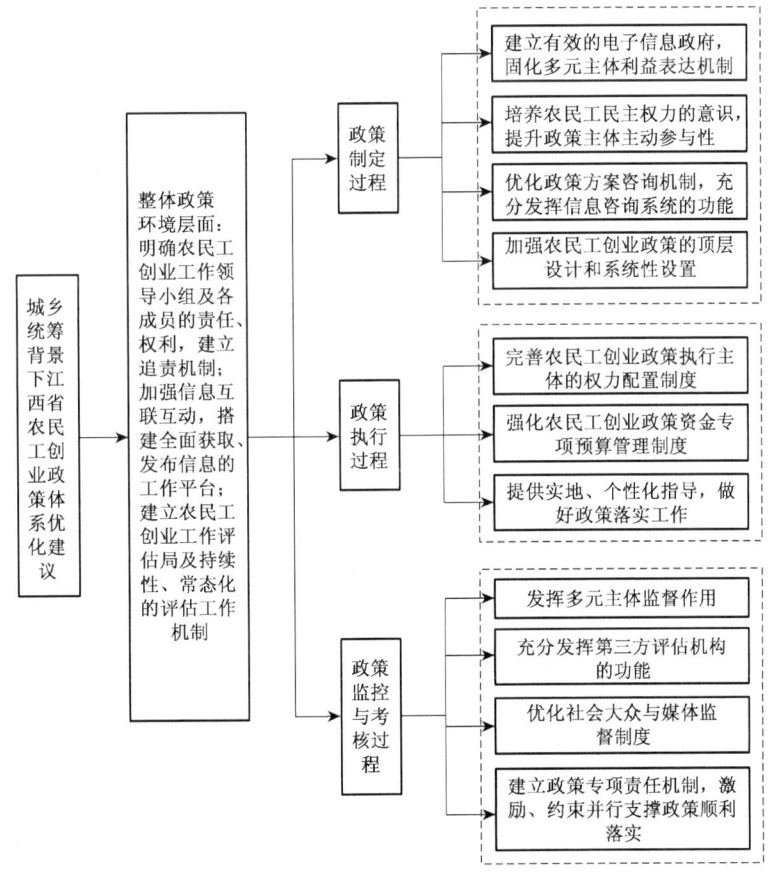

图 12-1 城乡统筹背景下江西省农民工创业政策体系优化

12.1　加快统筹城乡发展,实现创业良性互动

农民工创业已成为推进农民工城镇化,加快城乡融合的一种重要推动力量,因此在制定农民工创业政策的过程中,不应一味追求经济效益和发展速度,更因兼顾城乡资源的协调与公平发展,在符合城乡统筹发展规律与公平的基础上构建出有效的农民工创业政策体系。同时,农民工创业的发展离不开城乡统筹提供的良好环境,加快城乡统筹的发展力度,进一步缩小城乡差距,将为农民工创业的持续发展提供更多的资源优势。当然,在城乡统筹发展的过程中由于市场资源配置的结果,农民工创业所需的资源和空间也会受到一定限制,给农民工创业带来一定压力,这就需要政府部门针对农民工创业初期出现的各种困难,进一步完善和优化农民工创业政策体系,为农民工创业提供更多的资源和空间保障,以期实现与城乡统筹发展的良性互动。

12.2　建立创业政策的保障机制,落实相应的责、权、利

为保证江西省农民工创业政策各个环节的有效实施,在整体政策环境层面建立相应的保障机制,鼓励和督促各部门充分有效落实政策工作:第一,明确农民工创业工作领导小组及各相关部门的责任、权利,建立激励与追责机制,促使各部门工作人员认真负责地开展职责内工作,实行联络员制度,协调好各部门之间的关系。第二,打造全面获取信息、全方位监测的评估工作平台,通过平台能够持续、全面地收集政策相关信息,落实农民工数据监测工作,加强信息互动、信息共享与公开;做好农民工市民化进程动态监测工作,及时掌握农民工基本情况;同时,充分发挥各市电子政务办的作用,拓宽各地农民工与政府互动的渠道,便捷高效网络互动方式,便于农民工直接表达意见或建议。第三,建立农民工创业工作评估局,负责对各级责任部门及工作人员的绩效评价工作。可借鉴世界银行与亚洲开发银行对其贷款业务建立的"业务评价局",负责对贷款业务进行持续性、常态化的评估工作。

12.3　加强农民工创业政策的顶层设计,建立农民工创业政策落实机制

在政策的制定之前,政策部门首先要加强农民工创业政策的顶层设计,做到政策体系设计的前瞻性与系统性,政策层面要有统筹意识,综合考虑各项政策之间的协调配合,以求达到"1+1>2"的效果,同时建立农民工创业政策协调机制,推进创业政策措施的落实。其次,建立创业政策落实机制,指政府为推进创业政策落实而设立的机构、系统和制度以及各因素、各环节之间的关系,它影响创业政策的实施以及创业的成功率,包括创业联动机制、创业公平机制、创业管理机制和创业可持续发展机制等内容。第一,创业的联动机

制,即健全政府促进创业目标责任制和创业工作协调机制,强化政府促进创业的责任。综合运用财政、税收、金融、产业等各项创业政策促进创业,通过税收优惠、社会保险补贴、小额担保贷款等扶持性政策,积极帮扶农民工群体创业。第二,创业公平机制,就是健全公平创业的法律体系和监督机制,完善城乡均等的公共创业服务体系。加强农村公共创业服务平台建设,努力构建覆盖城乡的公共创业服务体系,为城乡劳动者提供均等化的创业服务。第三,创业的管理机制,即由政府联合各类管理农民工创业机构对农民创业全过程监测,给予政策性的辅助性支持。第四,创业的可持续性发展机制,即政府正确引导农民工创业领域要符合可持续发展观的要求,发展农民合作社、家庭农场等新型农业经营主体,将农民创业与发展城镇经济结合起来,大力发展农产品加工、休闲农业、乡村旅游、农村服务业等劳动密集型产业项目,促进农村一二三产业融合,扶持农民网上创业,大力发展"互联网+"和电子商务,积极组织创新创业农民与企业、小康村、市场和园区对接。

12.4　政策制定过程,提高农民工创业者的参与度

12.4.1　优化政策主体利益表达机制,提高政府信息获取能力

优化当前农民工制度化的利益表达机制,强化政府信息搜集能力,保障农民工的真正需求能传递到上层部门,反映真实的公共问题以及农民工真正的政策需求。具体来说包括:

第一,政府建立有效的电子信息网络,强化多元主体利益表达机制。政府建立有效的电子信息网络,以现代信息通讯技术为基础,进一步改革电子政务网络系统,提高政府信息收集、传递和处理能力和效率。随着互联网在农村地区的普及,越来越多的农民工更多地使用移动网络获取信息,但是没有专门的网站或公众号用于发布或获取农民工创业政策相关信息。因此,政府打造一个农民工创业工作网络平台,用于发布和收集农民工创业信息,定期或不定期地对农民工进行线上和线下调研。同时也要加强各地区基层部门工作人员,尤其是村干部的培训,指导其积极开展政策和农民工创业工作网络平台的宣传推广工作,让想创业的农民工知晓创业政策、获取信息渠道并能充分利用信息。建立职能部门间信息资源共享机制,增加政府部门间协同合作,提高政策基础信息的管理水平,将相关利益主体诉求信息有效地向政府部门逐级输送。同时,放宽政府部门对新闻媒体的过度控制,利用传媒反映农民工现实需要和问题,还需赋予和保护农民工自由表达利益诉求的权利。

第二,完善政府议程信息公开制度。政府部门应充分重视农民工参与政策制定环节,建立和完善政府议程信息公开机制。将有关农民工创业政策制定的信息向社会公布,通过构建政府与农民工信息互动机制,使政府部门更准确地把握农民的政策需求,激发农民工参与政策制定的主动性,切实将农民工纳入政策制定环节。

第三,促进农民工创业的非政府扶持机构的发展。需要从两方面促进非政府组织的

发展,一是政府部门要简政放权,放宽对社会的管理,为非政府组织提供良好的发展空间和条件,鼓励相关利益全体以社会团体的方式合法表达其利益;二是进一步促进农会、合作组织、农村经济联盟组织功能的发挥,切实为农民工参与政策过程提供多种路径,以制度化的形式将农民工及相关利益主体参与政策过程固定下来。

12.4.2 培养农民工民主权力的意识,提升政策主体主动参与性

为了实现吸纳更多的农民工有效参与到政策制定过程,首先需要加强农民工民主权力意识的培养,营造基层民主执政氛围。在江西省社会经济、政治和文化的发展特点的综合背景下,农民工对于民主参政、维护自身权力的意识十分淡薄,大部分农民工对政策参与性表示无所谓,认为不会起作用。现阶段,各级政府部门应充分发挥导向功能,根据不同地域特色,引导农民工用正确、合法的民主利益诉求方式,有效解决问题。培育群众的民主参政意识、权利意识,使农民工愿意参与,有能力参与,参与有效果,进而弥补精英代表决策模式的不足,提升农民工创业政策的决策质量、政策的回应度,引导农民工用积极的态度和行为争取更大的政策扶持力度,最终实现政策的公平性。

12.4.3 优化政策方案咨询机制,充分发挥信息咨询系统的功能

逐渐建立独立、规范、权威、中立的第三方或专家咨询机构,将多学科、多层次的智囊网络纳入政策方案咨询系统中,保证咨询机构和人员的独立自主性,切实有效的提出相关政策方案建议。

12.5 政策执行过程,提高农民工创业者的满意度

12.5.1 完善农民工创业政策执行主体的权力配置制度

农民工创业的各项政策,执行部门少则三五个,多则十几个(详见表11-4),政策执行部门职能过于分散,这就需要完善上下级政府以及部门间的职权配置关系。首先要通过立法途径,制定一部上下级政府、同级政府不同部门间的权力配置制度或法律,以专门法的形式来明确上下级政府、不同部门之间的职责权限,使职权关系法律化。将政府部门间的法人地位明确,行使特定的权力,独立承担相应的义务,对政策项目运行过程承担明确的法律责任。可尝试通过立法赋予省级农民工创业工作领导小组办公室更大的职权,由该小组全力负责协调开展江西省农民工创业扶持工作,以确保该项工作整体有专门部门负责,同时避免多重领导。其次,要适时推进一些农民工创业政策执行的分散化的二级机构合并,逐步解决二级机构、直属机构过于分散和职能交叉的问题,并逐渐实现农民工创业政策执行结构精简,部门单一的格局。将农民工创业职能部门的具体职能配置、内部机构设置、程序性规定等予以具体、明确的规范。使农民工创业政策在执行过程中有法可依,防止上下级政府之间、同级部门之间因政策执行权力配置缺乏规范而造成职能交叉重

叠,影响农民工创业政策的执行绩效。

12.5.2　建立创业政策资金专项预算管理制度

省、市级统计年鉴财政预算支出分为一般公共支出、教育、就业与社会保障支出、医疗卫生、农林水务、其他等几大类,没有细分各项支出具体有多少是用于农民工创业工作的,部分县级部门工作人员表示县财政收入极少,有的只有几千万,能够用于农民工创业工作的资金量更小,导致部分政策难以落实到位。为了解决这一问题,就需要设立农民工创业政策专项资金预算、管理制度,保证政策资金有明确稳定的来源作为政策落实工作的保障,并应做到专款专用,专项考核。

12.5.3　做好政策宣传和落实工作,提高政府部门工作人员服务意识与工作效率

针对政策执行不充分、政策影响力不足的问题,应做好政策宣传、落实工作,提高政府部门工作人员服务意识与工作效率,以最便捷高效的方式为创业农民工提供政策服务。应该将创新乡域、村域工作组织模式作为推动农民工创业经济发展的重要抓手。在江西省各乡镇推广建立"农民工创业工作领导小组",以乡长为组长,各乡镇主要负责人及村党支部、村委会成员为主要成员。乡政府明确将推动农民工创业工作作为各级各部门的"专项工程",由小组统一分解、协调各部门在政策"宣传—推广—落实"等各个环节的工作,由部门主要负责人组织,并落实1名分管领导和多名工作人员具体负责,构建促进农民工创业的组织保障体系,充分发挥村干部在创业工作中的积极作用。另外,多元化各地区各项政策的落实办法,尤其是创业培训指导、项目扶持等工作一定要杜绝"纸上谈兵",走出办公室、走到农民工创业者群体中去,实地考察、现场指导,根据实际需要为不同的创业者和创业项目提供个性化的扶持。

12.6　政策监控与考核过程,发挥政策多元主体监督作用

12.6.1　发挥多元主体监督作用

政府治理的实践表明,要始终坚持公共性原则,就必须要建立和完善监督机制,做到自我防范与纠错。加快政务公开化、透明化,改变现行以内部监督为主的政务工作监督机制,充分发挥民众,尤其是政策受众与第三方的监督作用。《中华人民共和国政府信息公开条例》第九、第十、第十一条规定"行政机构应主动公开涉及公民、法人或者其他组织切身利益的财政预算、决算报告,重大建设项目的批准和实施情况,财政收支、各类专项资金的管理和使用情况等信息"。只有将农民工创业政策的制定信息、详细资金执行情况、运行过程,绩效评估方法、指标以及报告等内容公开,将其置于社会公众的关注和监督下,才能为农民工创业政策活动的监督提供前提条件,进而提高政策绩效。如果各级政府部门

在推行农民工创业政策的条件、程序、措施预算、分配方式等信息时做到公开透明,那么就可以通过多元主体监督来减少执行政策过程中的"寻租"、分配不公平等现象。

12.6.2 优化社会大众与媒体监督制度

社会监督的监督主体广泛,包括社会组织、网络媒体以及公民,有别于国家性质的监督形式,没有制度化的监督职能规定,监督形式相对松散,但覆盖范围广泛[①]。由于农民工创业政策的政策受众是农民工,农民工能直接感受政策执行的效果,对政策的监督针对性更强。第5章的研究表明,30位受访的农民工,对农民工创业政策几乎都未行使过监督权。因而,需加快社会监督立法,赋予社会监督主体明确的法律地位和边界,确保社会监督充分有效发挥监督功能,进而提高农民工创业政策绩效。

12.7 完善绩效评价指标体系,建立第三方评估机制

12.7.1 完善绩效评价指标体系

研究者虽提出公平性、回应性等公共价值标准,但在评价操作中却表现的不够充分。从实践部门来看,对农民工创业政策绩效的评价,效率至上的价值追求仍然存在。这一价值追求的弊端逐渐凸显出来,主要表现在评价只关注"终点",不关心"起点",只为评价而评价,缺乏对公共价值的评价,往往导致评价结构偏离现实情况,形成"高绩效"与"低公民满意度"。费斯勒提出,公共利益是一种观念形态,是公共部门行为导向,需要行政人员共同奋斗才能实现,即使不能完全实现,也不能因为效果不佳而摒弃。政府行为的核心使命在于实现公共利益,那么对政府政策绩效的评价就应当以是否实现公共价值为依归。

农民工创业政策作为政府政策的重要组成部分,其绩效评价要获得合法性和支持,相关部门管理者需要在其所领导的机构中寻求公共价值,在设计评价维度时,不但要考虑政策执行过程和结果的经济性、效率性,更重要的是确定农民工创业政策实施过程中所体现的公共价值,要对政策的全过程建立评价标准,不能忽视对政策制定过程的考核。另外,在政策绩效考核方面,应综合考虑政策的公平性、回应性、需求性等公共价值标准与效率性标准[②]。

12.7.2 建立第三方评估机制

目前农民工创业政策绩效评价主体过于单一,第三方独立评估机构缺失,绩效评估流于形式,评价结果的公信力和权威性不足等现象。浙江省财政厅引入了农村公共文化专项资金政策绩效的第三方机构,从经济性、效率性、有效性和公平性四个维度对政策绩效

---

① 杨成虎. 我国政策评估研究中的若干问题初探[J]. 北京科技大学学报:社会科学版,2010(1):60-64.
② 汪辉勇. 公共价值凸出的现代背景[J]. 北京行政学院学报,2010(1):94-98.

进行评价,更加注重政策受众的满意度以及政策的公共价值,较为客观反映政策绩效,为提高专项资金使用绩效起到重要的作用。要充分发挥第三方的监督功能,江西省需要尽快出台第三方评价的法律规定,以法的形式将第三方评估机构的地位、功能等固定下来;同时,应避免以政策业务性考核的弊端,将政策的公共价值作为重要的考核维度进行全面考核;要建立第三方储备和竞争机制,鼓励第三方主体的发展,完善第三方机构的竞争选择机制,培植第三方绩效评价市场,形成公平、自由的竞争市场,提升第三方评估主体的质量和水平,保障绩效评价的质量。

第 13 章 研究结论与展望

13.1 研究的主要结论

本研究在系统研究城乡统筹和农民工创业的相关理论的基础上，先后三次，历时5年，对江西省11市21县35乡镇1千多个农民工创业者进行了问卷调查，对江西省农民工创业服务部门、农民工创业者实地访谈，对相关专家进行了咨询，同时利用了相关网站的统计数据，论证了江西省城乡统筹发展水平和农民工创业水平的互动关系，运用多个模型对基于农民工满意度创业政策效果进行了分析，对此从政策落实力度、政策实施成效和政策反映回馈三个维度构建了城乡统筹背景下农民工创业政策绩效评价指标体系，建立了城乡统筹背景下农民工创业政策绩效评价模型，并运用定量和定性结合的方法对江西省农民工创业政策绩效进行了评价，得出江西省农民工创业政策绩效评分。主要得出以下结论：

（1）江西省城乡统筹发展与农民工创业之间存在着一种双向、互为因果的关系。江西省农民工创业对城乡统筹发展有显著的正向促进作用，并且这种促进作用还会逐年增强，达到一定水平后趋于稳定，而城乡统筹发展对农民工创业在早期也具有一定的正向促进作用，后来会逐渐减弱，但在滞后期内均呈现正的冲击效应。

（2）江西省农民工创业政策绩效的总评价等级为中，创业政策自实施以来已取得阶段性成果，无论是在经济层面还是社会层面都发挥了重要作用。农民工创业的数量和质量得到逐步提升，在吸引外来资金流向农村地区的同时，使更多的人力资源也向农村地区流动，江西省对农村剩余劳动力的吸纳能力也随之提高。

（3）现有的江西省农民工创业政策体系缺乏系统性和可持续性。部分创业政策项目尚未完全落实到位，创业政策在推广过程中仍存在较大阻力，农民工在实际利用政策的过程中仍面临诸多困难。主要表现为，创业政策的宣传和执行力度有待加强，政策推广渠道亟须进一步优化。此外，部分政府机构工作人员的服务态度较为懒散，行政部门之间职责不清、互相推诿，农民工创办企业手续繁琐、程序复杂，导致农民工创业者对政策本身和政府服务质量的满意程度尚未达到理想水平。因此，政府部门应进一步完善和优化农民工创业政策体系，为农民工创业提供更多的资源和空间保障，以期实现与城乡统筹发展的良性互动。

为了能全面评估农民工创业政策绩效，体现政策的公共价值，本研究又进一步从结构功能视角对江西省农民工创业政策各个过程的绩效进行评价，主要得出以下结论：①政策制定过程。政策制定的目标明确,合理性与可行性较高,但仍存在部分政策措施不合理,政策主体参与程度较低,农民工创业政策扶持力度弱,政策公平性不足,欠缺系统性考虑。②政策执行过程。基层人力资源匮乏,农民工创业政策执行力度弱,政策对农民工创业氛围及创业意愿影响力均一般,政策获取便利度、利用容易度较低,农民工对政策执行情况满意度不足。③政策结果输出过程。目标实现度、效率性、满意度均不高。④政策监控与考核过程。监控与考核机制不健全,灵活性未有效发挥。

对此从以下七个方面提出政策体系优化建议:第一,加快统筹城乡发展,实现创业良性互动;第二,建立创业政策的保障机制,落实相应的责、权、利;第三,加强农民工创业政策的顶层设计,建立农民工创业政策落实机制;第四,在政策制定过程中,提高农民工创业者的参与度;第五,在政策执行过程中,提高农民工创业者的满意度;第六,在政策监控与考核过程中,发挥政策多元主体监督作用;第七,完善绩效评价指标体系,建立第三方评估机制。

13.2 研究的不足之处

目前,我国农民工创业发展仍处于起步阶段,关于农民工创业政策绩效的国内外研究成果甚少,因此,本研究仅是尝试性地构建出一套可能适合江西省农民工创业现状的政策绩效评价体系,尚有许多深层次的问题有待进一步探讨。

(1) 构建的指标体系具有一定的局限性。考虑到指标数据的获取难度,本研究在构建指标体系的过程中舍弃了一些较为重要的政策绩效评价指标,如政策经济效率、政策公平程度,仅是从政策落实力度、政策实施成效和政策反映回馈三个维度进行评价,这对整个农民工创业政策绩效的评价结果还是有一定影响的。后续虽然从结构功能视角对这两个指标进行了补充与完善,但很难形成一套统一的指标体系。

(2) 调研数据及评价结果主观性较强。本研究所使用的数据主要来源于对创业农民工的问卷调查及对基层工作人员和农民工的访谈,尽管在调查过程中针对被调查者不解的问题作了进一步解释,并且结合从政府公开信息所获数据作了验证。但由于被调查者的理解偏差可能导致测量指标出现偏差,进而影响农民工创业政策绩效的评价结果。另外,由于现在农民工创业信息统计工作制度还不健全,农民工创业信息严重匮乏,全面的定量评价存在一定困难。

(3) 研究结果缺乏纵向比较的依据。对江西省农民工创业政策绩效评价的研究,最满意的结果是既能依据最终的评价结果为政策导向提供依据,又能通过对比不同年份的纵向评价结果发现政策绩效的变动规律和趋势。然而,由于农民工创业政策实施的时间不长,创业相关的数据缺乏官方统计,江西省农民工创业政策的绩效评价还很难实现纵向的比较。

(4) 政策优化路径有待于进一步深化和拓展。尽管本研究针对政策制定、执行、监控与考核及政策整体层面四个维度一个整体提出 7 点农民工创业政策体系的优化建议。但对于具体化的创业政策还需更为详细和具体的对策建议。

13.3 对未来的展望

基于以上研究的不足之处，后续研究需要对农民工创业政策绩效评价的维度更系统化，指标体系中要反映出创业政策的更多的客观数据。同时，随着以后农民工创业信息收集、共享平台的建立，可以获取更加全面、直接、有效的农民工创业相关信息，在此基础上可以进一步完善农民工创业政策绩效模型，深入探索政策过程结构的相互作用对农民工创业政策绩效的影响机理，加强外部环境对其绩效影响的探析。

附录1 农民工创业政策调查问卷

尊敬的朋友:

您好!我们是东华理工大学经管学院课题组研究成员,为有效了解相关创业政策的落实情况和实施效果以及农民工群体的满意程度,我院课题组组织了本次调查,问卷的相关调查结果可能会被相关决策部门采用,可以为您的创业和就业工作提供更大的支持和帮助。

调查采取匿名方式,我们保证,问卷的所有信息将会被保密,并仅用于学术用途。请各位朋友如实填写,以期获得普遍性的真实情况。若无特殊说明,每个问题只选一个答案。

衷心感谢您的合作与支持!

问卷编号:_____ 调研员:_____ 调研时间:_____

调研地址:_____市(县、区)_____镇(街道)_____村(居委会)

第一部分:基本信息

1. 您的年龄为( )。
    A. 18~25岁　　　B. 26~30岁　　　C. 31~35岁　　　D. 36~40岁
    E. 40岁以上

2. 您的文化程度是( )。
    A. 小学　　　　　　　　　　　　　　B. 初中
    C. 高中(含中专、技校、职高等)　　　D. 大专
    E. 本科及以上

3. 您的户口是( )。
    A. 农村户口　　　B. 非农户口

4. 您是否有过外出打工的经历( ),如果有,从事的行业:_____。
    A. 是　　　　　B. 否

第二部分:政策宣传与执行力度

5. 您对有关江西省农民工创业政策的了解程度为( )。
    A. 不知道　　　　　　　　　　B. 听说但不了解
    C. 了解一些　　　　　　　　　D. 了解大部分
    E. 很熟悉

6. 您觉得通过现有途径获取农民工创业政策信息的方便程度为（　　）。
   A. 不方便　　　　B. 不太方便　　　　C. 一般　　　　D. 比较方便
   E. 很方便

7. 您希望通过（　　）途径了解与您相关的创业政策（可选多项并按重要程度排序）。
   A. 广播　　　　　　　　　　　　　B. 电视
   C. 报纸杂志　　　　　　　　　　　D. 镇村干部宣传
   E. 互联网　　　　　　　　　　　　F. 告示、传单
   G. 其他_____

8. 您享受过（　　）创业政策（可选多项）。
   A. 创业培训　　B. 税费减免　　C. 信贷扶持　　D. 开通绿色通道
   E. 信息咨询　　F. 项目支持　　G. 用地优惠　　H. 降低创业门槛
   I. 其他　　　　J. 从未享受过任何政策

9. 您觉得相关创业政策实际利用起来难易程度为（　　）。
   A. 难　　　　　B. 比较难　　　　C. 一般　　　　D. 比较容易
   E. 容易

第三部分：政策实施成效

10. 您是否创办过企业（　　），如果创办过，现在是否实现盈利（　　），导致您创业失败的主要原因是_____。
    A. 是　　　　　B. 否

11. 您创业选择的行业是（　　）。
    A. 住宿餐饮业　　B. 批发零售业　　C. 种植业　　　D. 养殖业
    E. 建筑施工业　　F. 纺织服装业　　G. 电子电器业　H. 其他_____

12. 您创办的企业或店铺目前的经营状况如何？
    企业总资产：_____；企业年均利润：_____；上缴税收：_____。

13. 您觉得相关创业政策对农民工群体创业意愿的影响为（　　）。
    A. 几乎没有影响　B. 影响较小　　　C. 一般　　　　D. 影响较大
    E. 影响很大

14. 您觉得现在周边的创业氛围（　　）。
    A. 很差　　　　B. 比较差　　　　C. 一般　　　　D. 良好
    E. 很好

15. 您觉得目前农民工创业面临的突出困难有（　　）（可选多项并按重要程度排序）。
    A. 资金问题　　　　　B. 技术问题　　　C. 市场信息问题　D. 项目扶持力度
    E. 经营管理能力与经验　F. 企业负担太重　G. 交通不便　　　H. 其他_____

第四部分:政策反映回馈

16. 请您对江西省农民工创业政策的满意度做出评价:

　　请按以下等级评价:

　　A. 不满意　　　B. 满意度较低　　　C. 一般　　　D. 比较满意

　　E. 很满意

　　(1) 创业培训政策(如免费提供创业培训或技能培训等)(　　)。

　　(2) 税费减免政策(如对在创业孵化基地创业的,自创办之日起,一年内减半缴纳房租费和水电费,三年内免缴物管费、卫生费等)(　　)。

　　(3) 信贷扶持政策(如贷款贴息,贷款担保,加大小额贷款支持力度等)(　　)。

　　(4) 绿色通道政策(如简化立项、审批和办证手续,公布各项行政审批、核准、备案事项和办事指南,推行联合审批、一站式服务等)(　　)。

　　(5) 信息咨询政策(如搭建信息平台,补贴中介机构等)(　　)。

　　(6) 项目支持政策(如鼓励和引导创业者进入优先和重点发展的科技型、资源综合利用型、劳动密集型、农副产品加工型等产业或行业)(　　)。

　　(7) 用地优惠政策(如政府设立创业孵化基地并优惠提供给创业者,或者帮助从事农业开发的创业者协调土地流转等)(　　)。

　　(8) 降低创业门槛政策(如在工商登记方面降低创业门槛、降低职工参保门槛等)(　　)。

17. 您对创业过程中相关政府工作人员的服务态度的满意度为(　　)。

　　A. 不满意　　　B. 满意度较低　　　C. 一般　　　D. 比较满意

　　E. 很满意

18. 您对创业过程中相关政府服务机构的工作效率的满意度为(　　)。

　　A. 不满意　　　B. 满意度较低　　　C. 一般　　　D. 比较满意

　　E. 很满意

附录2　农民工创业政策满意度调查问卷

尊敬的朋友:

您好！我们是东华理工大学经管学院课题组的研究成员,为有效了解农民工群体对相关创业政策满意程度和农民工创业政策实施效果,我院课题组组织了本次调查,问卷的相关调查结果可能会被相关决策部门采用,可以为您的创业和就业工作提供更大的支持和帮助。

调查采取匿名方式,我们保证,问卷的所有信息将会被保密,并仅用于学术用途。请各位朋友如实填写,以期获得普遍性的真实情况。若无特殊说明,每个问题只选一个答案。

衷心感谢您的合作与支持！

问卷编号:_____　　调研员:_____　　调研时间:_____

调研地址:_____市(县、区)_____镇(街道)_____村(居委会)

第一部分:基本信息

1. 您的年龄为(　　)。
    A. 18～25岁　　　B. 26～30岁　　　C. 31～35岁　　　D. 36～45岁
    E. 45岁以上
2. 您的文化程度是(　　)。
    A. 小学　　　　　　　　　　　　　B. 初中
    C. 高中(含中专、技校、职高等)　　D. 中专
    E. 本科及以上
3. 您的户口是(　　)。
    A. 农村户口　　　　　　　　　　　B. 非农户口
4. 您是否有过外出打工的经历(　　),如果有,从事的行业_____。
    A. 是　　　　　　　　　　　　　　B. 否
5. 您的婚姻状况(　　)。
    A. 已婚　　　　　　　　　　　　　B. 未婚
6. 兄弟姐妹数量(　　)。
    A. 0　　　　　B. 1位　　　　C. 2位　　　　D. 3位
    E. 4位以上
7. 您的家庭人均收入为(　　)。

A. 10 000 元以下　　　　　　　　B. 10 000~15 000 元
C. 15 000~20 000 元　　　　　　D. 20 000~25 000 元
E. 25 000 元以上

8. 您的家庭住址至乡镇距离（　　）。
   A. 5 千米以内　　　　　　　　　B. 5~10 千米
   C. 10~20 千米　　　　　　　　D. 20 千米以上

第二部分：具项信息

9. 您对加大农民工创业财政支持力度的期望程度为（　　）。
   A. 不期望　　B. 不太期望　　C. 一般　　D. 比较期望
   E. 很期望

10. 您对强化对农民工创业金融信贷服务的期望程度为（　　）。
    A. 不期望　　B. 不太期望　　C. 一般　　D. 比较期望
    E. 很期望

11. 您对完善创业孵化基地等平台建设的期望程度为（　　）。
    A. 不期望　　B. 不太期望　　C. 一般　　D. 比较期望
    E. 很期望

12. 您对提供公平公正的创业政策利用环境的期望程度为（　　）。
    A. 不期望　　B. 不太期望　　C. 一般　　D. 比较期望
    E. 很期望

13. 您对政府组织活动或培训课程进行创业能力培养拓展的期望程度为（　　）。
    A. 不期望　　B. 不太期望　　C. 一般　　D. 比较期望
    E. 很期望

14. 您所在的创业孵化基地配套齐全及交通便利程度为（　　）。
    A. 差　　　　B. 较差　　　　C. 一般　　D. 较好
    E. 很好

15. 您获取相关创业政策及市场信息的方便程度为（　　）。
    A. 不方便　　B. 不太方便　　C. 一般　　D. 比较方便
    E. 很方便

16. 您觉得现在周边的创业氛围（　　）。
    A. 很差　　　B. 比较差　　　C. 一般　　D. 良好
    E. 很好

17. 您对创业过程中相关政策经办人员的服务态度的满意度为（　　）。
    A. 不满意　　B. 满意度较低　C. 一般　　D. 比较满意
    E. 很满意

18. 您对创业过程中相关政府服务机构的行政效率的满意度为（　　）。

A. 不满意　　　B. 满意度较低　　C. 一般　　　　D. 比较满意
E. 很满意

19. 您认为基层政府服务机构对农民工创业政策的掌握水平（　　）。
    A. 很差　　　　B. 比较差　　　　C. 一般　　　　D. 良好
    E. 很好

20. 您认为当地组织对创业政策的宣传力度（　　）。
    A. 很小　　　　B. 比较小　　　　C. 一般　　　　D. 较大
    E. 很大

21. 您觉得相关的农民工创业政策实际利用起来难易程度为（　　）。
    A. 难　　　　　B. 比较难　　　　C. 一般　　　　D. 比较容易
    E. 容易

22. 您觉得相关创业政策对农民工群体创业意愿的影响程度为（　　）。
    A. 几乎没有影响　B. 影响较小　　　C. 一般　　　　D. 影响较大
    E. 影响很大

23. 您认为当前的创业政策对您的帮助程度为（　　）。
    A. 几乎没有帮助　B. 帮助较少　　　C. 一般　　　　D. 帮助颇多
    E. 帮助很大

24. 您对政府创业政策实施的信任程度为（　　）。
    A. 不信任　　　B. 信任较小　　　C. 一般　　　　D. 较为信任
    E. 很信任

25. 您认为政策落实的公正性与透明度（　　）。
    A. 很差　　　　B. 比较差　　　　C. 一般　　　　D. 良好
    E. 很好

附录 3 实地访谈对象表

对象	地区	机构（组织）名称
政府部门	吉安市遂川县	遂川县劳动就业局
	吉安市新干县	新干县人民政府
	赣州市于都县	于都县工业园区管委会
	赣州市南康区	南康区财政局
	赣州市宁都县	宁都县劳动就业局
	萍乡市湘东区	萍乡市人力资源和社会保障局
	鹰潭市贵溪市	贵溪市教育局
	上饶市德兴市	德兴市人民政府
	景德镇市乐平市	乐平市劳动就业服务管理局
	鹰潭市余江县	余江县计生委
创业园区	宜春市宜丰县	小微企业创业园
	赣州市安远县	农民工返乡创业园
	九江市庐山区	前进创业园
	上饶市上饶县	鑫邦返乡创业园
	上饶市婺源县	生态工业园区
	萍乡市上栗县	彭高工业园
	新余市渝水区	全城电商农民工返乡创业示范基地
	吉安市新干县	箱包皮具产业返乡创业园
基层工作组织	上饶市广丰区	农民学院
	赣州市全南县	社迳乡老屋村村委会
	九江市庐山区	新港镇细山村村委会
	鹰潭市余江县	平定乡双渔村村委会
	萍乡市上栗县	鸡冠山乡高田村村委会
	南昌市新建县	农民工综合服务中心
	宜春市宜丰县	农民工综合服务中心

附录4 专家评分问卷1

尊敬的专家：

您好！非常抱歉耽误您宝贵的时间来填写这份评分问卷。

问卷设置旨在确定江西省农民工创业政策的满意度指标体系中各指标的权重，希望您能依据自己的观点和经验为指标的重要性打分。请您依据本研究的最终评价指标体系及标度含义，对各层级评价指标的重要性进行评分。

(1) 最终评价指标体系。

一级指标	二级指标	三级指标
创业政策实施绩效农民工满意度（A）	农民工对创业政策的期望（B_1）	加大对农民工创业财政支持力度 B_{11}
		强化对农民工创业金融信贷服务 B_{12}
		完善创业孵化基地等平台建设 B_{13}
		提供公平公正的创业政策环境 B_{14}
		组织创业能力培养拓展 B_{15}
	农民工对创业政策的感知质量（B_2）	创业孵化基地配套齐全及交通便利 B_{21}
		服务机构能专业及时地提供相关市场信息 B_{22}
		农民工周边创业氛围 B_{23}
		政策经办人员服务态度 B_{24}
		服务机构行政效率 B_{25}
	农民工对创业政策的感知价值（B_3）	农民工创业规模 B_{31}
		农民工创业成功率 B_{32}
		创业企业平均资产额 B_{33}
		创业企业平均利润额 B_{34}
	农民工对创业政策的抱怨（B_4）	基层政府服务机构的政策掌握水平 B_{41}
		创业政策组织宣传力度 B_{42}
		创业政策利用难易度 B_{43}
	农民工对创业政策的信任（B_5）	农民工创业意愿程度 B_{51}
		创业政策对农民工的作用 B_{52}
		农民工对政府创业政策实施的信心 B_{53}
		政策落实的公正性与透明度 B_{54}

(2) 标度含义。

标度	含义
1	第 i 个因素与第 j 个因素相比,同等重要
3	第 i 个因素与第 j 个因素相比,稍微重要
5	第 i 个因素与第 j 个因素相比,明显重要
7	第 i 个因素与第 j 个因素相比,非常重要
9	第 i 个因素与第 j 个因素相比,极端重要
2,4,6,8	上述相邻判断的中间值

1. 二级指标的判断矩阵(划"—"处无需填写):

指标	农民工对创业政策的期望	农民工对创业政策的感知质量	农民工对创业政策的感知价值	农民工对创业政策的抱怨	农民工对创业政策的信任
农民工对创业政策的期望	1	1/3	1/5	1/2	1
农民工对创业政策的感知质量	3	1	1/3	2	3
农民工对创业政策的感知价值	5	3	1	4	5
农民工对创业政策的抱怨	2	1/2	1/4	1	2
农民工对创业政策的信任	1	1/3	1/5	1/2	1

2. 三级指标的判断矩阵(划"—"处无需填写):

(1) 农民工对创业政策的期望。

指标	加大对农民工创业财政支持力度	强化对农民工创业金融信贷服务	完善创业孵化基地等平台建设	提供公平公正的创业政策环境	组织创业能力培养拓展
加大对农民工创业财政支持力度	1	1/3	1/2	3	2
强化对农民工创业金融信贷服务	3	1	2	5	4
完善创业孵化基地等平台建设	2	1/2	1	4	3
提供公平公正的创业政策环境	1/3	1/5	1/4	1	1/2
组织创业能力培养拓展	1/2	1/4	1/3	2	1

(2) 农民工对创业政策的感知质量。

指标	创业孵化基地配套齐全及交通便利	服务机构能专业及时地提供相关市场信息	农民工周边创业氛围	政策经办人员服务态度	服务机构行政效率
创业孵化基地配套齐全及交通便利	1	1/3	3	1/2	1/2
服务机构能专业及时地提供相关市场信息	3	1	5	2	2
农民工周边创业氛围	1/3	1/5	1	1/4	1/4
政策经办人员服务态度	2	1/2	4	1	1
服务机构行政效率	2	1/2	4	1	1

(3) 农民工对创业政策的感知价值。

指标	农民工创业规模	农民工创业成功率	创业企业平均资产额	创业企业平均利润额
农民工创业规模	1	1	4	3
农民工创业成功率	1	1	4	3
创业企业平均资产额	1/4	1/4	1	1/2
创业企业平均利润额	1/3	1/3	2	1

(4) 农民工对创业政策的抱怨。

指标	基层政府服务机构的政策掌握水平	创业政策组织宣传力度	创业政策利用难易度
基层政府服务机构的政策掌握水平	1	1/2	1/3
创业政策组织宣传力度	2	1	1/2
创业政策利用难易度	3	2	1

(5) 信任。

指标	农民工创业意愿程度	创业政策对农民工的作用	农民工对政府创业政策实施的信心	政策落实的公正性与透明度
农民工创业意愿程度	1	1/3	1	1/2
创业政策对农民工的作用	3	1	3	2
农民工对政府创业政策实施的信心	1	1/3	1	1/2
政策落实的公正性与透明度	2	1/2	2	1

附录 5 专家评分问卷 2

尊敬的专家：

您好！非常抱歉耽误您宝贵的时间来填写这份评分问卷。

问卷设置旨在确定江西省农民工创业政策绩效评价指标体系中各指标的权重，希望您能依据自己的观点和经验为指标的重要性打分。请您依据本研究的最终评价指标体系及标度含义，对各层级评价指标的重要性进行评分。

（1）最终评价指标体系。

目标层	准则层	子准则层	指标层
城乡统筹背景下江西省农民工创业政策绩效评价指标体系 A	政策落实力度 B_1	政策宣传力度 B_{11}	政策知晓度 C_{111}
			获取便利度 C_{112}
		政策执行力度 B_{12}	政策利用度 C_{121}
			利用难易度 C_{122}
	政策实施成效 B_2	经济成效 B_{21}	创业规模 C_{211}
			创业成功率 C_{212}
			创业企业平均资产额 C_{213}
			创业企业平均利润额 C_{214}
		社会成效 B_{22}	创业企业平均从业人数 C_{221}
			创业比重 C_{222}
			创业意愿 C_{223}
			创业氛围 C_{224}
	政策反映回馈 B_3	政策满意度 B_{31}	创业培训 C_{311}
			税费减免 C_{312}
			信贷扶持 C_{313}
			绿色通道 C_{314}
			信息咨询 C_{315}
			项目支持 C_{316}
			用地优惠 C_{317}
			门槛降低 C_{318}
		服务满意度 B_{32}	工作人员服务态度 C_{321}
			服务机构行政效率 C_{322}

（2）标度含义。

标度	含义
1	第 i 个因素与第 j 个因素相比,同等重要
3	第 i 个因素与第 j 个因素相比,稍微重要
5	第 i 个因素与第 j 个因素相比,明显重要
7	第 i 个因素与第 j 个因素相比,非常重要
9	第 i 个因素与第 j 个因素相比,极端重要
2,4,6,8	上述相邻判断的中间值

1. 准则层的指标权重（划"—"处无需填写）：

指标	政策落实力度	政策实施成效	政策反映回馈
政策落实力度	1		
政策实施成效	—	1	
政策反映回馈	—	—	1

2. 子准则层的指标权重：

（1）政策落实力度。

指标	政策宣传力度	政策执行力度
政策宣传力度	1	
政策执行力度	—	1

（2）政策实施成效。

指标	经济成效	社会成效
经济成效	1	
社会成效	—	1

（3）政策反映回馈。

指标	政策满意度	服务满意度
政策满意度	1	
服务满意度	—	1

3. 指标层的判断矩阵：

（1）政策宣传力度。

指标	政策知晓度	政策便利度
政策知晓度	1	
政策便利度	—	1

(2) 政策执行力度。

指标	政策利用度	利用难易度
政策利用度	1	
利用难易度	—	1

(3) 经济成效。

指标	创业规模	创业成功率	创业企业平均资产额	创业企业平均利润额
创业规模	1			
创业成功率	—	1		
创业企业平均资产额	—	—	1	
创业企业平均利润额	—	—	—	1

(4) 社会成效。

指标	创业企业平均从业人数	创业比重	创业意愿	创业氛围
创业企业平均从业人数	1			
创业比重	—	1		
创业意愿	—	—	1	
创业氛围	—	—	—	1

(5) 政策满意度。

指标	创业培训	税费减免	信贷扶持	绿色通道	信息咨询	项目支持	用地优惠	门槛降低
创业培训	1							
税费减免	—	1						
信贷扶持	—	—	1					
绿色通道	—	—	—	1				
信息咨询	—	—	—	—	1			
项目支持	—	—	—	—	—	1		
用地优惠	—	—	—	—	—	—	1	
门槛降低	—	—	—	—	—	—	—	1

(6) 服务满意度。

指标	工作人员服务态度	服务机构行政效率
工作人员服务态度	1	
服务机构行政效率	—	1

附录6 专家评判矩阵

矩阵1：准则层评判矩阵。

指标	政策落实力度	政策实施成效	政策反映回馈
政策落实力度	1	1/4	1/3
政策实施成效	4	1	2
政策反映回馈	3	1/2	1

矩阵2：政策落实力度评判矩阵。

指标	政策宣传力度	政策执行力度
政策宣传力度	1	2
政策执行力度	1/2	1

矩阵3：政策实施成效评判矩阵。

指标	经济成效	社会成效
经济成效	1	2
社会成效	1/2	1

矩阵4：政策反映回馈评判矩阵。

指标	政策满意度	服务满意度
政策满意度	1	4
服务满意度	1/4	1

矩阵5：政策宣传力度评判矩阵。

指标	政策知晓度	政策便利度
政策知晓度	1	3
政策便利度	1/3	1

矩阵6：政策执行力度评判矩阵。

指标	政策利用度	利用难易度
政策利用度	1	1
利用难易度	1	1

矩阵7:经济成效评判矩阵。

指标	创业规模	创业成功率	创业企业平均资产额	创业企业平均利润额
创业规模	1	1	4	3
创业成功率	1	1	4	3
创业企业平均资产额	1/4	1/4	1	1/2
创业企业平均利润额	1/3	1/3	2	1

矩阵8:社会成效评判矩阵。

指标	创业企业平均从业人数	创业比重	创业意愿	创业氛围
创业企业平均从业人数	1	1/2	1/2	1/3
创业比重	2	1	1	4
创业意愿	2	1	1	4
创业氛围	1/3	1/4	1/4	1

矩阵9:政策满意度评判矩阵。

指标	创业培训	税费减免	信贷扶持	绿色通道	信息咨询	项目支持	用地优惠	门槛降低
创业培训	1	1/2	1/2	1	3	3	3	2
税费减免	2	1	1	2	4	4	4	3
信贷扶持	2	1	1	2	4	4	4	3
绿色通道	1	1/2	1/2	1	3	3	3	2
信息咨询	1/3	1/4	1/4	1/3	1	1	1	1/2
项目支持	1/3	1/4	1/4	1/3	1	1	1	1/2
用地优惠	1/3	1/4	1/4	1/3	1	1	1	1/2
门槛降低	1/2	1/3	1/3	1/2	2	2	2	1

矩阵10:服务满意度评判矩阵。

指标	工作人员服务态度	服务机构行政效率
工作人员服务态度	1	1
服务机构行政效率	1	1

参 考 文 献

[1] Schumpeter J A. The theory of economic development：An inquiry into profits，capital-credit interest，and the business cycle[M]. Cambridge MA：Harvard University Press，1934.

[2] Anderson J E. Public policy making an introduction[M]. New York：Houghton Mifflin，2003.

[3] 彼得·F·德鲁克等. 公司绩效测评[M]. 北京：中国人民大学出版社，1999.

[4] Brookfield H. Interdependent development[M]. London：University of Pittsburgh Press，1975.

[5] 财政部统计评价司. 企业绩效评价工作指南[M]. 北京：经济科学出版社，2002.

[6] 蔡之兵，周俭初. 中国城乡统筹发展模式研究——以江浙两省城乡为例[J]. 江苏社会科学，2014(3)：76-82.

[7] Carsten Daugbjerg，Kim Mannemar Sonderskov. Environ-mental Policy Performance Revisited：Designing Effective Policies for Green Markets[J]. General & Introductory Political Science，2012，60(2)：399-418.

[8] 曹宏亮. 国企绩效考核的现状与改进策略[J]. 企业经济. 2010(9)：32-34.

[9] 陈鸿彬. 城乡统筹发展定量评价指标体系的构建[J]. 地域研究与开发，2007(2)：62-65.

[10] 陈宏辉，贾生华. 企业社会责任观的演进与发展：基于综合性社会契约的理解[J]. 中国工业经济，2003(12)：85-92.

[11] 陈积敏. 全球化时代美国非法移民治理研究[D]. 北京：外交学院，2011.

[12] 陈薇. 河北省财政扶贫政策绩效评价实证研究[J]. 农业经济，2006(7)：58-59.

[13] 陈希玉. 论城乡统筹[J]. 发展论坛，2003(10)：021.

[14] 陈肖飞，姚士谋，张落成. 新型城镇化背景下中国城乡统筹的理论与实践问题[J]. 地理科学，2016，36(2)：188-195.

[15] 陈震红，刘国新，蓝俊武. 国外创业研究的历程、动态与新趋势[J]. 国外社会科学，2004(1)：21-27.

[16] 陈振明. 政策科学：公共政策分析导论[M]. 北京：中国人民大学出版社，2003：481.

[17] 崔洁. EVA在我国企业绩效评价应用研究[J]. 财会通讯·综合，2011(12)：92-94.

[18] 大卫·沙维奇，卡尔·帕顿. 政策分析和规划的初步方法[M]. 北京：华夏出版社，2001：361-363.

[19] Degadt J. For a more effective entrepreneurship policy：perception and feedback as preconditions [J]. Brussels：Research Centre for Entrepreneurship，2004.

[20] 邓汉慧，刘帆，赵纹纹. 美国创业教育的兴起、发展与挑战[J]. 中国青年研究，2007(09)：10-15.

[21] 丁冬，傅晋华，郑风田. 社会资本、民间借贷与新生代农民工创业[J]. 华南农业大学学报：社会科学版，2013(3)：50-56.

[22] Douglass，Mike and John Friedmann eds. Cities for citizens：Planning and the rise of civil society in a global age[J]. New York：John Wiley & Sons，1998.

[23] 杜茂华，刘锡荣. 城乡统筹发展评价指标体系构建及其应用——以重庆市区县统筹为例[J]. 西南大学学报：社会科学版，2010(3)：125-131.

[24] 樊胜岳,马丽梅,殷志刚. 基于农户的生态治理政策绩效评价研究[J]. 干旱区地理,2008(4):572-579.

[25] 房宏琳,刘阳. 国内外区域创业水平测量方法及研究综述[J]. 理论探讨,2012(5):102-107.

[26] 冯丽霞. 企业财务分析与业绩评价[M]. 湖南:湖南人民出版社,2002.

[27] 冯平著. 评价论[M]. 北京:东方出版社,1997.

[28] 弗兰克·费尔希. 公共政策评估[M]. 北京:中国人民大学出版社,2003:51-58.

[29] 弗雷德·R·戴维. 战略管理[M]. 经济科学出版社,2006.

[30] Gartner W. B. What are we talking about when we talk about entrepreneurship[J]. Journal of Business venturing,1990,5(1):15-28.

[31] 高建. 全球创业观察中国报告(2007)——创业转型与就业效应[M]. 北京:清华大学出版社,2009:18.

[32] 高建,盖罗它. 国外创业政策的理论研究综述[J]. 国外社会科学,2007(1):70-74.

[33] 高静,张应良. 基于1990—2011年统计数据的农户创业、分工演进、交易效率与农村经济增长分析[J]. 西南大学学报(自然科学版),2014(5):113-119.

[34] 辜胜阻,武兢. 扶持农民工以创业带动就业的对策研究[J]. 中国人口科学,2009(3):2-12.

[35] 辜胜阻,肖鼎光,洪群联. 完善中国创业政策体系的对策研究[J]. 中国人口科学,2008(1):2-12.

[36] 郭建军. 我国城乡统筹发展的现状、问题和政策建议[J]. 经济研究参考,2007(1):24-44.

[37] 何艳玲. 政府与公众理想关系模式的构建——在行政民主条件下的讨论[J]. 天府新论,2003(6):51-54.

[38] 胡进祥. 统筹城乡发展的科学内涵[J]. 学术交流,2004(2):113-120.

[39] 胡俊波. 农民工返乡创业扶持政策绩效评估体系:构建与应用[J]. 社会科学研究,2014(5):79-85.

[40] 胡平仁. 公共政策学研究对象和内容新论[J]. 理论探讨,1995(2):45-47.

[41] 胡平仁. 政策评估的标准[J]. 湘潭大学社会科学学报,2002(5):87-90.

[42] 胡淑晶. 基于科学发展观的政府绩效评估体系[J]. 甘肃理论学刊,2006(6):17-20.

[43] 回良玉. 加大统筹城乡发展力度进一步夯实农业农村发展基础[J]. 求实,2010(3):3-8.

[44] 加布里埃尔·阿尔蒙德,宾厄姆鲍威尔. 比较政治学:体系过程和政策[M]. 上海:上海译文出版社,1987.

[45] 焦伟侠,陈俚君. 关于统筹城乡经济协调发展的思考[J]. 经济体制改革,2004(1):37-40.

[46] Jiemin L I U, Bin L V. 川渝地区城乡统筹水平演化特征分类研究[J]. 地理科学进展,2015,34(10):1266-1274.

[47] 鞠正江,张益刚,房清波. 论"统筹城乡经济社会发展"的丰富内涵和对策措施[J]. 中共济南市委党校济南市行政学院济南市社会主义学院学报,2003(3):65-68.

[48] 卡尔帕顿,大卫沙维奇. 政策分析和规划的初步方法[M]. 北京:华夏出版社,2001.

[49] 李安,李朝辉. 返乡农民工创办的微型企业成长性影响因素分析——基于湖南269份问卷调查数据的实证研究[J]. 湖南农业大学学报(社会科学版),2014,15(1):1-6.

[50] 李海龙,杜杨铭. 企业绩效评价现状及对策[J]. 管理研究,2010(27):67.

[51] 李家龙. 对自我管理要素体系及其实现的研究[D]. 武汉:武汉大学,2009.

[52] 李金珊,袁波,徐越. 繁花似锦,中看又中用?——公共文化专项资金政策绩效研究[M]. 北京:中国财政经济出版社,2014.

[53] 李丽群,胡明文. 农民工创业政策支持体系成效分析及对策[J]. 韶关学院学报. 2011(5):5.
[54] 李倩倩. 以色列社会保障制度研究[D]. 西安:西北大学,2011.
[55] 李翔. 农民工返乡创业的多维分析和体系构建[J]农村经济,2009,11:45-47.
[56] 李岳云,陈勇,孙林. 城乡统筹及其评价方法[J]. 农业技术经济,2004(1):24-30.
[57] 李志勇. 美国政府的创业激励及其对我国的启示[D]. 河北师范大学,2004:23-25.
[58] 连茂君,许多. 我国统筹城乡发展理论评述[J]. 商业研究,2015(5):61-65.
[59] 林筠. 绩效管理[M]. 陕西:西安交通大学出版社,2010:2-7.
[60] 林强,姜彦福,张健. 创业理论及其架构分析[J]. 经济研究,2001,9(9):85-94.
[61] 刘兰剑,温晓兰. 大学生创业政策评价体系研究[J]. 厦门理工学院学报,2011(1):71-75.
[62] 刘建均. 企业制度三层次模型与创业模式[J]. 南开管理评论,2003(6):22.
[63] 刘进才. 关于政策评估的模糊数学方法及计算机程序处理研究[J]. 苏州大学学报(哲学社会科学版),2004(6):118-123.
[64] 刘君德,彭再德. 上海郊区乡村——城市转型与协调发展[J]. 城市规划,1997(5):44-46.
[65] 刘美平. 从多维度统筹城乡发展的对策研究[J]. 经济纵横,2009(1):71-73.
[66] 刘荣增. 城乡统筹理论的演进与展望[J]. 郑州大学学报:哲学社会科学版,2008,41(4):63-67.
[67] 刘小春,李婵,朱红根. 农民工返乡创业扶持政策评价及其完善——基于江西省1 145个返乡农民工调查数据[J]. 农村经济,2011(6):101-104.
[68] 刘歆立,张要杰. 统筹城乡发展的要义、依据及战略意义[J]. 中国特色社会主义研究,2009(4):91-95.
[69] 陆庆平. 企业绩效评价新论——基于利益相关者视角的研究[M]. 辽宁:东北财经大学出版社,2006.
[70] 栾庆国. 公司总部平衡计分卡绩效管理应用研究——以CMHI公司为例[J]. 财会通讯,2015(4):30-33.
[71] Lundstrom, Stevenson. Entrepreneurship policy for the future[C]. Swedish Foundation for Small Business Research, 2001.
[72] 罗天虎. 创业学教程[M]. 陕西:西北工业大学出版社,2004.
[73] 吕常影. 论利益相关者理论对我国企业绩效评价的影响[J]. 大庆师范学院学报,2006(1):41-44.
[74] Martinez J A B. Entrepreneurship policies and new business performance and growth: an empirical analysis based on manufacturing industries[J]. Environment and Planning C abstract, 2009, 27(2): 195-215.
[75] McGee T G. Globalization and rural-urban relations in the developing world[J]. Globalization and the World of Large Cities, The United Nations University, Tokyo-Nueva York-Paris, 1998: 471-496.
[76] 马晓君. 政府绩效评估的方法体系评述[J]. 统计教育,2006(3):31-35.
[77] 毛晋生. 金融支持我国城乡统筹发展对策建议[J]. 经济研究参考,2013(36):34-35.
[78] 宁骚. 公共政策学[M]. 北京:高等教育出版社,2004:429-430.
[79] 帕顿·沙维奇. 公共政策分析和规划的初步方法[M]. 北京:华夏出版社,2002.
[80] 潘芳莲,武琳. 近年来我国信息经济学研究综述[J]. 图书与情报,2003(2):7-10.
[81] 乔永忠. 公共政策评价基本问题研究综述[J]. 理论前沿,2008(16):47-48.

[82] 乔治·斯蒂格勒. 产业组织和政府管制[M]. 上海: 三联书店, 1989: 289-297.

[83] 秦建国. 政府就业政策绩效评价体系研究[J]. 山东财政学院学报, 2012(1): 103-107.

[84] 秦庆武. 统筹城市化发展和新农村建设[J]. 中国发展观察, 2007(6): 7-8.

[85] 申丽娟, 吴江. 城乡社会统筹评价指标体系实证分析——以重庆市为例[J]. 西南师范大学学报(自然科学版), 2009(2): 61-66.

[86] 申志东. 运用层次分析法构建国有企业绩效评价体系[J]. 审计研究, 2013(2): 106-112.

[87] 石忆邵. 实施统筹城乡发展战略的意义与对策[J]. 农业经济问题, 2004(2): 61-62.

[88] 宋健峰. 政策评估指标体系的构建[J]. 统计与决策, 2006(11): 61-62.

[89] 宋克勤. 创业成功学[M]. 北京: 经济管理出版社, 2002: 4.

[90] 粟德金. 美国社区如何解决外来人口的问题[J]. 城外社区, 2006(2): 37-38.

[91] 苏发金. 我国工业化与城乡统筹发展关系的实证研究[J]. 中国地质大学学报: 社会科学版, 2012(12): 132-137.

[92] 苏明. 未来中长期新农村建设的财政政策取向[A]. 中国农村财政研究会. 全国财政支持新农村建设研讨会优秀论文汇编(2006)[C]. 中国农村财政研究会, 2006: 103-113.

[93] 唐靖, 张帏, 高建. 不同创业环境下的机会认知和创业决策研究[J]. 科学学研究, 2007, 25(2): 328-333.

[94] Timmons J. A, Spinelli S. New venture creation: Entrepreneurship for the 21st century[M]. Burr Ridge, IL: Irwin, 1994.

[95] 童婧之. 杭州市创业政策及效果研究[D]. 首都经济贸易大学, 2012: 13-19.

[96] Vedung, E. Public policy and program evaluation[M]. London: Transaction Publishers, 2008.

[97] W. ARTHUR LEWIS. Economic development with unlimited supplies of labour[J]. Manchester School of Economic & Social Studies, 1954, 22(2): 139–191.

[98] 汪辉勇. 公共价值凸出的现代背景[J]. 北京行政学院学报, 2010(1): 94-98.

[99] 王琦, 陈金英. 重庆市农民工回乡创业政策支持体系研究[J]. 安徽农业科学, 2011, 39(5): 3123-3128.

[100] 王麒凯, 李志, 侯良平. 构建EBMK绩效指标体系破除国企绩效管理瓶颈[J]. 中国人力资源开发, 2010(7): 31-34.

[101] 王谦. 政府绩效评估方法与应用研究[D]. 西南交通大学, 2006: 69-83.

[102] 王瑞祥. 政策评估的理论、模型与方法[J]. 预测, 2003(3): 6-11.

[103] 汪少华, 佳蕾. 新创企业及浙江新创企业的创业基础与成长特征[J]. 南开管理评论, 2003(6): 18-21.

[104] 王胜利, 何小勇. 农民工返乡创业动力机制及其影响因素分析[J]. 农业经济, 2011(6): 54-56.

[105] 魏凤, 闫芃燕. 西部返乡农民工创业模式选择及其影响因素分析——以西部五省998个返乡农民工创业者为例[J]. 农业技术经济, 2012(9): 66-74.

[106] 魏红征, 卢扬帆, 郑方辉. 广东省LED与新能源汽车发展专项资金绩效第三方评价[J]. 南方经济, 2015(33): 122-130.

[107] 威廉·N·邓恩. 公共政策分析导论[M]. 北京: 中国人民大学出版社, 2010.

[108] 文亮, 刘炼春, 何善. 创业政策与创业绩效关系的实证研究[J]. 学术论坛, 2011(12): 128-132.

[109] 乌家培. 信息经济学若干问题[J]. 华侨大学学报: 哲学社会科学版, 2002(2): 6-9.

[110] 吴江,申丽娟.城乡统筹发展与农村人力资源开发的互动关系——基于重庆的经验证据[J].西南师范大学学报:自然科学版,2011(2):108-114.

[111] 吴丽娟,刘玉亭,程慧.城乡统筹发展的动力机制和关键内容研究述评[J].经济地理,2012(4):113-118.

[112] 吴先华,王志燕,雷刚.城乡统筹发展水平评价——以山东省为例[J].经济地理,2010(4):596-601.

[113] 吴勇,蔡根女.农村微型企业创业影响因素的实证研究——基于宏观层次的视角[J].生态经济,2010(6):44-48.

[114] 夏利华.基于DEA的林业上市公司绩效评价[J].财会通讯·综合,2014(12):24-26.

[115] 谢媛.政策评估模式及其应用[D].厦门大学,2001.

[116] 徐安勇.浅析统筹城乡发展的战略意义[J].网络财富,2010(9):49-50.

[117] 徐双敏.政府绩效管理中的"第三方评估"模式及其完善[J].中国行政管理,2011(1):28-32.

[118] 薛浩,陈桂春.大学生创业扶持政策评价体系构建研究[J].国家教育行政学院学报,2016(3):14-19.

[119] 杨成虎.我国政策评估研究中的若干问题初探[J].北京科技大学学报:社会科学版,2010(1):60-64.

[120] 杨钧.河南省城乡一体化评价指标体系及量化分析[J].河南农业大学学报,2014(3):380-385.

[121] 杨巍,杨春悦.农民工返乡创业的制约因素与突破途径分析[C].城乡统筹背景下的农业产业安全,2010:445-453.

[122] 姚士谋,张平宇,余成,李广宇,王成新.中国新型城镇化理论与实践问题[J].地理科学,2014(6):642-647.

[123] 易思飞,王林梅.我国西部地区统筹城乡产业发展的问题及对策研究[J].理论与改革,2013(6):53.

[124] 殷秀才.经济转型中我国失业问题再认识与治理新思路[D].湖北:武汉大学,2005.

[125] 王林安,罗文,李星.江西60万返乡农民工就近找工作——主要从事制造业[N].今视网,2012-2-17.

[126] 于增彪,张双才.国企绩效指标体系——逆向演进特征及误区[J].财务与会计:理财版,2007(9):48-50.

[127] 于增彪,张双才.国企绩效评价体系设计的基本思路[J].财务与会计:理财版,2007(12):48-50.

[128] 于善波.黑龙江省统筹城乡发展的动力机制与路径选择研究[J].农业经济,2010(1):31-33.

[129] 袁辉.财政支农专项资金政策绩效理论分析——基于公共政策阶段启发的分析框架[D].浙江大学,2016.

[130] 袁岳驷.统筹城乡发展机制研究[D].成都:西南财经大学,2010.

[131] 袁志刚,解栋栋.统筹城乡发展:人力资本与土地资本的协调再配置[J].经济学家,2010(8):77-83.

[132] 约翰·冯·杜能.孤立国同农业和国民经济的关系[M].北京:商务印书馆,2000:311.

[133] 郁义鸿,李志能,罗博特.D·希斯瑞克.创业学[M].上海:复旦大学出版社,2000:158-180.

[134] 曾万明.我国统筹城乡经济发展的理论与实践[D].西南财经大学,2011.

[135] 赵晓莉.创新政策评估理论方法研究——基于公共政策评估逻辑框架的视角[J].科学学研究,

2014(2):195-202.

[136] 赵秀玲.马克思主义城乡统筹理论的中国化进程[J].福建论坛:人文社会科学版,2015(9):5-10.

[137] 张翠娥,李跃梅,李欢.资本禀赋与农民社会治理参与行为——基于5省1599户农户数据的实证分析[J].中国农村观察,2016(1):27-37.

[138] 张凤合.公共政策的价值要义及其存在形态——以当下我国的价格听证会为例[J].人文杂志,2011(4):174-181.

[139] 张钢,崔凯峰.地区创业水平:对我国31个地区的评价研究[J].科技管理研究,2009(10):131-134.

[140] 张国.统筹城乡发展,破解"三农"问题的思路与对策探讨[J].福建师范大学学报:哲学社会科学版,2004(4):42-48.

[141] 张果,曾永明,王群.统筹城乡可持续发展动力机制研究——以宜宾市南溪区为例[J].四川师范大学学报:自然科学版,2014(2):259-267.

[142] 张金马.公共政策分析[M].北京:人民出版社,2004.

[143] 张丽琨.BSC与EVA结合下雅戈尔集团的绩效管理[J].财会月刊,2015(28):71-75.

[144] 张林.创新型企业绩效评价研究[D].湖北:武汉理工大学,2012.

[145] 张茉楠.面向创业型经济的政策设计与管理模式研究[J].外国经济与管理,2007,6(25):73-79.

[146] 张秋,何立胜.城乡统筹制度安排的国际经验与启示[J].经济问题探索,2010(5):7-11.

[147] 张蕊.企业战略经营业绩评价指标体系研究[M].中国财政经济出版社,2002.

[148] 张瑞.对企业绩效评价与文献综述的相关研究[J].全国商情,2016(17):45-46.

[149] 张涛,文新三.企业绩效评价研究[M].北京:经济科学出版社,2002.

[150] 张秀娥,姜爱军,王丽洋.我国返乡农民工创业企业成长影响因素及对策研究[J].企业研究,2012(7):55-58.

[151] 张佑林.我国民营企业绩效管理研究[J].山西财经大学学报,2006(2):55-56.

[152] 张再生,牛晓东.基于DEA模型的人才政策绩效评价研究——以天津市人才政策文件为例[J].管理现代化,2015(3):73-75.

[153] 郑方辉,廖逸儿.财政专项资金绩效评价的基本问题[J].中国行政管理,2015(6):010.

[154] 中国会计学会.企业经营业绩评估问题研究[M].北京:中国财政经济出版社.2002.

[155] 钟世和.西部地区县域金融支持城乡统筹的实证分析——以陕西省为例[J].上海金融,2014(9):94-97.

[156] 周建锋.基于绩效评价的农民工返乡创业行为研究[J].商业研究,2014(3):8-13.

[157] 周建国.公共政策评价多元模式的困境及其解决的哲学思考[J].中国行政管理,2012(2):41-44.

[158] 周静.论我国统筹城乡发展的基本思想和实现途径[J].理论导刊,2008(7):46-48.

[159] 周劲波,丁振阔,顾芳春.农民创业研究——基于广西100位农民创业实证分析[J].调研世界,2013(7):24-28.

[160] 周叔莲,金培.国外城乡经济关系理论比较研究[M].北京:经济管理出版社,1993:47.

[161] 周亚龙.公共管理理论的发展与政府绩效审计评价的改进[J].珞珈管理评论,2010(1):123-124.

[162] 朱国玮,胡伟.ACSI用于评价政府部门顾客满意度——美国的实践及对中国的启示[J].Journal of US-China Public Administration,2004(1):1-15.

[163] 朱明芬.农村困难家庭危房改造政策的绩效评价——以浙江杭州为例[J].甘肃行政学院学报,2011(2):92-100.